「木」と「漆喰」を見直す

健康住宅革命

船瀬俊介

花伝社

健康住宅革命——「木」と「漆喰」を見直す◆目次

第5章　「木の家」で九年長生き、ガンも治せる！

第6章　木の住宅はアトピー、ぜんそくも消えていく

第7章　漆喰復活！　ぜんそくもインフルエンザも消えていく

第10章　二一世紀の建築　木造・漆喰文明の夜明け

まえがき

……イギリス一四〇年、アメリカ一〇三年、フランス八六年……日本二五〜三〇年。
住宅の〝平均寿命〟の比較です（環境省「地球環境局パンフ」より。三一ページ参照）。
同じ木造住宅なのに、日本の家の耐用年数のあまりの短さ、お粗末さにあぜんとします。これでローンが三五年なら残りの五〜一〇年はホームレス！　もはやブラックユーモアどころではない。ある建築会社の社長は、こう、のたもうたそうです。

「……欧米にくらべて日本の住宅もツー・バイ・フォー（2×4）である。なぜなら価格は二倍、寿命は四分の一。だからツー・バイ・フォー！」

もはや、怒る気力も失(う)せます。つまり、**日本人は欧米より八倍も高い〝豪邸〟（？）を買わされている計算**になります。しかし、業界関係者によれば「これでも寿命が延びたほう」というから呆れ果てる。戦後一時期、熱病のように全国的に流行ったプレハブ住宅の寿命は、なんとたった六〜九年。さらに、北海道の住宅寿命は平均二〇年と聞いて天を仰ぐ。

戦前の日本の家なら一〇〇年、二〇〇年もってあたりまえでした。わたしの九州福岡の実家は築約一〇〇年。堂々たる柱、梁(はり)の田舎家造り。訪ねて来た専門家は極太の欅(けやき)一本柱の大黒柱を撫でつつ「この家あと一〇〇年かるく持つバイ」と首を振った。

それにくらべて戦後の建売住宅やハウスメーカー住宅は、ペラペラ貧弱虚弱であまりに短命です。わずか二〇〜三〇年足らずで腐り住めなくなる家は、まぎれもなく〝欠陥住宅〟です。

●

ある建売業者は、悪びれることなく、わたしにこう言い放った。

「風呂や台所**など水回りは六〜九年で〝腐る〟ように作ってますからねぇ……**」

つまり、〝かれら〟は確信犯なのです。なのに、日本の消費者は、だれひとり怒らない。そこにハウスメーカー営業社員が、笑顔と、もみ手でやって来る。

「……そろそろ建て替え時でございます」

「あら、そうねぇ……」と、呆(あき)れも怒りもしない。日本の消費者のアタマの中身はどうなっているのでしょう？　これを〝洗脳〟というのです。

日本のマスコミの巨大スポンサーは大手ハウスメーカーです。全国的に大々的にＣＭしている〝××ハウス〟の寿命が、イギリスの六分の一、アメリカの四分の一などとは口が裂けても言えません。書けません。戦後六〇年近く、独裁政権を保ってきた自民党の巨大スポンサーも大手建設会社です。日本の住宅寿命が欧米より極端に短い〝欠陥住宅〟であることを国民にひた隠しにしてきました。

〝かれら〟にとって、住宅寿命が短いことは、じつに都合がよかった。

耐用年数が二五年なら一生の間に三回も建替えさせることができる。これほど美味しいビジネスはない。イギリス並みの耐用年数の家を建てると、住宅需要はいっきに五分の一以下に冷え込んでしまう。だから、**わざと〝腐る〟ように設計・施工して、約二五年で住めなくする。それが**

消費者、国民ばかりなり……。それでもあなたは怒らないのですか?

戦後一環して政府の〝住宅政策〟であり、業界の〝営業方針〟であったのです。まさに知らぬは

●

結論からいいましょう。

戦後の**日本の家を「短命化」させた最大のA級戦犯は、大手ハウスメーカーです**。

その背後に戦勝国アメリカが控えています。そのアメリカを支配しているのが石油メジャー(巨大資本)なのです。その**占領政策の一つが「日本人に木で家を建てさせるな!」「石油で家を建てさせろ!」**だったのです。

「石油で家が建つのか?」と首をひねられるでしょう。

それが建つのです。石油は合成化学物質に化け、それは〝新建材〟に化けました。その代表がプラスチックで、四番バッターが塩化ビニールクロスでしょう。かくして戦後日本の住宅は、化学物質だらけの〝化け物〟住宅と変貌したのです。表面は一見こぎれいにピカピカツルツルしていましたが、その中身には五〇〇種類近い有毒化学物質が潜んでいたのです(『建築に使われる化学物質事典』風土社、参照)。

その多くの毒性を一瞥(いちべつ)、めまいがします。

「中枢神経毒性」「発ガン性」「目・皮膚・気道を刺激」「意識低下」「けいれん」「めまい」「頭痛」「吐き気」「意識喪失」「嘔吐(おうと)」「造血障害」「肝臓障害」「免疫異常」「変異原性」……(同書)。

たった一つの建材用化学物質(ベンゼン)でも、これだけの毒性があるのです。一日で猛毒で

あることがわかります。そのような毒物が数百種類も、ハウスメーカーなどの新築住宅で使われてきたのです。これら化学住宅は一軒建てるのにドラム缶約一杯分の有毒接着剤を使っていた、という。こんな〝毒の館〟に住めば心もからだも狂うのはとうぜん。しかし、政府もハウスメーカーも素知らぬ顔で平然としたものです。

●

大手ハウスメーカーは、石油化学メジャーの忠実な下僕（しもべ）でした。

だから、社名に「化」の字がつきます。積水化学、旭化成……などなど。これら**ハウスメーカー住宅は、シックハウスの巣窟**でもあった。

ある老夫婦が新築住宅を建てたが、目がチカチカして呼吸が苦しく玄関から中に入れない。ハウスメーカーに連絡すると「係の者を伺わせます」。喜んで待っているとアタッシュケースにスーツ姿の二人連れ。差し出した名刺は「顧問弁護士」。「法的になんら落ち度はない。裁判してもムダである」と釘を刺して帰っていった。

あるハウスメーカーで新築した夫妻は、赤ん坊ともども激しく咳き込んで一睡もできない。なんと一平米当たり一グラムも猛毒殺虫剤が使われていた。調停で四〇〇万円もかけて争ったが敗訴。今はマンションに〝避難〟して暮らしている。そして住んでいない住宅ローンをいまだ払い続けている。

あるハウスメーカーの新築住宅で育った少年は重度のシックハウスで苦しみ続けた。鼻血がポタポタと洗面器にたまるほど出続ける……。

恐怖はシックハウスだけではありません。**大手ハウスメーカーは、契約すると金額の約六割を本社が抜く**という。つまり五〇〇〇万円払っても二〇〇〇万円の家しか建たない！

わたしが視察したあるハウスメーカーの住宅は、まさにバラックといってよい化学漬けの手抜き建築であった。そして、価格は「上物だけで坪八〇万円！」。

なのにテレビや新聞の巧妙なCMのマインド・コントロールに引っかかるひとが後を絶たない。

わたしは満腔（まんこう）の怒りをもって呼びかける。これら大手ハウスメーカーの住宅は、絶対、建ててはいけない！

法隆寺の修復などを手掛け〝最後の宮大工〟と称えられる故・西岡常一翁は、こう諭（さと）している。

「……わたしら千年先を考えてます。資本主義というやつが悪いんですな。利潤だけを追っかけとったら、そうなりまんがな。それと使う側も悪い。目先のことしか考えない。長い目で見たら、**木を使って在来の工法で家を建てたほうがいい**。今ふうにやれば一〇〇〇万円ですむものが在来工法で建てると一二〇〇万円かかりますわ。そのかわり二〇〇〇年はもつ。**一〇〇〇万円やったら二五年しかもたん。二〇〇〇万多く出せば二〇〇〇年もつ。どっちが得か考えてみなさい**……」（『木に学べ』小学館より）

もはや、保育園の子どもでもわかるリクツでしょう。

西岡翁がいう**「在来の工法」とは、「木」「漆喰」を使って建てる家です。**

それは二〇〇〇年を超える「健康」を住宅に与えるだけでなく、住むひとにも与えてくれます。

最新の科学、医学は、「木」「漆喰」に驚嘆する「健康力」があることを立証しています。**「木」**

「漆喰」の家に住むひとは、この天然素材から奇跡の「免疫力」を得ます。

それは、**ぜんそくやアトピーなどを防ぐだけでなく、ガンやうつ病すらも癒す**のです。本書には、その医学的な証明が満載されています。

この本は、しあわせな住まいに育まれて生きる、しあわせな人生へのガイドブックです。

あとで、かなしい、くやしい後悔をしないためにも、扉を開いて、第一歩を踏み出してください！

第1章

「住まい」が狂うと、からだも心も狂う

現代人の「医・食・住」が狂っている

●「医」も「食」もまちがいだらけ

日本人のからだが、心がヘンです。

「父殺害容疑、中2補導、島根『ナイフで刺した』」「パチンコ店放火『一度にたくさん殺せる』ガソリン使用で供述」。たまたま新聞を開いても、これだけの見出しが飛び込んできます（『東京新聞』09／7／8）。

一家五人が刺されて二人が死亡する凄惨な事件も二〇一〇年四月一七日に発生。犯人はなんと三〇歳の長男。ひきこもりで「ネット解約に腹を立てて刺し、自宅に放火した」という。このように身内や見ず知らずの他人に突然襲いかかる、などという事件は、かつてはかんがえられませんでした。日本人の心は不気味に狂いはじめているのです。

それは、わたしたちをとりまく**「医・食・住」が、根本から狂っている**からです。

政府は、つぎのように発表しています。「日本人の二人に一人がガンになり、三人に一人がガンで死んでいる」。これだけ〝ガン死〟が多いとは、異常です。

心筋梗塞など心臓病も増えています。脳梗塞（のうこうそく）も増加中。糖尿病は、予備軍を含めて二〇〇〇万人を突破したそうです。肥満の激増ぶりもすさまじい。テレビはダイエット特集花盛りです。

しかし、いっぽうでハンバーガーやフライドチキンや焼き肉店のＣＭも盛ん……！

「食べまちがい」は「生きまちがい」。これら「食」の異常は、これまで『アメリカ食は早死にする』（花伝社）で指摘してきました。

しかし、日本人の心身をむしばんでいるのは「食べまちがい」だけではありません。

さらに、**クスリの「飲みまちがい」。検査の「受けまちがい」**などがあります。

それらも『クスリは飲んではいけない!?』（徳間書店）、さらに『ガン検診は受けてはいけない!?』（同）で指摘しました。あなたは、一読して驚嘆絶句するでしょう。目からウロコが落ちる思いがするはずです。あなたは、そこまでだまされているのです。

●「食うな」「動くな」「寝てろ」

野生の動物にはガンも心臓病も糖尿病も肥満もウツもありません。

なぜか？　かれらは「クスリを飲まないから」「病院に行かないから」です。世界的に高名なオックスフォード大学医学部のＷ・オスラー教授は、こうのべています。

「クスリを飲む習性は、野生動物にはない。それは、人類の最大欠点である」

世界トップクラスの医学部教授のこの正直な箴言（しんげん）を、胸に刻んで下さい。

野生動物でも一時的に病気になったりケガをすることはあるでしょう。かれらは、それをどうやって治しているのでしょう。巣穴のなかで「食べず」「動かず」「休んで」、自然治癒力をたかめて心身を回復させているのです。

「食べない」ことで消化吸収に費やされていた生命エネルギーは、治癒力・排毒力に転嫁されます。**「食うな」「動くな」「寝てろ」**。これが病気回復の秘訣（ひけつ）です。

ファスティング（断食）で、免疫力など生命力は数倍、数十倍に劇的に向上するのです。

「たっぷり食べて、栄養をつけないと病気は治らない」とする現代医学は、根本から誤っています。「食べるから治らない」のです。

「イスラエル全土で病院がストをしたら、全国の死亡率が半減した。ストが解除されたら元にもどった」（エルサレム埋葬協会）

これこそ、現代医学の悲喜劇です。イスラエル人の二人に一人は、病院で〝殺されている〟のです。「病院は永遠にストを続ける必要がある」。これは「アメリカの良心の医師」と称えられるロバート・メンデルソン医師の言葉です。彼は「現代医学は〝死神教〟である」と断罪しています。なぜなら「一割の救命医療はすぐれている。しかし九割の慢性病には無力」だからです。

よって**「現代医療の九割が地上から消えてなくなれば、人類は真に健康でハッピーに過ごすことができる」**と断言する。これは皮肉ではなく、誠実な医師の、冷静な結論なのです（『医者が患者をだますとき』PHP研究所）。

これら「医」「食」のまちがいについては、拙著『抗ガン剤で殺される』（花伝社）、『ガンになったら読む10冊の本』（花伝社）、『まだ肉を食べているのですか？』（拙訳、三交社）などをご一読ください。

●「ムカつく」「キレる」「オビえる」

本書のテーマは、三番目の「住」です。

「住みまちがい」も人生を大きく狂わせます。あなたの心身をむしばみます。寿命を縮めます。**最近の日本人は「ムカつく」「キレる」「オビえる」**とよくいわれます。なぜでしょう？**「ムカつく」とは〝怒りのホルモン〟アドレナリンが分泌されたからです。「キレる」とは、加えて〝攻撃ホルモン〟ノルアドレナリン**が分泌されたからです。

これらのホルモンは、動物が外部から「攻撃」を受けたときに分泌されます。これらホルモンは毒蛇の〝毒〟の約三倍といわれるほどの猛毒物です。〝毒〟が体内で発生し、巡るのです。ムカムカ気分が悪くなるのも当然です。これが「ムカつく」メカニズムです。

つまり、外部の敵の存在を「内在化」して、生理的なアラームを鳴らす。それがアドレナリンの役割です。これを、別名〝ストレス〟と呼ぶのです。

動物は「反撃」か「逃避」を一瞬にして迫られます。いずれにしても瞬発力が要求されます。よって、心臓の心拍数は激増し、血圧は急上昇し、血糖値も急増します。これは筋肉のエネルギー源となるのです。これらは医学的に〝ストレス反応〟と呼ばれます。

こうして瞬発的に**「反撃」するばあいを「キレる」**というのです。**「憎悪」「敵意」**を伴います。**「逃避」するのは「オビえる」**です。**「恐怖」「不安」**が襲ってきます。

●①化学物質②コンクリート③電磁波

「医・食・住」のまちがいが、これら深刻な〝ストレス〟を生み出しているのは、いうまでもありません。「医」のばあい**検査漬け、クスリ漬け、手術漬けにするのですから、それは恐るべき〝ストレス〟漬け**です。ほんらい〝毒〟のクスリを大量に患者に体内に注ぎ込むのです。発ガン性のあるX線を当てまくるのです。不要な手術で斬りまくるのです。これら〝ストレス〟で弱らない、死なないほうが、不思議というものです。

「食」のまちがいも心身異常をひきおこす。**甘い物、加工食品の偏食は低血糖症をひきおこします。生体は血糖値を上げるためアドレナリンなどを分泌させます。だから、甘い物好きに「ムカつく」「キレる」「オビえる」などの症状があらわれてきます。**

「住みまちがい」でも、これら症状が出てきます。

その原因は、三つに分類されます。

①化学物質：現代建築には少なくとも四五九種類の化学物質が使用されています（『建築に使われる化学物質事典』風土社）。この数の多さにはア然とします。これらはほぼ例外なく「毒物」です。発ガン性や、神経毒性が警告されている物質も多い。そんな毒物が化学建材や塗料、接着剤などから揮発して有毒なVOC（揮発性有機化合物）として住民を襲います。これがシックハウス症候群です。**毒物の気体を吸い込むと、からだは外部からの「攻撃」と判断**してアドレナリンなどを分泌します。だから**「ムカつく」「キレる」「オビえる」**の症状が出てくるのです。

②コンクリート・ストレス：「コンクリート住宅の住民は、木造住宅より九年早く死んでいる！」。衝撃的な研究論文を発表したのは島根大学（総合理工学部）の中尾哲也教授です。「コンクリート巣箱のネズミ生存率は七％。木の巣箱は八五％が生き残った」。静岡大学（農学部）の実験です。コンクリート校舎に通う子どもたちは、木造校舎にくらべて「イライラする」七倍、「頭痛」一六倍、「腹痛」五倍、「だるい」三倍「集中できない」二・五倍……。これらの異常は、**コンクリートが体熱を奪う**からです。**冷輻射現象などで体熱を奪われる**と、からだはこれを「攻撃」と判断してアドレナリン分泌などが起こり「ムカつく」「キレる」ようになるのです。

③電磁波：「人類最後の公害」とよばれています。一ｍＧ（ミリガウス）以下にくらべて四ｍＧを越えただけで、子どもの白血病四・七倍、脳しゅよう一〇・六倍に激増します（国立環境研究所・報告）。電磁波問題の世界的権威ロバート・ベッカー博士は「あらゆる異常な人工電磁波は人体には危険である」と断言しています。これら、**有害電磁波を浴びると人体はやはり「攻撃」と感知して「ムカつく」「キレる」などの反応を起す**のです。

以上――。これらは、住まいの三大ストレスです。

だから、現代人の**「住みまちがい」とは、これら①化学物質②コンクリート③電磁波に取り囲まれた住み方**なのです。まず、誤った「住まい」から解放されるには、①②③をできるだけ遠ざける必要があります。

日本人のからだと心がこわれていく……

では――。現代人のからだや心が、これら「医・食・住」ストレスにより、どれだけおかしくなっているか、みてみましょう。そのサンタンたる結果に、あなたは声もないはずです。

●医療費は二〇二五年には五二兆円！

まず、日本人の医療費の伸びがケタ外れです（グラフ1-1）。

戦後六五年間で、人口は八〇〇〇万人から一億二〇〇〇万人へと、一・五倍しか増えていない。なのに医療費は一四五倍と爆発的に激増しています。二〇一〇年度、三七兆五〇〇〇万円と一般会計の税収に迫る勢い。それが「二〇二五年度には五二兆円になる」と政府は予測しています。この医療費の狂気の爆発的激増で、日本の国家財政は確実に破綻します。

「医療の九割が消えてなくなれば、ひとびとは健康になれる」と断言したメンデルソン医師（前出）の指摘を思い起こして下さい。医療費の激増は病気を減らすどころか、病人を大量生産しています。ただ、国民は**「検査」「クスリ」「医者」「病院」の四大信仰に、完全に脳の髄まで洗脳されています**。だから、その狂気と恐怖の現実に気づかないのです。

あなたは〝がん死亡者〟として毎年発表されている**三四万人のうち八割の二七万人**が、じつはガンで死んだのではなく、**猛毒抗ガン剤、有害放射線、不要手術の〝三大療法〟による医療過誤で〝殺された〟**という真実を知っていますか？　ただ驚愕（きょうがく）するのみでしょう。拙著『ガンで死

■医療費は52兆円に爆発し財政は破産する

グラフ1－1　医療費の将来推計

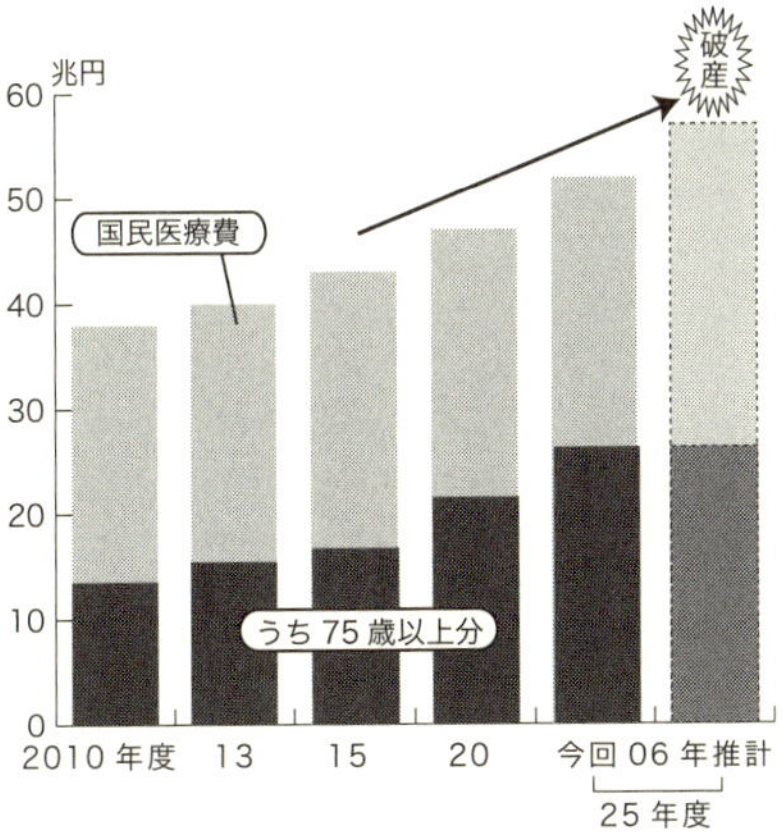

東京新聞、2010年10月23日

んだら110番、愛する人は殺された』（五月書房）を読めば、すべて書いてあります。

●うつと自殺激増の元凶は「抗うつ剤」

■うつ病：うつ病も激増しています。その勢いは一〇年で二・四倍増と、これもまた異常です。うつ病患者数は、ついに年間一〇〇万人を突破。その激増の大きな原因は、なんと新型うつ病薬なのです（グラフ1－2）。九九年頃に、SSRI系と呼ばれる新しい「抗うつ剤」（パキシルなど）が新発売されて、**「抗うつ剤」の売上げと比例してうつ病も増大**しています。だれがみても「抗うつ剤」が、うつ病激増の元凶だとわかるはずです。これらSSRI系「抗うつ剤」の「副作用」欄を見て、絶句しました。**重大副作用として「自殺」「暴力」衝動**が明記されているのです。

しかし、クスリ信仰の日本人は、こんなあたりまえの真実にも気づかないのです。

■抗うつ剤がうつ病激増の元凶という皮肉！

グラフ1－2

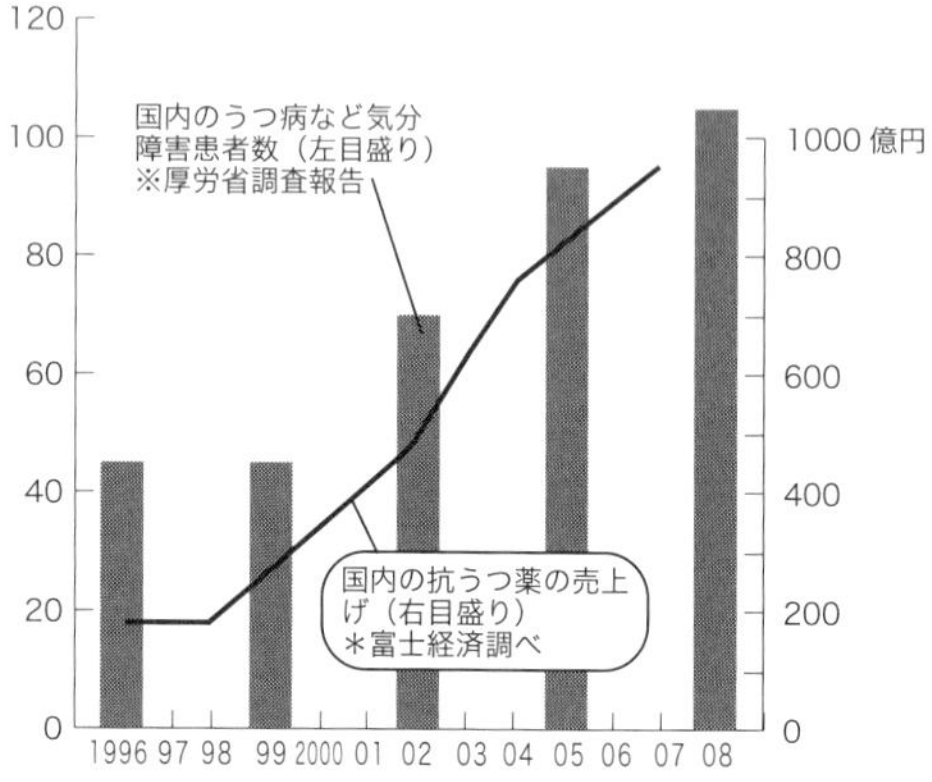

読売新聞、2010 年 1 月 26 日

■自殺者急増は新抗うつ剤（SSRI）出現と符合する

グラフ1－3　年間自殺者数の推移

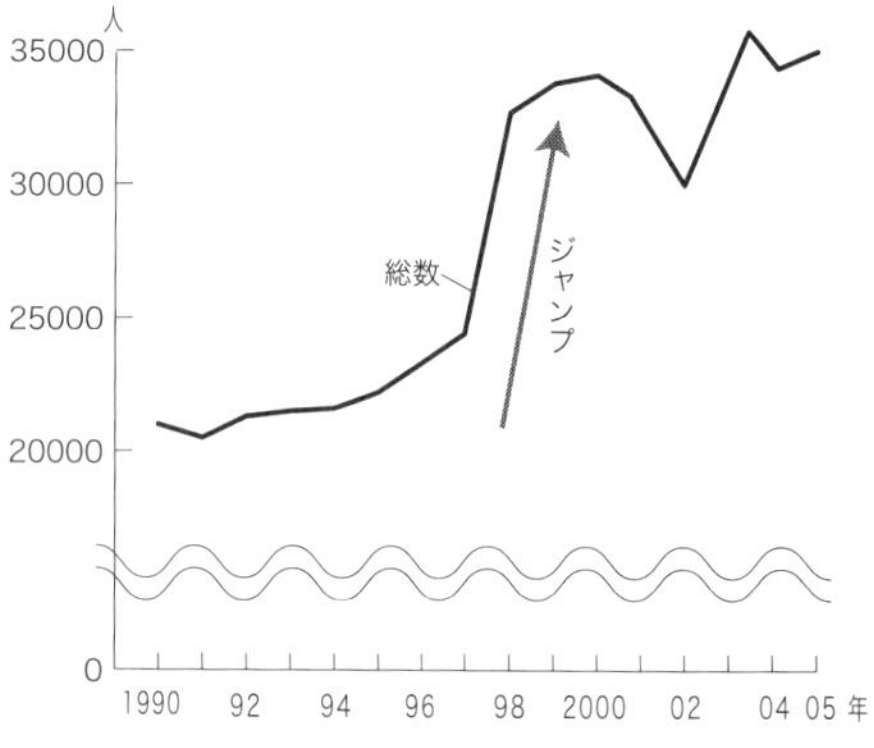

警視庁調べ

おそらく最初は低血糖症やシックハウス、電磁波過敏症などの軽い抑うつ症状だったのでしょう。それが精神科をたずねたことで、副作用の強い新型SSRI系「抗うつ剤」を処方されたはずです。日本の精神科医は例外なく、これら薬剤を投与します。

■**自殺**：日本人の自殺は一二年連続、三万人突破。先進諸国では最悪です。

新型「抗うつ剤」の出現が、自殺激増の元凶であることは、グラフ1-3で一目瞭然です。**SSRI系が新販売**されるや、年間**自殺者が二万人台から三万人台**に、とつぜんジャンプしているのです。わずか一年ほどで一万人近くも自殺者が激増した理由は、新型「抗うつ剤」発売以外の要因はありえません。

あなたの家族で、だれか抑うつやパニック症状などに悩んでいたら、まず低血糖症とシックハウス、電磁波過敏症を疑って下さい。これらを環境からとりのぞくことが先決です。そして、シックハウスなどで体内にたまった〝毒〟を出しましょう。玄米菜食など繊維の多い食事で、体内からの排毒を心がけます。肉など動物食品は、繊維がまったくありません。しかし、玄米の外皮、米ぬかには四・二倍も人体汚染物質（ダイオキシン）を排泄させる作用があります。ホウレンソウや大根葉、白菜、ゴボウなどの野菜が、有害物排泄に必要であることがわかります。

●子どもたちの心は悲鳴を上げている

■**行動異常**：食事や住宅の化学物質汚染で幼児にも精神・行動異常が増えています。それは「教室での立ち歩き」「引きこもり」「感情・行動を抑制できない」などなど。**化学物質が脳の発**

達を阻害し、行動異常を引き起こすことは証明されています（『シシリー宣言』一九九五年）。**子どもの行動異常は九〇年からわずか一五年で五倍に**増えています。

環境省は「二〇一〇年度から五年間で、一〇万人の児童を対象に、ダイオキシン類、ＰＣＢ、重金属、環境ホルモンを対象に追跡調査を行う」といいます。その姿勢は評価できますが、対象がまと外れです。子どもたちがもっとも接して、吸引する恐れのあるシックハウスの原因となる化学物質が完全に抜け落ちているからです。それとも、建築業界に迷惑をかけないため〝配慮〟して外したのでしょうか。

■いじめ：小中高校生のいじめも増えています。全国の警察が摘発した悪質ないじめによる恐喝や傷害などの事件は、〇六年度は三三一人と、**前年度二二三人に比べて四八％も急増**しています。

■暴力行為：いじめと同様に小中高校生の暴力も〇五年から急増しているのです。〇八年度の調査でも約六万件もの暴力事件が報告されています（文科省調査）。それも三年連続の最多記録更新。**〇八年度は前年比一三％増のいきおい**です。

子どもたちは、かくも「ムカつき」「イラつき」「キレて」いるのです。

文科省は、**子どもの暴力行為が過去最多六万件**となったことにショックを受けました。警察に補導されたり、児童相談所が対応したケースも最多の四七四〇人。「がまんの容量が少ない」「ささいなことにイラだち怒る」。ストレスで感情を爆発させる子どもたちの急増に同省も苦慮するばかり。荒れる子どもたちの心身の叫びに耳を傾けるべきでしょう。

■保健室登校：いわゆる保健室登校も増えています。これは、学校に来ても教室に行かず、保健室で過ごす生徒たちです。二〇〇一年度と〇六年度を比較すると、あきらかに小中高校とも、保健室登校が増えています。とくに**小学校と高校は、五年間で約二倍に急増**。

かれらが保健室に行くのは心身の体調が悪いからです。これらの学校は、ほぼ例外なく**コンクリート校舎です。冷えきった教室に行くより、ベッドなどがあって快適な保健室を選ぶ**のも当然という気がします。対策はまず一にも二にも、教室の木装リフォームです。その目をみはる効果は、じっさいに証明されています（九大実験など。六二ページ参照）。

子どもたちが異常なのは、かれらがあまりに人工的で異常な環境におかれているからです。自然な食事、自然な住宅、自然な木造校舎などを提供すれば、子どもたちは、おだやかになることまちがいありません。

■不登校：小中高校の不登校も増加しています。それは**三〇年間で八倍という急増**ぶりをしめしています。〇八年度には、**小中の不登校生徒は一二万七〇〇〇人**にたっしています。

「学校にいきたくない」。その大きな原因にシックスクールが潜んでいます。**最大のものはコンクリート校舎によるコンクリート・ストレス**でしょう。その環境の劣悪さは、第３章を一読していただければ、すべてわかります。コンクリートの部屋はネズミも本能的に逃げ出します。**ネズミも危険を感じて逃げ出すコンクリート校舎に、か弱い子どもたちを強制的に通学させる**ことは、人権侵害です。政府は全国総出で、コンクリート校舎の木装リフォーム、木造化を最大限のスピードで達成すべきです。

■**児童虐待**：児童虐待も異常に増えています。その内訳は、身体的虐待四四・六％、ネグレクト（育児放棄）三六・七％、心理的虐待一五・六％、性的虐待三・一％（〇四年度）。二〇〇〇年に「児童虐待防止法」が施行されていますが、虐待件数は年々、右肩上がりで増える一方です。子どもに愛情を注いで当然の、両親などの精神が崩壊しているのです。

●はたらく人にも心の病が急増中

■**衝動暴力**：日本人がキレやすくなっていることは駅員への暴力事件の増加でもわかります。大手私鉄やJRの駅、車内で二〇〇九年、**駅員に対して起きた暴力行為は八六九件**にもたっします。これもやはり**過去最多記録**。**前年度より一一七件も増えている**。駅員だけでなく、ゆきずりの他人に対する暴行事件も軒並み激増しています。現代の日本人は、異様にイラついているのです。

■**精神障害**：心の崩壊は勤労者にも進んでいます。ある調査では、男性サラリーマンの五割、OLの六割が、抑うつ状態にある、というショッキングな報告もあります。OLの一二％が「最近、死にたいと思った」には、日本人の心の病の深さを感じます。「心の病」が長引けば休職せざるをえません。**労災請求**も急増しています。**精神障害の労災請求数は九九年度から、わずか五年で三倍に急増**しています。**認定件数は約七倍増**です。その伸び率は、その後も変わっていません。日本の働くひとたちの心の病の急増は、まさに国家的な大問題です。これは、つまりは日本経済の生産力の低下を意味するのです。しかし、その背景に日本人の食の偏り、シックハウスなどがあることに、政府はまったく気づいていないのです。

■精神疾患休職：学校の先生たちの心も深く病んでいます。教職員の病気休職が増加しています。右肩上がりの増加ぶりです。そのなかでも**約六割がうつ病などの精神疾患**です。〇七年の調査時点で病気休職は七六五五人で、このうち、うつ病など精神疾患による休職は六一％を占める四六七五人（前年度比、四九七人増）で、**一四年連続で増加**しています。いずれも過去最多で、この増加傾向は今も続いています。

この異様な増加ぶりに対する文科省のコメント。「仕事の多忙化、複雑化に加え、保護者や同僚との人間関係など職場は環境が厳しくなっていることが背景にあり、対策を急ぎたい」。

まるで、わかっていない！ これら人間関係は二義的なのです。まず**先生たちを苦しめているのはコンクリート校舎によるコンクリート・ストレス**です（八五ページ参照）。

コンクリート校舎は木造校舎よりも心身ストレスが二〜三倍きついので、勤務する学校を速やかに木装リフォームすることです。悲鳴を上げているのは子どもたちも同じ。この**木装化だけで、教師、生徒とも心身ストレスは激減**し、休職、不登校なども激減するはずです。

■過労自殺：英語で〝過労死〟のことを何というのでしょうか？ 英語の辞書を引く。すると〝Ｋａｒｏｕｓｈｉ〟と出ています。つまり、外国人には働き過ぎて死んでしまう、という概念がない。オーバーワークで〝死ぬ〟なんて考えられないのです。「死ぬ前に、休めばいいじゃないか！」。だから、日本語がそのまま英語となったしだい。日本では長時間労働などで死亡する過労死と勤務上の問題が原因の自殺があります。いわゆる過労自殺です。これも、欧米人には理解に苦しむ死かもしれません。かれらだったら、サッサと有給休暇でもとって、リゾートの浜辺で昼寝でも楽しむでしょう。

過労自殺者もまた、九〇年代後半から増え始めています。**九〇年代後半にドンと急増**しているのは、まぎれもなく**パキシルなど新型「抗うつ剤」（SSRI）が新発売されたから**でしょう。新型抗うつ剤の発売でうつが急増し、自殺が急増したのです。それでも、まったく気づかない日本人のアタマは、ほんとうにどうなってしまったのでしょう？

——以上のように、近年、日本人の「心の崩壊」は増え続けています。

その背景には、長引く大不況ももちろんあります。核家族化などによる孤独もあるでしょう。しかし、もっとも大切な視点が欠けています。それは、日本人の**暮らし・人生の容れ物である“建築”が汚染され、そのストレスが日本人の心身を蝕んでいる**という現実です。その証拠は、本書で具体的に、明らかにしていきます。

住宅寿命はたった二五年！　日本の家も病んでいる

●伝統建築を絶賛！　青い目の建築家

敗戦後……。日本の住宅の品質は最低レベルに堕落しました。

戦前の伝統建築は、堂々と二〇〇年、三〇〇年の歴史を誇ったものです。また、その外観も堂々たる風格、気品をたたえていました。戦前までの日本建築美を絶賛する海外の建築家も多い。たとえばドイツの建築家、ブルーノ・タウトは伊勢神宮の建築美を、ギリシアパルテノン神殿の荘厳さに匹敵する東洋建築の傑作だと絶賛しています。岐阜、白川郷の合掌造りの民家群を激賞し、そこに日本建築の構造美を発見したのです。タウトが日本建築の最高傑作として称えたのが京都の桂離宮（かつらりきゅう）です。「真実の美の前に、涙は止まらない」と、その荘重な美しさの前に佇（たたず）んで、数時間、涙を流したそうです。

「桂離宮には、東洋の建築美のすべてがある。それは、意匠を変えて現代建築にも生かせるであろう」と、桂離宮が日本の現代建築のルーツとなる日を夢想したのです。たとえば「日本建築の残したかけがえのない遺産は、床の間である」とその価値を称えています。「それは、その家の文化財を展示する空間で、家のなかでも重要な位置を占めている。その床の間の価値は、意匠を変えてでも現代建築の中で生かされるべきである」とタウトは日本建築が伝統を生かすことを望んでいました。

もうひとり。日本建築に心酔した建築家がいました。アメリカ現代建築の父と呼ばれるフランク・ロイド・ライトです。彼は平等院鳳凰堂のシンメトリー（対称的）の構造美に圧倒され、それを後の有名な帝国ホテルの設計モチーフとしたのです。

彼のプレーリー様式と呼ばれる水平線を生かした構成デザインは、日本の寺社建築や寝殿造りなどをヒントにしたものといわれています。また日本の伝統建築が庭園、自然と一体化していることに感動し、さらに浮世絵にも傾倒しています。こうして自然と建築が融合する有機的建築

（オーガニック・アーキテクチャ）という新しい建築思想を世界に宣言したのです。

●プレハブ六〜九年、メーカー住宅二五年

このように日本建築を賛美した高名な建築家たちの願いは、戦後、かなえられたでしょうか？答えはノーです。戦後、日本の焼け跡にはトンデモナイ建築〝文化〟が狂い咲いたのです。日本人はアメリカに完膚無きまでに叩きのめされ、それまでの天皇陛下万歳から、アメリカ万歳に一夜にして変貌してしまった。アメリカのものなら何でも輝いて見えたのです。それまでの「撃ちてし止まむ」「進め一億火の玉だ」は、「カムカムエブリバディ」「ギブミーチョコレート」に一変しました。

住む家も、雨露しのげれば、というバラック建てから始まりました。**高度経済成長の前期にはプレハブ住宅が熱病のように流行**した。それは、いまから思えば**仮設住宅だった**のに、日本人は、その**デザインが〝アメリカ風〟だったので、それを洋風建築とかんちがい**。工場でパネル生産して現場でパンパンとあれよというまに建ててしまう。

長じて、わたしは、それらプレハブ住宅の寿命がわずか六〜九年であったことを知って啞然とした。日本人は、それを一生もつと思い込んで、先を争って購入したのです。その後、これらプレハブ住宅でボロ儲けした会社が、ハウスメーカーとして全国のテレビや新聞で大々的に広告を始めた。

その外観もアメリカ風で、一見しゃれて見えた。しかし、その平均寿命は約二五年で朽ちた。

■“腐る”ように造られた短命・欠陥住宅！

グラフ１－４　各国の住宅耐用年数比較

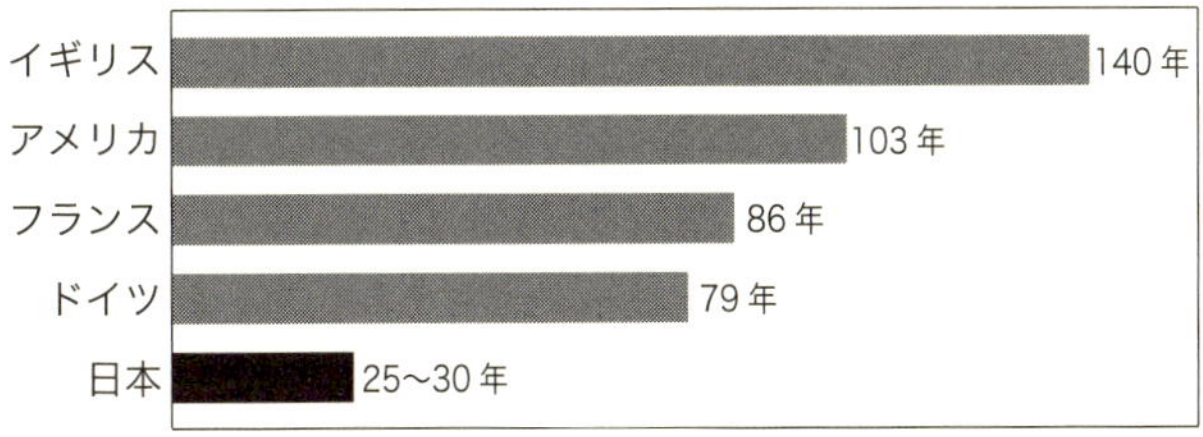

環境省地球環境局パンフ

イギリスの一四〇年、アメリカの一〇三年……と比べてほしい（グラフ１―４）。

●日本人に〝石油〟で家を建てさせろ

とにかく、戦後の日本人は古いものをケイベツした。戦前の伝統家屋はアメリカ風にくらべて古臭く、野暮ったく見えた。そこに大手ハウスメーカーは付け込んだ。洋風外観デザインで、新しいもの好きの日本の消費者を魅了した。これらハウスメーカーは、当時普及し始めたテレビＣＭなどで大々的に宣伝され、日本の消費者を〝洗脳〟していったのです。日本の消費者は、その背後に巨大な石油化学利権が潜んでいることなど、だれひとり気づかなかった。

はっきり言ってしまえば、**近代以降、この地球は三つの巨大な力が支配**しています。

それは**石油・金融・軍事の三大メジャー**です。メジャーとは巨大資本の意味です。日本を占領した**アメリカを牛耳っているのも三大メジャーです**。

アメリカの日本占領政策の骨子は「自立させない」につきま

す。日本を資源・食料・エネルギー・軍事・金融・文化・技術……あらゆる面で「自立させない」。こうして、永久にアメリカの属国として支配する占領政策（謀略）を推し進めたのです。

食糧で自立させないため**「日本人にコメを食わせるな！　パンを食わせよ！」**という〝餌付け〟戦略を実行しました。日本を一億人の巨大小麦マーケットに仕立てたのです。

同様に建築でも同じ陰謀が進んでいました。それが**「日本人に木で家を建てさせるな！」**という戦略です。では、なんで建てさせるのか？　それは「**〝石油〟で建てさせろ！**」。

●有害短命な化学住宅が全国に溢れた

「石油で家が建つの？」とびっくりされるでしょう。

正確にいえば**「石油化学製品で建てさせろ！」**という陰謀です。その代表が**プラスチック**です。典型的なものが**塩化ビニールクロス**。なんとかれらはビニールを〝クロス（布）〟とでっちあげて、日本人に売り込みを始めたのです。塩ビは〝タイル〟にも化けました。

こうして日本は**〝化け物住宅〟ならぬ化学住宅だらけとなりました**。建築材料で一見木材に見えても、それはベニヤ板でした。石油化学系の接着剤で何層にも張り合わせた合板です。さらに多用されたのが南洋のラワン。「あれは、正確には木ではない。草です」こういった建築家がいました。それもベニヤ板や合板にして多用された。

いっぽう、戦後、日本の復興のため木材が必要となると、小学生まで勤労奉仕に駆り出されてスギ・ヒノキの苗を植えまくった。とにかく自然な原生林まで切り倒してスギ・ヒノキを植えて、

植えて、植えまくった。これが「拡大造林」です。しかし、不思議なことに、それは植えっぱなしで放置され、日本で使用する木材は、もっぱら世界中の熱帯雨林などの樹木を伐採(ばっさい)して輸入しています。**日本の森林面積は国土の六七％でスウェーデン、フィンランドに次ぐ森林王国**なのに、現在にいたるまで**木材自給率はわずか約二〇％。日本は世界最大の木材消費国で八〇％は輸入材というマカ不思議なクニに成り果てた**のです。

●一九五一年、悪意の「木造禁止令」発動

国産材が売れなくなったのは、日本の住宅需要を独占したハウスメーカーが、これら安価な外洋材やベニヤ板、化学建材で家を建て始めたからです。それはまさに化学建材の館(やかた)! **あれもこれもプラスチックだらけ**。**木に見えるのもベニヤ、化粧合板、プリント合板、デコラの類(たぐ)い**。

さらに木造建築には残酷な仕打ちが待っていた。**一九五一年、突如、木造建築の息の根を止める法律が成立した。それが木造禁止令。正確には「官公庁施設の建設等に関する法律」**(昭和二六年六月一日施行)。これは議員立法で成立しました。法案を提出したのが、なんと若き青年代議士であったあの田中角栄。その内容は**「公共建築物(一〇〇〇平米以上)は、〝耐火〟堅牢(けんろう)にすべし」**。つまり「燃える建材は一切まかりならぬ」。**これは公共建築は「木造で建てるな!」**と命令したに等しい。ときに田中角栄、三三歳。青臭い代議士一人が思い付きで提出できる法案ではない。背後にコンクリート利権、鉄筋利権が存在したことは二〇〇％まちがいない(だから田中派の事務所は長く砂防会館にあった!)。

なるほど建物がひしめく市街地では、延焼を防ぐため公共建築に鉄筋コンクリートを義務化するのやむをえないかもしれない。しかし、この法律は市街地であろうと山間地であろうと、すべからく一律に鉄筋コンクリート造りを義務付けたことが恐ろしい。

はやく言ってしまえば、**〝かれら〟は木造建築の手足を縛り上げてしまった**のです。わたしは、この木造禁止令の存在を知ったとき、つぎのような言葉が思い浮かんだ。

「小悪人は法律を破る。大悪人は法律を作る」

だから、どんな悪事をなしても、捕まることは永遠にない。〝かれら〟は、この「木造禁止令」で、それをやってのけた。若き田中角栄は、まさに利用されたのです。

●木造建築の暗黒時代が始まった

こうして、戦後の木造建築の暗黒時代が始まりました。

さらに〝かれら〟は、**大学の建築学教育も支配した**。そこでは、できるだけ「**木造建築を教えない**」ようにした。**伝統木造建築などの授業は一時間すらなかった**。人類五〇〇〇年の歴史を支**えてきた漆喰（しっくい）については、大学の建築学の教科書にはわずか数行書かれてあるのみ**。聞いて、あきれはてた。だから「漆喰って、なんですか？」と聞き返す建築士がいても、おかしくない。かれらは大学で習っていないのです。

そして「**木造住宅の設計ができない」という信じられない一級建築士がゾロゾロ生み出された**。知人の建築学者によれば「**木造住宅の図面が引ける一級建築士は五〇人に一人**しかいない」という。

かれらがもっぱら**建築界で学んだのは、デザインのみ**と言っても過言ではない。こうして建築界は、伝統どころか健康も環境も景観も無視したデザイン至上主義に陥（おちい）った。そして建築界は、ポストモダンの旗手、東大建築学科教授の〝神様〟丹下健三に完全支配された。批判、逆らうものは徹底的に弾圧、干し上げられた。

●石油、コンクリ、鉄で建てさせろ！

〝かれら〟は、こうして「木で家を建てさせるな」「石油、コンクリ、鉄で建てさせろ」を貫徹しました。**〝かれら〟は、さらに建築基準法を徹底的に歪めた**。

法隆寺の修復に携わり「最後の宮大工」と称えられた故・西岡常一翁（前出）の嘆きと怒りを紹介しよう。

「**今の工法はあきませんよ、建築基準法でやったらだめ。在来工法でやらなければ**」（『西岡常一と語る木の家は三百年』農文協）

たとえば古井家千年家と呼ばれる家があります。つき固めた土の上に礎石（そせき）を置いて、その上に柱を立てている。それが**五〇〇年以上（！）この家を支えてきた**のです。

この工法を「**礎石工法**」あるいは「**束石（つかいし）工法**」という。わたしは自宅を建てるとき建築士に「この礎石工法で建ててくれ」と頼んだ。返ってきた答えは「無理です！　法律違反になります」。

なんと、この「礎石工法」は寺社など一部の例外を除いて**建築基準法で「禁止」されている**と知って絶句した。ここにも**「木造禁止令」**と同じ**悪辣（あくらつ）な陰謀**がある。
そのかわり**法律で義務付けられているのが「布基礎工法」**です。住宅建築現場でよく見かけます。

これはまずコンクリートで基礎土台を造る。その上に横向きに柱を乗せてアンカーボルトで固定する。この基礎の上に住宅を乗せる。これ以外の工法は許されません。

「**木を横にして、それはもうだめ。これをやるから二〇年しかもちません**。**木を横に置くのは一番腐りやすい**。けっきょく、水を含んだとき、木が縦にあると水が縦に動きますので乾きやすい。横にしてあると乾きません。それで早く腐るんです」「コンクリートは水分をどっさり含んである。その上に木を横にしてあるから、すぐに土台が腐ってしまう。シロアリがわく。こうゆうことです。**耐用年数が非常に短い**」（西岡翁）

●早く家を腐らせるための建築基準法

クニの建築基準法が「できるだけ早く家を腐らせる」工法を強制しているのです。

「今の建築基準法を古い大工さんは馬鹿にしますよ。しようないさかい、やってますけど。馬鹿なことをするものじゃなあと思いますよ」「建築史をやっている先生方に、もっともっと真剣に木造を考えてもらいたいと思いますな」「総合的に見るような人が一人、中心におらんと、正面なことができませんわな」「**木造が地震に弱いなんて、日本にも城とか塔とか五階建てもありますわな。昔からそれがもってあるんやから、地震にも強い**」（西岡翁）

■雨漏り、ひび割れ、水漏れ……惨憺たる被害

グラフ１－５　住宅の不具合に関する相談

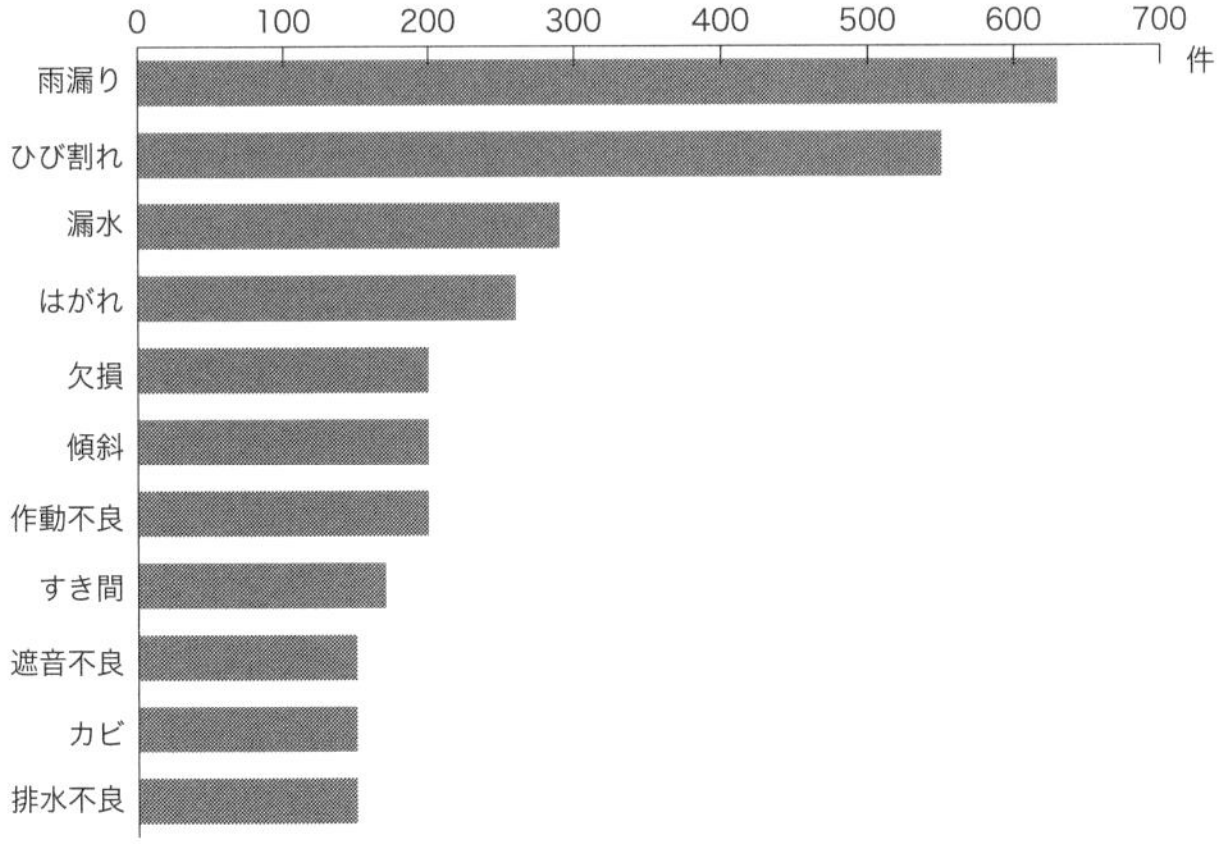

日経新聞、2010 年 5 月 10 日
住宅リフォーム・紛争処理支援センターへの相談件数、2008 年度。

西岡翁の嘆きは現実となった。グラフ1－4（三一ページ）は、住宅寿命の国際比較。日本の住宅寿命は二五年と呆れるほどに短いことに愕然（がくぜん）とする。日本の短命住宅は異常きわまりない。というより、これは**欠陥住宅そのもの。欠陥まみれだから二五年で住めなくなる**。げんに、住宅の苦情で多いのは**①雨漏り、②ひび割れ、③漏水、④はがれ、⑤欠損、⑥作動不良**……と、どれも〝欠陥〟そのものです（グラフ1－5）。

●一生のあいだに三回、建替えさせろ！

これも**「住宅を腐らせる」ことが目的の建築基準法**が支配している日本では、**当然の結果**なのです。**二五年ごとに住宅が腐れば、一生のあいだに三回建替えさせられる**ハメになる。まさに、スクラップ・アンド・ビルド。**住宅メーカーにとっては、こたえられな**

い。しかし、消費者はたまったものではない。**住宅寿命は二五年、ローンは三五年！**　まさにブラックコメディです。財産はたまらず、**ローン地獄は一生続く。残るのは腐りかけた欠陥住宅のみ。まさにメーカーは極楽、消費者は地獄**です。それでも日本の消費者は怒らない。愚かで哀れな羊以下です！

「**ドイツでは『住宅は人格の一部である、住宅は基本的人権の一つであり、人間生活の基本**である』ととらえ、住宅政策をとってきたことから、住宅内事故や自殺者も少なく、寝たきり老人も少ないと言われている」（『日本住宅新聞』０９／１０／１５「投稿」より）

日本の住宅の貧しさは、日本人の心の貧しさなのです。

第2章　免疫力三倍アップ！　杉の机・イスの奇跡

杉の「香り」「肌あい」が子どもたちを強くした

●「杉机・イス」組は免疫力三七％増加

「杉パワーが免疫力アップ！」

新聞の見出しです。『西日本新聞』（２００５／４／５）。そこには「**スチール合板製のイスや机で勉強するより、杉材を使ったイスや机で勉強する方が、生体を守る免疫の活動が活発になる**」とあります。

それは九州大学が中学生を対象とした実験でわかったというのです。

なるほど……。無垢の杉の板の芳香は、胸いっぱいに吸い込むとうっとりします。その木肌に触れるとあたたかい。ほっとして、心がなごみます。

「杉材の**香りや手触りが体内の免疫物質を増加させるため**とみられ、風邪などをひきにくくなることも期待できる」（同紙）

実験を行ったのは九州大学芸術工学研究院の綿貫茂喜教授の研究室。二〇〇四年一一月から行った実験には、小国杉の産地・熊本県小国中学校の一年生の生徒たち九八人が参加しました。

まず子どもたちを(1)(2)(3)の三組に分けます。そして定期的に全員の**①血圧、②脈拍、③体温、生体を守る④免疫物質「免疫グロブリンA」**（だ液内）の変化などを測定した。九〇日目。その結果に、目を疑います。

⑴組：杉の机とイスを使ったクラスは、開始前にくらべ**免疫グロブリンAの量（平均）が三七％も増加していた**。
⑵組：新品のスチール・合板製を使ったクラスは一・七％しか増えなかった。
⑶組：従来のスチール・合板製を使っていたクラスも四・四％増にとどまった。

⑵新品スチール・合板組にくらべて、**⑴天然木の机・イスで学んだ子らの免疫力の増加率は、平均で二二倍もアップしているの**です！　綿貫教授に電話すると、温和なお声が返って来ました。

この驚きの結果は「『スウェーデン人間環境会議』でも反響を呼んだ」という。これは直接お話をお伺いするしかない！　福岡を訪ねると、夜遅くまで研究室で懇切に取材に応じてくださった。

●杉の机やイス、香りで効果ばつぐん

教授の研究テーマは「森林要素が生理に与える効果」です。

テーマは三つ。

①無垢の杉の机とイス――生徒の免疫系への影響は？
②森林の「香り」成分――どんな生理効果をもたらすか？
③「自然な画像」――人体の生理にどんな効果をあたえるか？

わたしが驚嘆したのは①無垢の杉の机とイス――が生徒たちの健康に与える驚くべき効果です。

「木材から抽出した『香り』を人間に与えると免疫系の活動が高まります。ならば長期間木材を

使うと、どれだけ人体にプラスになるのか？　実験してみました」（綿貫教授）

つかったのは地元の小国杉。日本の杉には五つの特長があります。**A：香りがよい。B：木目が美しい。C：耐久性と強靭性がある。D：樹脂が豊富で吸水性が少ない。E：弾力性、耐湿性、防腐性あり。**

地元の小国杉を選んだ理由を教授は語る。

「小国町と連携を組んでいて『小国ブランド創生』を応援しているからです。人間がこの小国杉を使ったとき、どういうポジティブな結果がでるか――実験してみました」「床の間や住まい、風呂、酒樽など、小国杉はいろいろな所に使われ非常に身近な存在でした」

しかし、**最近の日本人は〝木離れ〟**がはなはだしい。

「例えば**マンション**。**木材はあまり使われていない**。せっかく、いいものを持っているのに、それを上手く使っていない」「快適を求めているはずなのに、**どんどん〝不快〟の方に行っている**」「**最近になって、ようやく『これではダメだ』『本来の人間の姿に戻そう！』という動きになっているように**思います」（同教授）

●世界初！　「木の癒し」実験スタート

わたしは奥武蔵の渓流沿いに、地元のスギ・ヒノキをつかった自然住宅に住んでいる。

知人たちに「いいですねぇ！」「木の香りがするでしょう」と羨ましがられる。木の家はいい……というのは、だれしも思うところです

「わたしたちは経験的、主観的には、木材に高い評価をしています。しかし、日常生活では、木材にはどのような生理効果があるのか？……ほとんどわかっていません」（同教授）

そこで教授たちが行った実験は、世界初であまりにユニーク。

「四か月間、中学生に杉材の机とイスをつかってもらい、そのときの**生理反応を測定**しました」

この実験リポートは海外でも高い評価を受けた。

実験に協力したのが小国小学校一年生の生徒一〇〇人余り。

「事前に親御（おやご）さんの実験同意書をとりました。同意書を得られなかった例をのぞき、実験参加の生徒さんは九八名になりました」

一年は三クラスあり、一クラス三〇数名くらい。

⑴組：杉机とイス（三八名）――無垢の小国杉で作った机・イスを三八個用意。これで勉強してもらう。（＊〝杉の子〟クラス）

⑵組：新品合板机・イス（三三名）――新品の合板机とパイプイスを用意。これを使ってもらう。

⑶組：従来合板机・イス（二七名）――今まで使っていた合板机とパイプイスを使ってもらった。

●「いい匂い！」「温かい」杉の子たち

⑴組の三八名の生徒たちには、小国町の木工業者によるまさに手作りの杉製の机、イスがあた

えられた。

塗装はしていない。文字通りの無垢の天然杉家具。三八組がズラリ教室を整然と埋め尽くした様を想像してほしい。まず、教室に入ってきた(1)組の子どもたち……「スッゲェ！」「かっこいい」「いい匂いじゃん」……弾けるような声が響き渡ったことはまちがいない。教室は、むせかえるような杉の天然芳香に満たされている。

おのおの机、イスに座った子らは無垢杉の天板にそっと手のひらを置く。これまでの冷たい合板机とちがって、やさしく暖かいことに驚く。**無垢の杉は、内部の細胞（セル）構造に空気をたっぷり含んでいる。**そのため、おどろくほど暖かい。じっさい、**乾燥杉板とデコラ（化粧）合板に手を置いてみると杉板の暖かさに、だれしもおどろきの声を上げる。**そして、合板の冷たさには落胆の声……。わたしは子どもたち一人ひとりの驚きの笑み、笑顔が目にありありと浮かぶ。杉の天板にソッと頰ずりするようすまでもが……。この(1)組の子らを〝杉の子〟と呼ぶことにしよう。

●ストレス、免疫力、血圧、脳波は？

①ストレス：まず、子どもたちのストレス状態が、どれだけ変化したか？
測定したのは**A：コルチゾール**。これは「ストレス物質」と呼ばれ、唾液中の濃度が高いほど、ストレスも高いことを示す。
②免疫力：ついで免疫反応を測定。これも唾液中の**B：免疫グロブリンA**（抗体物質ＩｇＡ

値）を測れば判定できる。

A、Bは、ともに測定キットが市販されているので、かんたんに測ることができる。

③血圧など：ついで**C：血圧、D：脈拍、E：内耳温**を測る。これら数値もストレスなどの判定数値となる。

④不安：F：脳波測定で「心の不安状態」を示す（グラフ2-1）。

見たとおり三組に、ほとんど差は見られない。「状態不安特定の変化に差は見られない」（綿貫教授）。同様にストレス物質**A：コルチゾール**量にも三組とも差はなかった。

●杉の子組は二二倍も免疫増加率向上

グラフ2-1は、**杉材の机・イスを使っている⑴組の方がIgA値が高い**ことを示す。

IgA値は、**ウィルスや細菌などに対する抵抗力（免疫力）の指標**。

「一〇月から寒くなってくると湿度が下がり、ウィルスなど色々な細菌の活動が増えてきます。それに対する防衛力も高まってきます。（＊杉の子）⑴組は、**冬期に高まるIgA＝免疫水準をさらに上げることが、木材の効果**であった、と考えます」（綿貫教授）

三か月後の免疫グロブリンA変化では、前述のように⑴組（〃杉の子〃）三七％増加。⑵組（新品合板）一・七％増加、⑶組（従来合板）四・四％増加と大差が出た。

⑴の子どもたちの免疫力（増加率）が⑵より二二倍もアップした原因は、まず杉の芳香成分によるものでしょう。さらに心地好い手触り、木目の美しさなども子どもたちの心を和（なご）ませ、健康

■無垢の杉の机・イスは免疫力を劇的に高める

グラフ２−１　小国スギ製机・椅子の使用とs-IgA濃度

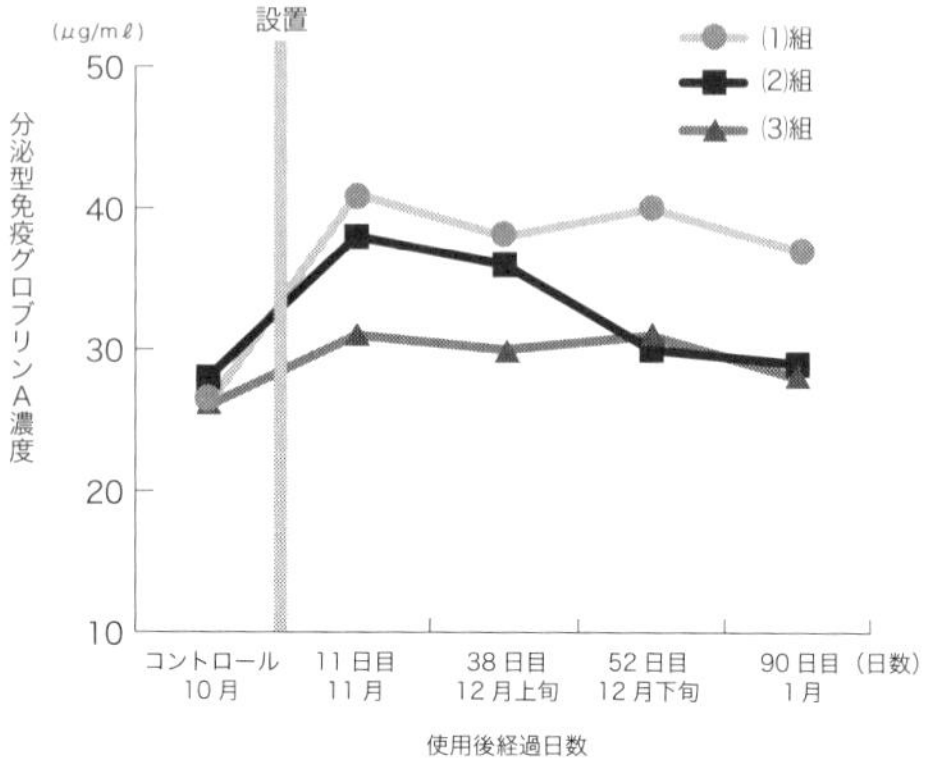

綿貫茂喜：第60回日本木材学界大会公開シンポジウム（2010）より抜粋

■杉の子クラスは欠席数が10分の1以下と元気

グラフ２−２　小国スギ製机・椅子の使用と生徒の欠席数

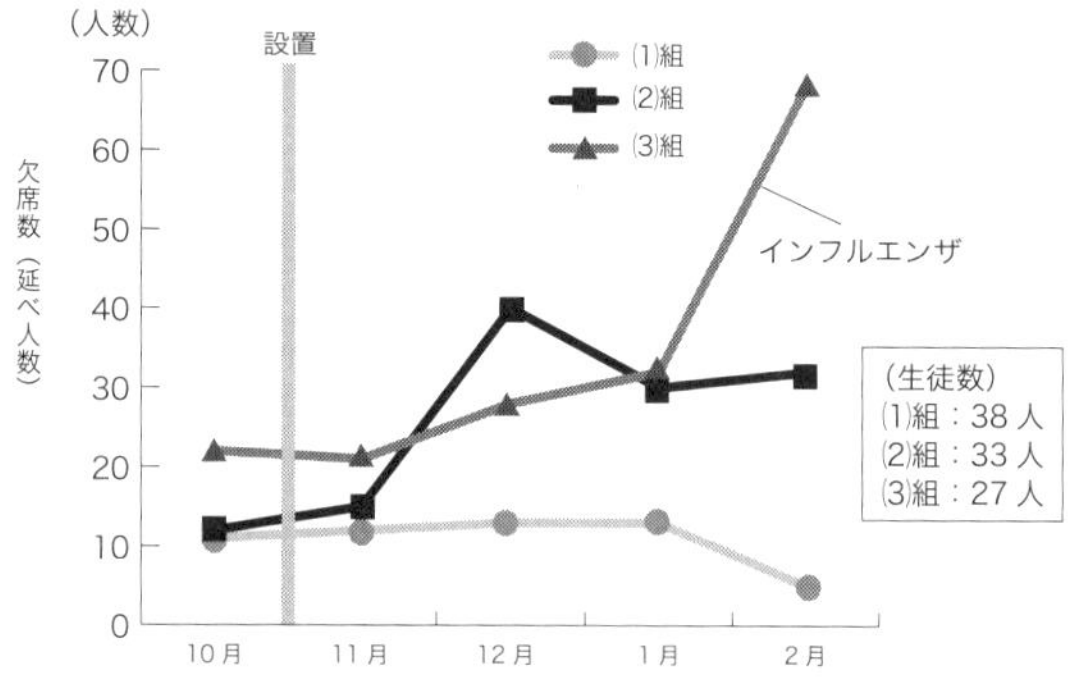

綿貫茂喜：第60回日本木材学界大会公開シンポジウム（2010）より抜粋

図2-1は分泌型免疫グロブリンA（s-IgA）の変化である。分泌型免疫グロブリンAは粘膜への微生物の侵入を防御しており、この値の高さは健康状態の指針となる。設置後は小国杉机・椅子を使用した「(1)組」のs-IgA濃度が有意に高い結果となった。

図2-2は熊本県小国杉製の机・椅子を使用した際の生徒の欠席数の月別の推移を示している。「(1)組」は小国スギ製の机・椅子を、「(2)組」は新しく購入した合板天板を用いたスチール製の机・椅子を、「(3)組」は従来から利用している合板天板を用いたスチール製の机・椅子を使用した。「(1)組」の欠席数は他の組に比べ有意に少ないことがわかる。

をたかめたはずです。

興味深いのは、⑴組についで、⑵まっさらの新しい合板机・パイプイス組が⑶〝中古〟組より、三八日目までは免疫力が高まっていることです。これは、いわゆるフレッシュな〝新品〟効果といえるでしょう。新品を与えられた励みが免疫力を押し上げた、とわたしはみる。しかし、それも長く続かず五二日目以降は〝中古〟クラス⑶組と同レベルに下がっています。子どもたちは〝新品〟に飽きたのでしょう。心理的な〝やる気〟も免疫力を左右することは、最新の精神神経免疫学で立証されています。それに、後述の接着剤（ボンドなど）から揮発した〝芳香〟成分作用が一時的に加味されたと考えられます。

●〝杉の香り〟揮発成分は四倍以上

では――。なぜ、〝杉の子〟たちの⑴組だけ、免疫力（ＩｇＡ）増加率が二二倍も上がったのでしょう？　ヒントは、杉の机・イスで満たされた教室に入ったときの杉の「香り」です。「**その天然の芳香成分が、子どもたちの免疫を高めた**のでは？」と、綿貫教授は着目。教室の大気成分を採取して、九大農学部の学者に分析を依頼しました。⑴〜⑵組の教室の空気にはどういう成分が含まれているのか？

その結果は……。**⑴組は、圧倒的にセスキテルペンという物質が多かった**。これは木材揮発成分のある部分の総称。はやくいえば、**おなじみ〝杉の香り〟**です。

乾いた杉板を鼻先にもってきて、思い切り息を吸う。杉の香のほんとうにいい香りにうっとりする。これなら、免疫力も上がるのはあたりまえです。

「ぎゃくに、**(2)組には、新品の合板机とイス**を入れたので、**接着剤などに関連する成分**が出ていました」（綿貫教授）。それでも(1)〝杉の子〟クラスと(2)新品合板クラスでは、この**揮発成分の差は約四倍**もの開きがある。よって「**セスキテルペンが免疫系に〝いい効果〟を与えた**のではないか、と考えています」（綿貫教授）。

無垢の杉机とイスで子どもの免疫力増加率二二倍アップ！　綿貫グループは、二〇〇五年五月二二～二六日、スウェーデンで開催された第一一回『国際人間環境会議』で報告し、各国参加者の絶賛を浴びました。**自然な木材**が、これほどまでに**人間の健康に劇的効果をあげる**ことに各国は驚いたのです。

木の「香り」が免疫力を上げ、ストレスを下げる

●最も効果的な「香り」濃度は？

杉の芳香物質セスキテルペンが〝杉の子〟たちの免疫力をアップさせていることはハッキリした。教授はかんがえた。

「なら、その芳香成分の生理的にもっとも効果のある濃度とは、どれくらいなのだろう？」

その最適濃度を抽出するため「人工気密室」で実験を開始した。

被験者の大学生に、小国杉から抽出したセスキテルペンを様々な濃度にうすめて吸引させる。

その詳細な生理反応を測定して、もっともＩｇＡ値を高める濃度を求めているのです。

その気密実験室を見せていただいた。

瞳孔観察から脈拍、血圧、さらに脳波まで、徹底した最新測定装置の数々に感心し、溜め息がでる。「生理変化は、すべて数値で表さなければなりませんからネ」と教授は笑顔で語る。

教授によれば**「ストレス解消とは、Ａ『免疫力を上げ』Ｂ『血圧・心拍数を下げる』こと」**だという。だから、測定数値でＡ、Ｂが確認されれば被験者は「ストレス解消している」といえるのです。

●ストレス生理反応のメカニズム

木の新築住宅に一歩足を踏み入れる。一面の木の香！　プーンと心地好いスギやヒノキの芳香を思いっきり胸いっぱいに吸いこむ。なんともいえず、いい気分です。街辻で通りかかった製材工場からも同じようにいい匂い。思わず立ち止まってしまいます。

「木の香りを嗅ぐといい気持ちになる」。それは、**生理的には、どういうはたらきによるもので**しょう？

綿貫教授たちは、〝木の香り〟には、どんな生理的効果があるか？　それを実験でしらべています。

われわれ人間は、**さまざまなストレス**に取り囲まれています。「**照明や温度など物理的なもの**」さらに「**嫌な上司など対人関係**」……。

①HPA系：ストレスで免疫力低下させる

綿貫教授によれば、そういう**ストレスにさらされた人間の体内では、ある「防衛システム」がはたらきだす、という。それがHPA系**というライン。

まずストレス原因（ストレッサー）刺激の流れは、つぎのように伝えられます。

▼⑴ストレッサー↓⑵視床下部（脳）↓⑶CRH（副腎皮質刺激ホルモン、放出ホルモン）↓⑷脳下垂体↓⑸ACTH（副腎皮質刺激ホルモン）↓⑹副腎皮質↓⑺コルチゾール分泌↓⑻免疫力低下……。

「このHPA系がはたらき、からだを守ってくれるのです。しかし、一方で**⑺コルチゾール**という物質が出て、**免疫系の活動をグッと抑えてしまう**」。たとえば「試験を受けるばあいに、できる試験ならよいのですが、『これを落としたら**留年してしまう**』というような時には**非常に風邪をひきやすくなる**。免疫系が落ちるのです」（同教授）。

また、**⑶CRH**は、プロゲステロンという**性ホルモンを抑制**する。

「そのため**生殖能力も低下します。ストレスでインポテンツ（ED）**になるとは、こういうことなのですね」と教授はにっこり。

ほんらいは体を守るためのシステムであるHPA系も、「これがずっとはたらくと、やはりからだにかなり無理がくる。したがって、何かで……ここで言えば、森林ですが、（免疫力の）下がった分を上にもどしてやる。体に柔軟性を持たせることが大事です」（同教授）。

②SAM系：ストレスで血圧、心拍数を増加させる

一方、**カッと怒ったり、戦ったり、逃げたり……もっと激しいストレス反応**が起きたばあいはどうでしょう？　「その時は、**ＳＡＭ系がはたらきます**」（綿貫教授）。

▼⑴ストレッサー→⑵視床下部（脳）→⑶交感神経系→⑷交感神経終末→⑸副腎髄質→⑹アドレナリン（怒りホルモン）→⑺ノルアドレナリン（攻撃ホルモン）→⑻血圧／心拍上昇……。

アドレナリンは「ムカッ」「カーッ」とした時に副腎から放出され〝**怒りホルモン**〟と呼ばれます。**ノルアドレナリンは「カーッ」**としたときやはり分泌され、〝**攻撃ホルモン**〟と呼ばれ、いずれも**毒蛇の毒の約三倍と言われるほど毒性が強い**。**それで「ムカつき」「気分が悪く」なる**のです。そこで**「攻撃」あるいは「逃走」に備えて、血圧が上がり、心拍数も上昇する**。

「これも、たとえばスポーツなどでも起こります。ただ、この状態がずっと続くとエネルギーを消耗するだけですから、やはりからだによくない」（綿貫教授）

そこで、**ＨＰＡ系を上げて「落ちた免疫力、生殖力を上げる」**。**ＳＡＭ系を下げて「血圧・心拍数を下げる」**。**いずれもストレス解消された心身の状態です。**

「……**森林浴などの効果**として、そういうことがあれば、**人間にとって非常に好ましい**のですね」（綿貫教授）

●木の揮発成分の「生理効果」とは？

「木の香りはいい」とは、だれもが知っています。そこで、木材からの揮発成分の生理的効果をみてみましょう。測定したのは——

A：脳活動（脳波）、B：自律神経系（心電図）、C：免疫系（免疫グロブリンAなど）、D：主観評価（快、不快など）、E：味覚刺激……への効果。被験者は一二名の男子学生および大学院生。年齢は二二～二六歳。

その実験室を見せていただく。学生たちは、イスに座って、鼻先に開口したパイプから〝木の香り〟を嗅ぐ。あまりに重々しい装置に、いささか苦笑してしまった。「完全無臭の密閉実験室です」と案内の綿貫教授。「ふつうの部屋でやると、他の臭い成分が混入して実験にならないのです」「科学的正確さを追求すると、どうしても本格的にやらざるをえない」。

木材の「香り」成分は、つぎのように調達した。**スギ、ヒノキの芯材や辺材、枝や葉などを混ぜて抽出した精油原液**（試料PCK精油）を採用（フイルドサイエンス社製）。実験にはPCK精油を一五〇倍と五〇〇倍に希釈した二種類を使用。一五〇倍に薄めたものは「適度に香りがいい」、五〇〇倍では「ほとんど匂わない」（希釈液プロピレングリコール）。さらに、比較対照コントロール試料として「蒸留水（無臭）」も準備。生理反応の差が、木の香成分の効果作用の差となります。

後者五〇〇倍液でも、生理反応が起これば「おそらく、成分自体の効果とかんがえられるわけです」「**PCK精油は消臭効果や細菌増殖を防ぐ効果**があります。**『香り』は非常にいい**」（綿貫教授）。

●免疫力は免疫グロブリンA（s・IgA値）

C：免疫系の反応測定は、被験者の唾液中、免疫グロブリンA（唾液量、s・IgA濃度、s・IgA分泌量）を測定した。

「免疫グロブリンA（s・IgA等）はたくさん種類があります。からだの第一防衛としてはたらくもので、涙、唾液、汗などに含まれています」（綿貫教授）

よって〝木の香り〟（PCK）を嗅いで、**免疫グロブリンA値が上昇**したなら、それは木の香成分に、**免疫力を上昇させる効果**があることの証明になります。

「一五〇倍」「五〇〇倍」希釈液の香りを、イスにくつろいでいる被験者に二〇分間、三〇分以上の二パターンで嗅がせて、A〜Eの生理変化を測定した（※被験者は「一五〇倍液」の「香り」に快感を覚えた）。

D：主観評価は、**⑴リラックスする。⑵集中している。⑶強さを感じる。⑷好きな匂い。⑸快感を感じる。⑹「総合評価」**……の六点を「蒸留水」「一五〇倍溶液」「五〇〇倍溶液」で比較してみた。

結果は「一五〇倍溶液」が突出している。「これは、とうぜん『好き』で、しかも『快感』という評価。五〇〇倍は無味無臭の蒸留水と変わらない」（綿貫教授）。

つまり、**一五〇倍液は「『快』情動を誘発し」、五〇〇倍液は「『快』ではない」**。

つづく実験で、五〇〇倍液で「生理変化」が発生したなら、それは「快感」刺激によるものではなく、純粋に微量〝木の香〟成分によるものである。

●「快感」で「脳波」活動も高まった

〝木の香り〟を嗅ぐと脳波の活動も高まります。**β波の増減**を見ると、**一五〇倍液を嗅いだとき、左前頭葉の脳活動がもっとも多く増えて**います。「香りを感じない」五〇〇倍液でも増加している。一方、蒸留水はぎゃくに低下気味。

「『不快』な匂い、『嫌』な匂いを嗅がせると、脳右半球の脳波数が、非常に高まります。これに対して、『快』とか『心地好い』ときには左や左右の前頭葉の脳波数が高まる。脳の〝この辺り〟が、人間が『快』を感じるときに、よくはたらいているのではないでしょうか」（綿貫教授）

つまり〝この辺り〟の脳波を測定すれば、「快」を感じているかどうかが判定できる。

●心拍数も低下して安心リラックス

〝木の香り〟は心拍数（一分間）を低下させます。

ストレスで「興奮」したり、「恐怖」や「不安」を感じたら、胸がドキドキします。**ぎゃくに心拍数が低下**してきたら、それは**「興奮」や「不安」から解放され、落ち着いた**ことを示すのです。

心拍数は、交感神経と自律神経にコントロールされています。

比較の蒸留水はとうぜん刺激前と後では、心拍数に変化はない。ところが**〝木の香り〟**を嗅がせると、明らかに被験者たちの**心拍は、ゆっくりと落ちついて**いくのです。面白いのは、「香り」を実感する一五〇倍液より、**「香り」をほとんど感じない五〇〇液の方が、心拍数は大きく**

低下していることです（一九九二、九六年、宮崎良文氏の実験）。

「ということは、〝木の香り〟がよくて、『心地好い』からリラックスして心拍数が上がっただけでなく、**木材の成分自体**も心拍数……つまり、**交感神経活動を抑えたり、ぎゃくに副交感神経の神経活動を高める**。そのような〝成分〟が入っている可能性があります」（綿貫教授）

木が放出している有効成分は〝香り成分〟だけではないのです。これは〝木の香り〟成分の中に、**交感神経系の活動を鎮静化**させ、**副交感神経系の活動を高める**成分がふくまれている可能性をしめしています。

●〝木の香〟の「快感」が免疫力アップ

〝木の香り〟じたいも免疫力を上げます。

三〇分間、匂いを嗅がせた結果です。それは『快感』を感じた一五〇倍液で突出しています。これは唾液中の免疫グロブリンA（s・IgA値）の変化です。蒸留水、五〇〇倍液ではほとんど不変です。

「……これは、**『快』あるいは『気持ちいい』**という**情動（心）**によって、**免疫系の活動が高まる可能性**がある、とかんがえます」（綿貫教授）

綿貫教授は、このs・IgA値を用いて、なんと落語を聞いたときの反応もしらべている。小国町の町起こし行事の一貫でおこなった落語のつどい。「**健康な方は、落語を聞いた後に、有意に免疫系（IgA値）がパッと上がる**。やはりよく笑うことは非常に重要ですね」（綿貫教授）。

●渓谷映像には〝涼しい!〟生理反応

綿貫教室は「自然の画像」を見たときの反応も実験しています。

わたしたちはテレビや映画などで「自然の風景」を見ただけで、なんとなくホッとします。ポスターなど写真を見ても心がなごみます。

これら映像は、人体生理にどんな効果をあたえるのでしょうか?

実験の結果、ほんものの大自然ではなく、**映像だけでも、人間の生理ストレスをやわらげて、もとの状態にもどす効果**があることが確認されました。

ストレスを減らす方法としては、「アロマテラピー(香り療法)」「ヨガ」「森林浴」「イメージ」「音楽」「瞑想(めいそう)」……などがあります。教授たちは、その一つの方法として**「森林浴」「イメージ」をあわせた「自然風景」の動画**に注目しました。

すでにリラックスやストレス解消のために様々な「自然画像」のDVDが市販されています。たとえば「森の風景」「せせらぎ」「浜辺」……などなど。なるほど、ゆったり観ているだけで、心はなごんできます。しかし「それらがヒトにあたえる具体的な生理的影響は、わかりません」(綿貫教授)。

そこで、教授たちは五種類のDVDを入手しました。

A:十和田湖(自然な並木道を車で移動)

B:屋久島(古い樹木、苔など)

C：奥入瀬（渓谷と森林）
D：吉野山（紅葉のモミジが見事）
E：白神山（ブナの原生林、杉林）
F：コントロール刺激（灰色の画面）

なるほど、これらバーチャルな風景（無音）に、被験者の生理がどう反応するかをしらべようというのです。まさに、これぞ人間環境工学！

実験参加者は男女大学生、各々二〇名。実験場所は防音・電磁シールド型「人工気候室」。ここを室温二七℃、湿度五〇％に固定して、被験者を観察しました。

測定項目にもおどろきます。

⑴脳波（一九か所）、⑵眼球電図、⑶呼吸（周期・換気量）、⑷心電図（瞬時心拍数など四項目）、⑸心・血管機能（心拍出量、一回拍出量、前駆出時間、左心室駆出時間、抹消血管抵抗）、⑹血圧（収縮期、拡張期、平均血圧）、⑺主観評価（自然画像に対する評価）、⑻性格検査……。

いやはや、徹底ぶりにおどろくばかり。よって椅子に座った被験者の学生はヘルメット状の脳波計をスッポリ被せられ、測定眼鏡に大掛かりなマスク、手指にも測定装置に接続と、まるで戦闘機パイロットのような姿とあいなる。

結果は、やはりバーチャル（仮想）であっても、「映像」に対して観る者の生理は正直に反応しています。「渓流」が映った**C：奥入瀬の映像では「涼しい」と感じ、血管などの生理反応も、じっさいに寒いときに起こる収縮、血圧上昇などをしめした**のです。

「映像」を、体は〝現実〟のものと反応したわけです。他の映像も似た反応が得られたのです。自然な「映像」でも、ヒトはそこにいるかのように反応する。なら、**実際に音や風、匂い、手触りも感じる自然な風景の中で過ごしたなら、さらに良好な生理現象となるのはいうまでもありません**。それだけ心身はリラックスして、免疫力などは向上するのです。

わずか二日間の森林浴で、ガンと戦うNK（ナチュラルキラー）細胞活性が五割以上アップした、という研究報告もあります（一一〇ページ参照）。

これは自然に包まれる森林浴が、**レジャーとしてだけでなく、セラピー（療法）として成立す**ることを証明しています。

木を乾かす温度が低いほど「香り」「健康」もアップ！

●高熱乾燥すると〝杉香〟も飛ぶ

さて、ここでたいせつな要素があります。

それが、スギ材の乾燥「温度」です。「じつは、木材から放出されるセスキテルペン（スギの「香り」成分）は、木材の乾燥温度で左右されることがわかっています」（綿貫教授）。

やさしい低温で乾燥した杉材ほど〝杉の香り〟は高い。ところが乾燥温度が**高温になるほど**〝杉香〟は反比例して**低くなっている**。これは、素人でもわかります。高温乾燥にするほど、高熱で「香り」成分が〝飛んでしまう〟のです。しかし……「今は、ほとんど高温で乾燥しているのが現状」「低温で乾燥させるとコストがかかる」「早く市場に出すためには、高温で短時間で乾燥するのがいいんですね」。

しかし、**高温で乾燥すれば、木材に含まれるせっかくの有効成分が〝揮発〟してしまう**。綿貫教授たちは、まず〝杉香〟（セスキテルペン）の人体に対する「最適濃度」を求めています。「すると、木材乾燥時の適切な温度も求めることができます」。

これを綿貫教授は「**技術の人間化**」と呼ぶ。「……技術というものを**人間に適したものに合わせる**……ということです」。

●高温乾燥から低温乾燥へシフトを！

具体的な「技術の人間化」とは？

まず「最適〝杉香〟（セスキテルペン）濃度」を測定。それに合った「ヒトに適切な乾燥温度」を求めたのです

生徒たちの免疫グロブリンＡ（ｓ・ＩｇＡ）が最高と最低になる杉香成分（セスキテルペン）濃度を調べた結果、杉精油の四八〇倍希釈液が、もっとも高い免疫活性を示すことがわかりました。

さて――。

次の実験は、三クラスの教室の床を杉板で敷き詰めて観察したものです。

それも、**床張りした杉板の乾燥温度は「低」「中」「高」と三種類で比較**しています。揮発成分

の最も残留する低温（四〇℃）乾燥から、中温（八〇℃）、高温（一二〇℃）と分けて、床材から揮発する「香り」成分と生理作用の違いを調べたのです。

二〇〇六年一月、綿貫教室は、つづく第二実験をスタートさせました。

■⑴組（三八名）：低温乾燥材（四〇℃）

乾燥時間が長く乾燥コストは一番高かった。しかし、もっとも杉の香りが残っています。教室内は心地好い〝杉香〟が十分に満たされています。

■⑵組（三三名）：中温乾燥材（八〇℃）

ある程度、杉の香りが放出されている床です。

■⑶組（二七名）：高温乾燥材（一二〇℃）

高温一二〇℃で乾燥した杉材を使用。乾燥時間が短く、その分コストは安い。**高熱なので揮発成分の残留はもっとも少ない**。

「これから木材の乾燥温度が、⑴〜⑶の教室内で子どもたちの生理反応にどのように影響するか、測定していきました」（綿貫教授）

●欠席者は⑴組は⑶組の一〇分の一以下！

床材の乾燥温度による**生理反応差**は、とくに**女子生徒にハッキリ出ました**。

男子生徒は、床を杉板で張って一月から三月までは⑴⑵⑶クラスとも、ほとんど差は観られない。しかし三月に入ると**⑴四〇℃と⑵八〇℃乾燥の組の免疫活性は、明らかに⑶一二〇℃の組を**

しのいでいる。

女子生徒のばあい、二月から三月末にかけて、免疫格差は、⑴四〇℃、⑵八〇℃、⑶一二〇℃の木材の乾燥温度の格差とくっきりと反比例しています。**床板の乾燥温度が高くなるほど、生理反応は悪くなっているのです。**

もっと決定的だったのが学校を休んだ**欠席生徒の比較です。**

実験四か月の間、**四〇℃という低温乾燥床クラス⑴は、他の⑵、⑶クラスより欠席者数が各段に少ない**のです。劇的だったのはインフルエンザ流行期です。二月の**欠席者数はクラス⑶（一二〇℃高温乾燥床）に比べてクラス⑴はなんと一〇分の一でした……！**

「これほどの大差が出るとは、おどろきました！」

床に張る杉材の乾燥温度だけで、これだけの大差が出ることに綿貫教授も驚きを隠さない。

教室を「杉床」にしたら欠席が四分の一以下に減った！

●女子生徒は三・五倍も欠席していた

杉の机・イスを一クラスに導入して開始した綿貫グループ研究。この世界初の研究プロジェクトは、このように第二ステージに入った。

一年生⑴⑵⑶の三クラスを乾燥温度の違う杉床とする。机やイスだけでなく、床全体も天然の杉板で敷き詰められた。まさに、一面、杉の香り、杉の風合、手触りの教室に大変貌した。文字通りのまるごと〝杉の子〟教室の誕生です。

その結果は、二〇〇六年、鎌倉の建長寺で開催された第一二回『国際人間環境会議』で報告されました。その英文資料から、おどろくべき結果を紹介しましょう。

タイトルは「日本の**杉から発生する有機揮発成分が、心理的反応を増加させる**」。

その内容とは——。

小国中学校の一年生クラスは⑴⑵⑶三組とも乾燥温度のちがう杉床を敷き詰めた。

一方、**二、三年生の教室**は、これまでどおりの**冷たい合板床**です。とうぜん、**天然杉の一年生クラスの床の方が、はるかに温かい**。

一年生の教室に杉板を張ったあとの一年生（杉床）、二年生（合板）の欠席率の変化を比較した。

ちょうど杉床を張り替えた二月はインフルエンザが猛威を振るっていた。全体的に一年生の方が、二年生より欠席率は低い。とりわけ**杉床に変えた後、一年と二年の女子生徒の欠席者は約三・五倍もの大差**がついた。

「より高いs・IgA値は、良好な健康維持に効果的だろう。とりわけ冬期には……。では、なぜ**⑴組で、いちばんs・IgA値が高かった**のか？」（綿貫教授）

三クラス、各々の室内空気成分を分析してみると、**⑴クラスの空気には、より高濃度のセスキテルペン（木材芳香成分の一種）が含まれていた**のです。

二年生の生徒たちの**欠席率を約四分の一に減らした**のは、これら**「芳香成分」「温かい床」**のおかげでしょう。ぎゃくに**二年生の欠席を増やしたのは、合板からの「有害成分」「冷たい床」が元凶である**ことは、たしかです。

●全国一律、合板パイプ机・イスの不可解

わたしはあの武田鉄矢主演ドラマ「金八先生」を観ていて、教室にある合板のパイプ机・イスが気になってしかたがなかった。現実に、小中学校にいくと、全国例外なくこのパイプ机・イスである。わたしが小中学生だった教室の机・イスは、粗末ではあったが無垢の木でできていた。

わたしは、こんな**冷え冷えとした無味乾燥の安っぽい机とイスで勉強させられる子どもたちが、可哀相でならない**。こんな過酷な時代に生きるかれらの傷つきやすい心身は、さらに冷え冷えとしたものになるだろう。

それは、**机とイスだけを天然木にしただけで免疫力を二二倍も激増させた小国中学校の子どもたち**が、みずから証明してくれた。

わたしは、**腹の底から叫びたい。全国の学校からいますぐパイプ机とイスを撤去、追放しろ！**

わたしは確信する。全国一律、あの安っぽいパイプ机とイスなのは、**巨大な利権が絡んでいることは二〇〇％まちがいない**。おそらく、**納入業者と行政担当者、政治家との癒着**は想像を絶するものがあるにちがいない。「ちがう！」と反論するなら、全国一律、奇妙なほど同タイプのパイプ・合板製品である理由を説明してみよ。警察やマスコミも小さな汚職は摘発するが、このような大きな疑惑の利権構造には、いっさい触れない。保護者もこの矛盾に気づき、指摘、告発す

べきだと思う。

●三〇年間で登校拒否八倍増の理由

つまり、前出のあきらかに教室の**床が冷たい二年の女子生徒たちは、無意識のうちに、本能的に〝生理的危険〟を感じて登校拒否をしたのだろう**。

近年、過去三〇年間で全国の小中学校の登校拒否生徒は八倍に激増している。心身を冷やし、健康を害する冷たいコンクリート校舎に登校を強制されることは、苦痛以外のなにものでもない。

ネズミの実験でも、コンクリート床の部屋と杉材の床の二部屋を作り、両者の間に出入り口を設けておくと、なんと**ネズミはいっさいコンクリート床の部屋から杉部屋に避難**して、一瞬たりとも入ろうとしない。ネズミはコンクリート床が生命に危険であることを本能で察知しているのです（一四三ページ参照）。

ネズミも逃げ出すコンクリートの校舎に、子どもたちを強制的に通わせている。これが政府の冷酷な悪魔的正体なのです。そこには、やさしさとか、おもいやりの一カケラもない。それどころか、政府は**一九五一年、公共建築物を木造で建てることを厳禁**。そして、**冷たい鉄筋コンクリートで建てることを強制**したのです（**「木造禁止令」**三三ページ参照）。

これから、木造建築の〝暗黒の時代〟がはじまったのです。しかし、建築業者が嘆くのもおかどちがいでしょう。そんな巨大利権にひれふす政府自民党を支持してきたのは、どこのだれですか？　まさに自業自得なのです。

低温度乾燥材で、まずコンクリート建築の「木装革命」を！

●心身を冷やすコンクリート建築

いまコンクリート建築は、その生理ダメージに注目が集まっています。

いわゆるコンクリート・ストレスです。その典型が、室内にいる人の**体熱をコンクリート建材が奪ってしまう「冷輻射（れいふくしゃ）」現象**です（拙著『コンクリート住宅は９年早死にする』リヨン社、参照）。

「からだを温めると病気にならない！」。ちまたには、そんな健康本があふれています。これは正しい。体温を上げると免疫力が上がる。それは医学的に証明されています。その他、さまざまな生理活性も向上します。ちなみに風邪を引いたときに体温が上がるのは、免疫力を上げてウィルスや病原菌を攻撃するためです。自然治癒力が活性化して、免疫力を上げているのです。つまり発熱は治癒反応なのです。だから、解熱剤などで無理に体温を下げると風邪をこじらせ、長引かせます。みずからの治癒力にまかせたほうが、スッキリ早く治ります（拙著『クスリは飲んではいけない!?』徳間書店、参照）。

ぎゃくにいえば**「からだを冷やすと病気になる！」**。**これも真理です**。**免疫力や体の抵抗力などが低下します**。**体温が一度下がると発ガンリスクは数倍になる**といわれます。**「低体温の人ほど、うつやガンになりやすい」**。これも、医学の常識です。

体熱を失うということは、**生命力を失う**ことと同じなのです。

コンクリート校舎に通う子どもたちは木造校舎にくらべて、インフルエンザ流行時の学級閉鎖率は二倍以上です。つまり、**コンクリート校舎の生徒は、木造より二倍以上、疲れ、弱っている**。**ネズミの実験**でも**コンクリート巣箱の死亡率は、木造巣箱の六倍以上**です。とりわけ小中学校では、冷輻射のため生徒、先生たち共に、心身が疲弊（ひへい）しています。

それが、実はイジメ、自殺、校内暴力、不登校などの潜在的な大きな元凶となっているのです。

●そして「木装革命」から「木造文明」へ

さいきん、ようやく政府（文部科学省）も、生徒や教師を疲弊させる恐るべきコンクリート・ストレスに気づいたようです。だから目覚めた学校では、内装を天然木で覆う「木装」リフォームに着手する学校やマンションもあらわれています。

わたしは二一世紀の建築革命で、**木造文明しか人類や産業の生き残る道はない**と確信しています（拙著『THE GREEN TECHNOLOGY』彩流社、参照）。

木の香漂う「木造革命」こそが、地球規模の産業革命へと続くのです。しかし、すでに世界の都市はコンクリート・ジャングルと化しています。これらコンクリート・ビルをすべて解体しろ、とはいいません。これらも大切な人類の資産です。できるだけ、長く使わなければなりません。

しかし、建物じたいはコンクリート・ストレスの危機をはらんでいます。

しかし、その冷輻射ストレスを避ける方策はあるのです。

それが「木装」です。コンクリート建築の内部を天然の木材で覆うのです。これが**「木装革命」**です。それは、**「木造革命」のファースト・ステップ**といえます。

だからコンクリート校舎などの内装を天然木で覆う「木装革命」が好ましい流れです。しかし、たんに「内側を木の板で覆う」だけでは、解決しない。

綿貫研究室の実験を思い出してほしい。中学校の三クラスの教室の床を、木材乾燥温度で異なる木材で張って、子どもたちの健康状態を比較した世界初の研究です。

⑴低温乾燥、⑵中温乾燥、⑶高温乾燥……。その差は**生徒の欠席率**にはっきりあらわれました。**⑴クラスは、⑶の一〇分の一だった**のです。

建築家どころか教育関係者にとっても、衝撃データでしょう。**木材の乾燥温度で、木の癒し効果は決定的に〝異なる〟**のです。

この真実に目覚めている生徒の保護者、教育関係者、建築家、役人、政治家は、まったく、ひとりもいません。〝情報化〟社会など、まったくの虚構であることがよくわかります。コンクリート・ストレスすら、「はじめて聞いた！」というひとがほとんどでしょう。

●一〇〇℃超の高温乾燥で木材は嘔吐（おうと）

「木材の乾燥温度？」「乾けば、みんな同じだろ！」

これまでの業者の感覚でした。木材業者、建築業者さらに行政担当者ですら、このていどの知識だったのです。だから**木材乾燥の世界**は、できるだけ木材から急激に水分を〝吐き出させる〟

「超高温」「強制乾燥」が主流となっていたのです。

それは一〇〇℃以上の高温乾燥炉に木材を入れて、木材内部の水分を〝沸騰〟させ、吐きださせるという荒っぽいもの。なかには一九〇℃と身の毛がよだつ超高温乾燥プラントもあります。水分どころか樹木が持つさまざまな**有効成分**が、文字通り**木口から泡を吹いて沸騰、噴出**します。貴重な有効成分である**精油、芳香成分、防虫・防カビ成分、粘り成分のリグニン……などなど、生命のエキスが熱破壊され、噴出、嘔吐**(おうと)されるのです。

まさに樹木への虐待にほかなりません。木材の「高温乾燥炉」のコンクリート床は、一回乾燥させると、一面へドロ状にベトベトします。それは、木材が強制的に嘔吐させられた〝生命のエキス〟の残骸なのです。

「高温乾燥材」「合板」ハウスで免疫力一〇〇分の一以下!?

●高温乾燥材に防腐・防蟻・防ダニ剤!

生命の素を強制的に吐き出してしまった木材は、もはやスカスカの抜けがら……。**色、つや、香りもなくパサパサ**。さらに、**防虫・防カビ成分をなくした**ので、こんな材木で建てた家は、**カビやシロアリ、ダニの〝エジキ〟**となります。

すると、**業者は「じゃあ防腐剤、防蟻剤、防ダニ剤をつかえばいいだろ!」**と開き直る。こうして防腐・防虫の名目で、猛毒化学物質の登場とあいなります。

有機塩素系の猛毒殺虫剤や新顔ネオニコチノイド殺虫剤を**高温乾燥木材に密かに含浸させる**。なかには海外から輸入段階で、**丸太ごと毒液にどっぷり漬ける**やりくちもあります。船積みした木材に、輸送しているあいだにカビが生えたりしたら商品価値がなくなるからです。これを業界で〝**ドブ漬け**〟と呼びます。しかし、ぜったいこの〝毒漬け〟作業の実態が表に出ることはありません。これは、**木材業界の最大秘密、最大タブー**といってもよいのです。**輸入丸太の段階から、さらには高温乾燥処理の後まで、なんどもこの〝毒漬け〟がくりかえされて、最後はあなたのマイホームとなる**のです。

さらに、その高温乾燥材の上に張られる床材、壁材、天井材は、ほとんど例外なく、すべて合板です。木材に染みこまされた〝毒物〟は、床下や壁、柱、天井からゆっくりと蒸発してきます。おまけに**合板からも接着材、塗料などの〝毒物〟が揮発**しています。**新築の家の空気は、このような〝毒の霧〟で汚染されていく**のです。

●**戦後の新築住宅は殺人住宅だった**

新築の家に入ると、なんとなく「クスリ臭い」においがすると感じませんか？

それは、これら何十、何百という有毒化学物質の混ざったにおいなのです。そんな〝毒の館〟で、家族が安心して健康に暮らせるわけがありません。

入居したあなたの**家族を襲うのは――頭痛、咳、めまい、アトピー、不眠そしてうつ病、ノイローゼから家庭内暴力**へと発展していきます。そうして、これらの**ストレスが血行障害、低体温**

からさまざまな病気を引き起こすのです。**最後に待っているのはガン**です。

戦後日本の多くの新築住宅は、このような〝殺人住宅〟だったのです。あなたは、信じられますか？

しかし、たとえば九州大学、綿貫教授の実験――。その結果が衝撃事実の一端をあきらかにしています。前述のように新品の合板の机・パイプいすを使っているクラスの生徒たちに比べて、無垢の杉材の机とイスで勉強した子どもたちは、免疫力が大幅にアップしたのです。

これは、ぎゃくにかんがえると恐ろしい現実を警告しています。

●机とイスが合板で免疫力は激減する

化学物質で接着・塗装した合板机とイスをつかっているだけで、**免疫力が激減する**事実をつきつけているからです。合板机とパイプイスだけで免疫力が落ちる。

なら、わたしたちの暮らしを見まわしてください。机やイスどころではありません。床も壁も天井さえも合板です。テーブルもイスも合板仕上げ。表面はツルツルに塗装されて、冷たく、木のぬくもりはどこにもない。それどころか、これら合板からはかすかな毒の霧がたちのぼっています。**合板仕上げの新築住宅は、冷たいだけでなく、毒物を気散している**のです。そこに暮らすひとびとの**免疫力はけたはずれに低下してもおかしくない**。

この〝毒漬け〟木材は、いまもハウスメーカーや建売住宅の木材として、家全体にあたりまえのように使われています。

しかし、消費者であるあなたがその実態に気づくことは、未来永劫ありえません。行政もマスコミもこれら恐怖の真実に口を閉ざしてきました。それは、〝かれら〟にとって、これら業界は大切な大切なスポンサーだからです。

これまで建築業界では**「高温乾燥」と「毒漬け」の害**を語ることは**二大タブー**でした。

しかし、この巧妙に隠された〝悪習〟を克服しないと、真の「木造革命」どころか「木装革命」もなりたちません。業界も消費者も、目を開いて、この問題をみつめなおしましょう。

●四五℃！　木を生かす「愛工房」の奇跡

たとえば超低温の木材乾燥装置も開発されています。

それでいて、乾燥スピードもけたはずれ。想像を超える超高効率なプラントも出現しています。たとえば**四五℃で木材を乾かす「超低温木材乾燥機」の「愛工房」がそれです。①超低温、②超短時間、③超低コスト、④超高性能の四拍子を実現**しています。

たとえば一五ミリ杉板を、わずか一日で含水率一〇％前後にまで乾燥してしまう！

そうして、庫内は四五℃という超低温なので、木材の生命の素である「酵素」を破壊することはない（「酵素」は四八℃で熱破壊される）。だから『愛工房』に入庫した木材は〝生きた〟休眠状態のまま乾燥が進む」のです。

乾燥業者だけでなく、木材業者から建築業者まで「木は伐られたときから〝死んでいる〟」と思っていました。しかし、「愛工房」を発明した伊藤好則氏は「木は生きている」と信じていた。

この愛情の差が、成功と失敗を分けたのです。

「木は生きている」ということは「酵素が生きている」ということです。

「酵素が生きている」ということは「細胞が生きている」ということです。

立木の樹木では「反り」「割れ」「捩れ」はおこらない。なぜでしょう？　それは樹木全体すべての**細胞が生きているから。**すべての細胞は、その細胞膜に水分と養分を取り入れる「孔」（チャンネル）をもっています。生きている細胞なら、この「孔」を水分、養分は自由にスムーズに出入りします。しかし、**〝死んだ〟細胞**だとそうはいきません。**「孔」（チャンネル）は固く閉ざされたまま。**「愛工房」の成功の秘密は、一にも二にも、四五℃という超低温で〝生きた〟細胞の状態で乾かしたからです。とうぜん、生きている細胞ですから、水分はスムーズに木材の内部を移動します。だから、「木材乾燥業者が腰を抜かす早いスピード」で乾くのです。一五ミリ板が一晩で含水率一〇％を切るほどに乾く――という驚異的速さも、「生きた細胞チャンネル（孔）の開放」という事実を抜きに説明できません。

こうして、「愛工房」では、木材を「生きたまま乾燥」する。だから、仕上がった**木材もまた「生きている」。**よって、**精油、芳香物質、防虫・抗菌物質、リグニン（粘性物質）などをたっぷり含んだ自然のままに、乾燥**されている。だから、**「反らない」「割れない」「捩じれない」。「色」「艶」「香り」は残ったまま。**「愛工房」で乾かした杉材は、空気のように軽く、表面は虹のように輝き、いつでも芳香は絶えることがない。それは、木の生命を生かす四五℃という超低温の〝愛の発想〟に帰結するのです。

■問い合わせ：愛工房　〒１７４—００４３　東京都板橋区坂下１—17—15「医食住工房」
ＴＥＬ：０３—６７９４—５４９１　ＦＡＸ：０３—３９６７—４７１０

●高温乾燥材に隠された致命的欠陥

いっぽうで、**木材乾燥業者**は、おおきなミスを犯しました。

かれらは、木材を乾かすのを**「ヤカンでお湯を沸かす」ことと同じ発想**でとらえていたのです。「だから高い温度で加熱するほど早く水分は蒸発し、早く乾く」とかんがえた。つまり、**多くの熱量は多くの水蒸気を発生させる——「熱量保存の法則」**です。

しかし、**木材はヤカンではない**。**生き物です**。**細胞があり、酵素活動によって生かされている**。

それをヤカンといっしょくたにかんがえた。それが大失敗の原因です。

四八℃どころか一〇〇℃、一二〇℃と**超高温で加熱すれば、生命の素「酵素」は瞬時に熱破壊**されてしまいます。その瞬間、休眠状態だった木材は〝即死〟する。

もう、全身の細胞も死滅しました。すると、あれほどスムーズに水分・養分を通していた各細胞壁の「孔」（チャンネル）も閉じてしまいます。すると、細胞の水分もまったく動かない。

にっちもさっちもいかない。そこで強硬手段として一二〇～一九〇℃という狂気の超高温乾燥方式が推進されたのです。**超高温で木材を〝煮て〟、その沸騰圧で各細胞膜を破壊して、水分を噴出**させよう——という超荒っぽい発想です。

日本の住宅は、価格は欧米の二倍、寿命は四分の一！

●木は有効成分を嘔吐しカスカスに

こうして、木材の生命のエキスは嘔吐物として乾燥炉の床に吐きだされ、木材の強度の元となる全身の細胞膜はズタズタに破壊されたのです。

木材がほんらいもっている精油、芳香成分、防虫・抗菌成分や粘り成分リグニン、さらには細胞膜強度までも失われてしまった。こうなると、もはやお菓子の〝ウエハース〟……。**表面はパサパサ、シロアリは食べ放題、不朽菌やカビは生え放題。強度ももちろん脆い**。かつて二〇〇年、三〇〇年もった伝統住宅など、夢のまた夢。さらに、業界は、高温乾燥材のこれら致命的欠点を隠すために有毒化学物質で〝ごまかした〟。だから、より質がわるい。

最高級の木材を生産すべき**乾燥技術が、最低級の木材を生み出してしまった**。

さらにおそろしいのは、このような素人のわたしでもわかる簡単な事実が、木材業界どころか建築業界で、さらには大学の建築学界でいっさい議論されてこなかったという信じられない事実です。

ここでも「臭いものにフタ」という日本人のずるい特性があらわれています。

こうして日本の建築業界は、底無し沼のように劣化してしまったのです。

●住宅寿命、日本二五年、英国一四〇年

前述のように、いまや日本の住宅寿命は平均で二五年です。

これにくらべて欧米の住宅の平均寿命は、イギリスは一四〇年！　アメリカ一〇三年。

笑えぬ笑い話とは、まさにこのこと。イギリスと比較すると、日本の住宅はツー・バイ・フォーならぬツー・バイ・シックスになってしまう。

けっきょく、日本の住宅価格は欧米にくらべて八～一二倍も高い……というサンタンたる状態になります。そうして、建築業者は築二〇年を過ぎるころから「そろそろ御建て替えの時期です」と、しゃあしゃあとやって来る。「そうだねぇ」と応対するがわも、アタマの中身が疑われます。

「なにを!?　建ててたった二〇年で、建て替えろとはなにごとだッ！」と怒ってとうぜん。それをハウスメーカーのいうがまま。いわれるがまま。ここでもまたもや、おとなしき羊のごとし……。

●高温乾燥材と塩ビクロスで腐る

これでは、一生のうちに三回も家を建て替えさせられるハメになる。一生ローン地獄で、老後資金も残らない。それでも怒らない日本の消費者は、こうなるとヒツジ以下というより、かんがえる脳があるのか？　不思議でなりません。

なぜ、日本の住宅寿命がこれほど短いのか？

それは**ハウスメーカーなどの業者が「はやく腐るように造っている」からです。早く腐る、朽ちる。シロアリが喰う。その原因の一つが高温乾燥材だった**のです。さらに付け足すなら、**塩ビクロス張りです。正確にいうと塩化ビニールクロス。日本の住宅の九割以上が、これで内装仕上げしています。日本人の一〇人のうち九人以上は〝ビニールハウス〟の住民**なのです。

それでいて、みんなクロス（布）貼りの家に住んでいると信じ込んでいる（だまされている）。無知、お人好しもきわまれり。

日本は高温多湿の温帯モンスーン気候。そんな列島で、ほとんどの日本人はビニール貼りの家に住んでいる。冬は内外の温度差で屋内が結露し、夏は**壁内で結露**する。その水分がグラスウール（GW）**断熱材に吸着されて、びっちょり壁内に水が溜まり、柱、根太が腐る、シロアリ、ダニが食う……という〝しかけ〟**です。

●マスコミCMは巧妙な大衆洗脳

「はじめて知った！」と、あなたは憤然、憮然とされているはずです。新聞もテレビも行政さえも、このあたりまえの真実を、ぜったいに教えてくれません。〝かれら〟は、巨大なカネでスポンサーの建築利権とつるんでいるのです。

責任は、あなた自身にもあります。

「テレビでCMしている大企業だから安心だ」と**大手ハウスメーカー**に頼んだのではありませんか？

〝かれら〟こそが、**日本の住宅寿命を世界でも恥ずかしいほどに縮めたA級戦犯**なのです。テレビやマスコミCMは、まさに大衆洗脳の陰謀そのものです。そのニッコリ笑顔のCMにコロリコロリとひっかかる日本の善男善女たち。まさに〝ほほ笑みのファッシズム〟。そして、あとで泣きをみるのも自分自身なのです。「大きな情報にはウソがある」とは、かのヒトラーの名台詞（せりふ）です。

ちなみに食品CMも「食べてはいけない」ものばかり。ハンバーガーやフライドチキンは、まちがいなく、あなたの寿命を縮めます。肉や牛乳など動物たんぱくは、植物たんぱくより八倍も発ガン性が強い。肉を食べると大腸ガン死や乳ガン死は五倍。ハーゲンダッツなどのアイスクリームは低血糖症の引き金。……このていどは常識として知っておくべきです。かくして、これら欧米食は、まちがいなくガン、心臓病、脳卒中の三大死因を激増させます。肥満、糖尿病、うつ病、精神異常もケタはずれに増やします。

いっぽうでクスリCMは「飲んではいけない」ものばかり。ガン保険や健康（？）飲料のテレビCMもあふれています。これぞ、まさにマッチポンプ！　CMに潜む巧妙かつ悪質なマインド・コントロールの罠に気づくべきです。

少しは、オツムのねじを巻くことも必要です。ポカンと口をあけて巧みでムードたっぷりのテレビCMをみていると、命とカネがいくらあっても足りません。

第3章　木の家で育て！　木の校舎で学べ！

コンクリート校舎こそイジメ、校内暴力、学力低下の元凶です

●イジメ、不登校などをなくすために

教育の現場で、木材のみなおしが進んでいます。木造校舎へのシフトのうごきです。げんざい、日本の教育現場は、さまざまな問題にあえいでいます。

イジメ、不登校、校内暴力、学級崩壊、学力低下……そして、先生たちまでも心身を深く病んでいます。

たとえば小中高校の**暴力事件は二〇〇九年度には六万件を突破。前年度より一二九五件多い六万九一三件と過去最多**を記録しています。小中学校で暴力行為が急増するなど低年齢化が浮き彫りになっています。**「感情のコントロールができず、コミュニケーション能力が低くなっている」（文科省）**。

イジメも七万二七一七八件発生。内容は「冷やかしや悪口」が六四・七％と最多。最悪ケースは自殺した児童生徒たち。イジメのため**自ら生命を絶った子どもは、なんと前年度より二九人も増えてほぼ倍増の六五人**にたっしています。

小中校の不登校も一九九〇年代半ばから急増しています。〇九年度だけで一二万二四三二人！（グラフ3−1）。これは「病気や経済的な理由以外で学校を年間三〇日以上欠席した」小中校生の総数です。三〇日以下をカウントしたら、いったいどれだけの不登校の児童や生徒がいること

■「不登校」生徒の割合は 90 年代から急増している

グラフ３－１　最近 15 年の不登校の小中学生と割合

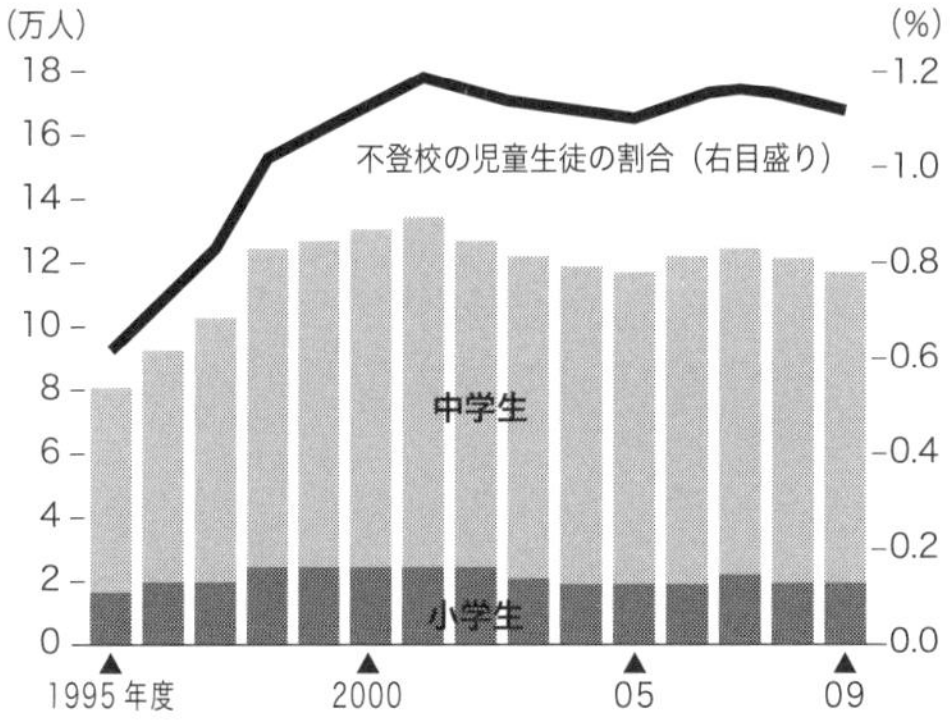

文部科学省調べ

■ついに心の「発達障害」大学生が１年で倍増とは！

グラフ３－２　大学に通う「発達障害」の学生数の推移

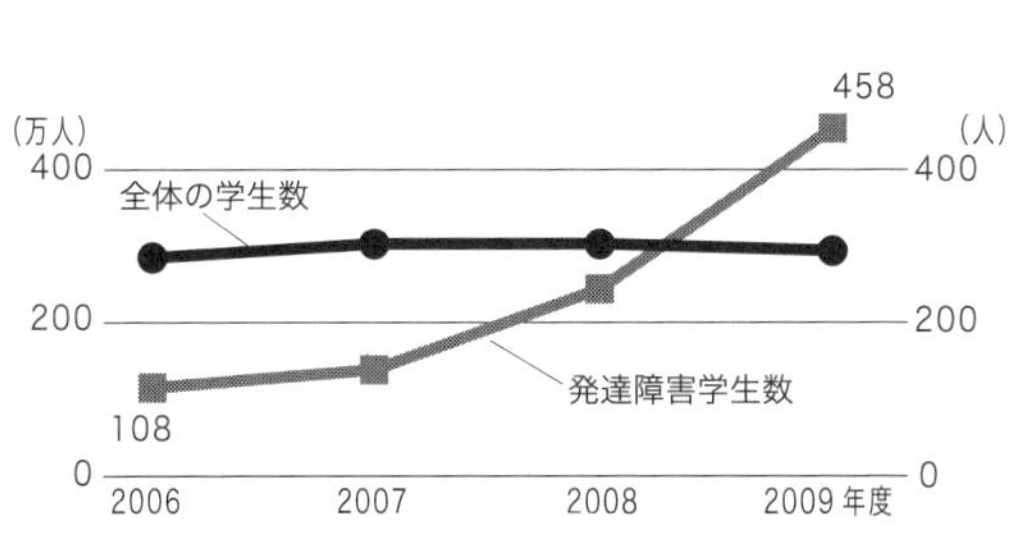

でしょう。不登校のきっかけも「本人の問題」（四三・二％）、「友人関係」（一七・七％）と要領をえません。

心に異常をきたしているのは大学生もおなじ。**発達障害の大学生が〇九年度四五八人と、前年度二三七人からわずか一年で倍増**しています（グラフ3‐2）。それらは「学習障害」（ＬＤ）や「衝動的に行動する注意力欠陥多動性障害」（ＡＤＨＤ）、コミュニケーション不能の「高機能自閉症」など。さらに先生たちの心身も悲鳴を上げています。やはり、「心の病」で休職する教師が激増しているのです。

現代日本の子どもたちや学生、さらに教師たちまで心やからだが壊れかけているのです。

●木の温もりに救いのヒントがある

ここにきてようやく、政府も教育関係者も、生徒や教師たちをとりまく学校現場の環境に目をやるようになったのです。

子どもたちの異常は、子どもたちを人工的・非人間的な環境に押しこめてきたからではないのか？　ようやく自然な木材などの天然素材のたいせつさが、理解されるようになってきたのです。

「**木材は、柔らかで、温かみのある感触**があるとともに、室内の温度変化を緩和させ、快適性を高める優れた性質を備えている」

綿貫教授（前出）は、木材の健康効果に関しては、まさにわが国ナンバーワンの有識者といえます。その教授が教育現場での木材の利用をつよく訴えているのです。

その理由として二点をあげています。

(1)温かい環境：建築仕上げ材（内装材）として、適所に木材を使うことにより、温かみと、うるおいのある教育現場づくりができる。

(2)木の学習効果：木材利用により以下の学習ができる。**①環境負荷の低減、②森林の保全、③木の文化の継承、④地域の活性化**。

「これらの効果は、木造校舎だけでなく、内装が木質化された（木装）校舎においても、同様に期待できる」（綿貫教授）

●木造校舎で子どもたちはハッピー

教授は、木の校舎のメリットをあげます。

(1)ストレス：学校施設での木材利用は、子どもたちのストレスを緩和させ、授業での集中力を増す。

(2)広がり感：木装校舎では、コンクリート校舎（非木質化）にくらべ、子どもたちは教室を広々と感じる。

(3)心地好さ：木造校舎では、子どもたちは校内の心地好さや自分の居場所などを、より感じて生活している。

(4)インフルエンザ：木造校舎では、インフルエンザの蔓延（まんえん）が抑制される傾向がみられる。

(5)やさしい木の床：木質の床は、結露せず、転んでもケガをする子どもが少ない。足にかかる負担も少ない（研究者の分析・アンケート調査より）。

これだけでも、**木造校舎のほうが、はるかに子どもたちはハッピー**で生き生きとしていることがわかります。

では、なぜ**全国冷え冷えとしたコンクリート校舎だらけ**になってしまったのか？

これも自民党の**政治屋がコンクリート利権とつるんだ**からです。けっきょく、そういう政党に一生懸命投票してきたツケが、子どもたちに回ってきたのです。

●コンクリ校舎で生徒も先生も疲弊

木の校舎にたいしてコンクリート校舎の子どもたちは、疲れきっています。

養護教員の先生方のアンケートによれば、木造校舎にくらべて、**コンクリート校舎の子どもたちの訴え**は、背筋が寒くなります。

それは**「イライラする」子が約七倍**、そして**「頭痛」は一六倍**、などなど！（一九ページ参照）

さらに「やる気」「落ち込み」など気力・心理を比較した調査もあります。やはり、コンクリート校舎による心身へのストレスは歴然です。ほとんどすべての項目で、**二倍前後の悪影響が児童たちにあらわれています**。

つらいのは生徒たちだけではない。おなじように**先生たちも疲れきっている**。教師のうつ病、ノイローゼ、自殺、休職などが社会問題になっています。それは、生徒同様に「先生たちも疲れ

グラフ3－3－1

■見よ！コンクリート住宅ストレスの恐ろしさ

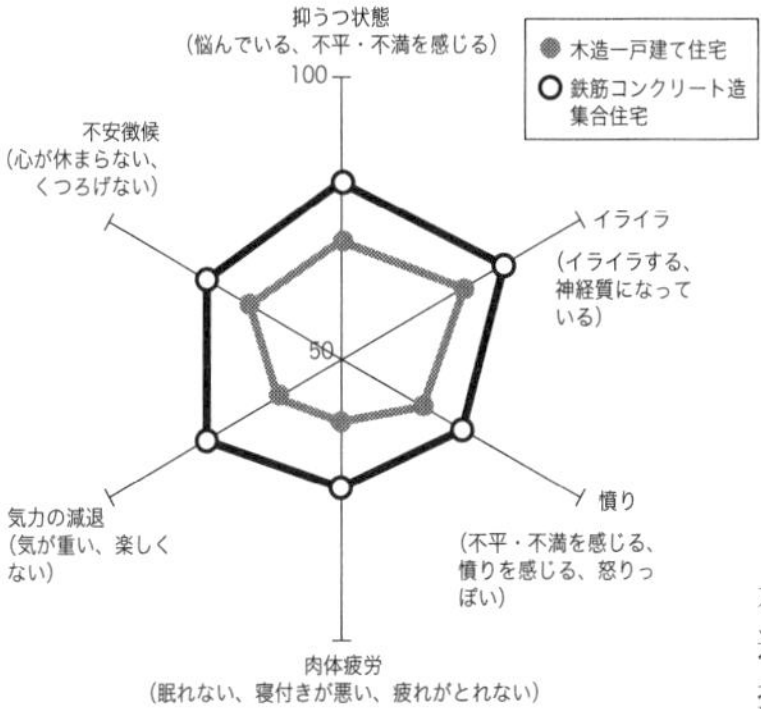

木造一戸建て住宅及びコンクリート造集合住宅の蓄積疲労（中尾哲也教授の調査）

■コンクリ校舎は「集中できず」「だるい」「眠い」

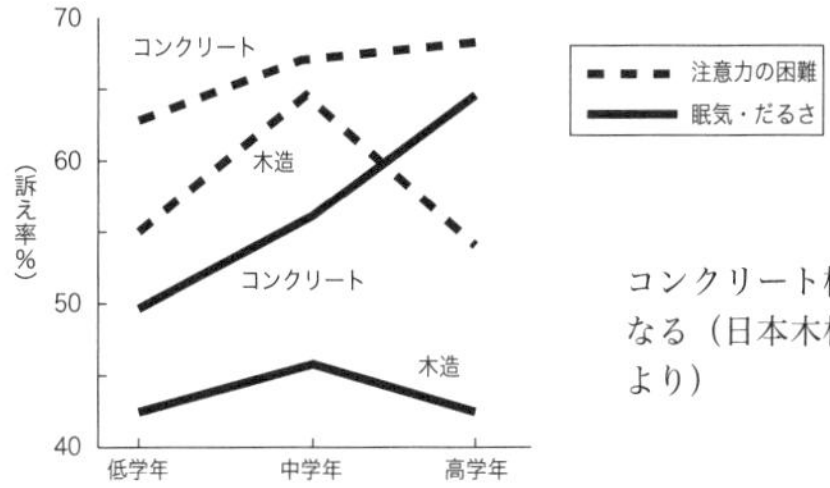

コンクリート校舎で先生の疲労は年々ひどくなる（日本木材学会第四期分科会報告書P97より）

■先生も「イライラ」「うつうつ」「ぐったり」……「教師の蓄積疲労」（中学校教師）

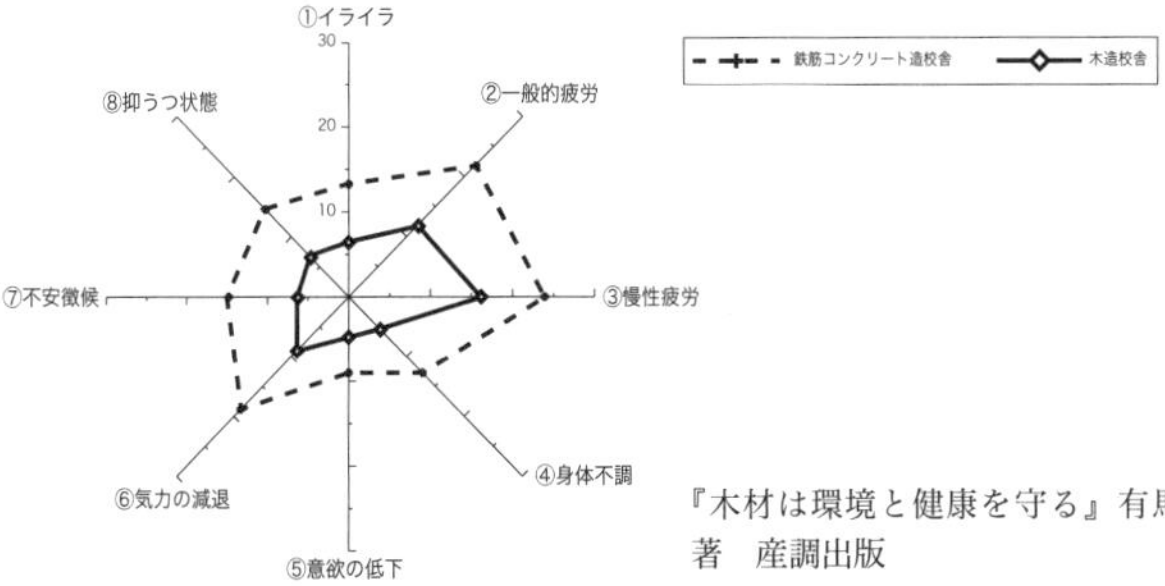

『木材は環境と健康を守る』有馬孝禮編著　産調出版

グラフ3－3－2

■コンクリート校舎で「不安」「だるい」「眠い」……

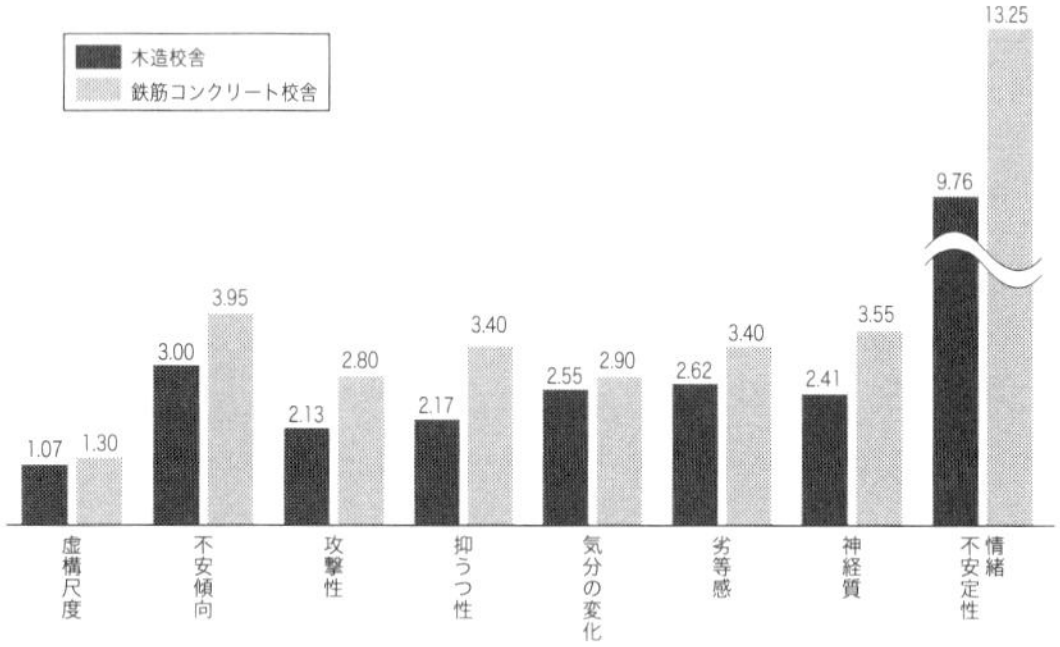

情緒不安定（5、6年生女子、木造と鉄筋コンクリート校舎間の比較）（高橋丈司氏の研究より）

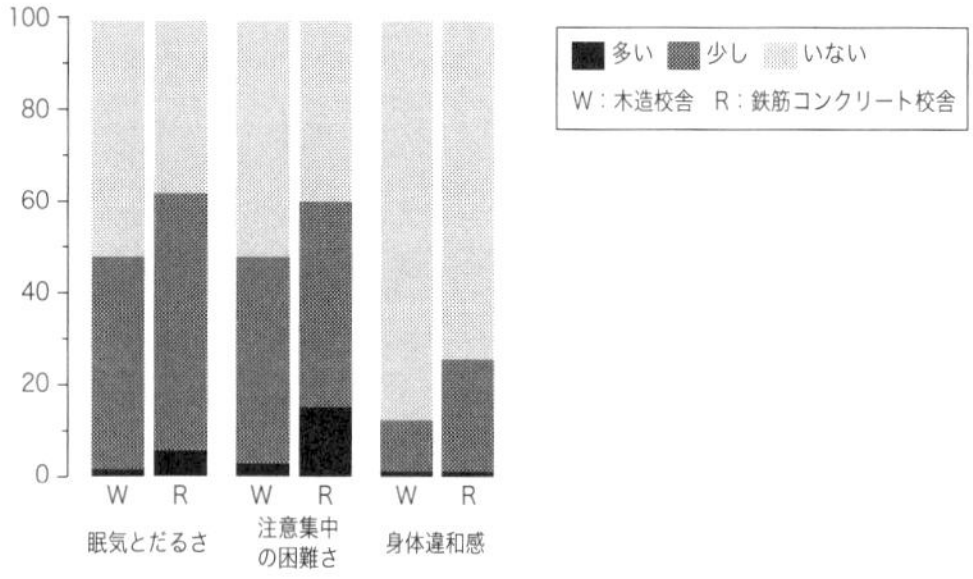

教師から見た授業中の子どもの様子（小学5、6年生）（『木材は健康と環境を守る』より）

きっている」からです。

この原因を、教職員組合は「労働加重」、文科省は「人間関係」などに狭めてかんがえ議論してきました。なんというカンちがい！　しかし、これら一連のグラフ（グラフ3-3）をみてください。

●心身疲労の元凶コンクリート・ストレス

木造校舎とコンクリート校舎との比較で歴然としています。両者で「労働時間」「人間関係」に変わりはありません。しかし、精神的・肉体的な疲弊はコンクリート校舎のほうが約二倍も多いのです。結論は一つしかありません。

生徒や先生たちの疲労、落ち込みなどの原因の半分以上は、コンクリート校舎によるコンクリート・ストレスにあったのです。これら冷えきった校舎を、**最低でも「木装」に、できたら「木造」に建て替えれば、児童、先生たちのストレスは確実に半分以下**になります。わたしは、これら惨澹たるコンクリート・ストレスの現状を『コンクリート住宅は９年早死にする』（前出）で警告、告発しました。

これほどまでに歴然と、コンクリート・ストレスは明らかになっている。しかし、新聞やテレビのマスメディアは、故意に黙殺してきた。なぜか？

巨大スポンサーであるコンクリート利権や鉄鋼利権の報復を恐れたからです。わたしはコンクリート・ストレスの実態などは、ＮＨＫの『クローズアップ現代』などの最適テーマだと思う。本書で紹介した報告は、すべて学術論文として発表されたものばかり。だから極めて科学的で反論の余地はないのです。なのにNHKはコンクリート・ストレスの「コ」の字も放映できない。なぜか？　長らく**NHKを支配してきたのは政府自民党だったからです。そして自民党の巨大スポンサーがコンクリート利権、鉄鋼利権なのです**。「**おカネをくれるスポンサーが困ることは、とても流せませんよ**」。

これが**マスコミ人のホンネ**なのです。しかし、知らぬは馬鹿正直な庶民、国民ばかり。〝かれら〟の高笑いすら聞こえてきます。

主権者であるあなたが声をあげないかぎり、この悪魔的な悲惨な状況は、なかなか改善されることはないでしょう。

コンクリート校舎を天然木でおおうと、子どもらに笑顔が！

●全国のコンクリ校舎を木装せよ

コンクリート校舎でも内装に**天然木を張って木装校舎**にすれば、グッと木造校舎に近くなります。たとえば、埼玉県の玉川小学校は、コンクリート三階建て校舎の床、壁、天井を、地元西川材のスギ・ヒノキで内装仕上げをしました。この木装工事にかかった費用は五九〇〇万円。その効果は絶大でした。校内で**イジメやけんかがなくなり、転んでケガなどもなくなった**。**さらに子どもの表情は明るくなった**。決定的だったのは**インフルエンザでの欠席率が激減**したこと。明らかに**木装によるスギ・ヒノキ効果で、子どもたちの免疫力が格段にアップした**のです。これは、小国（おぐに）中学校の生徒たちが、天然木の机・イスで免疫力を向上させたのと同じメカニズムでしょう。

このようなＡ：木装校舎と、Ｂ：コンクリート校舎の子どもたちのストレス比較調査があります。ストレス反応を腹痛、頭痛……など一一項目で比較したもの。

そこでも、**コンクリート校舎の子どもたちは「頭痛」「風邪」「耳鳴り」「目の疲れ」「やる気」「集中力」**で、木装校舎の子どもたちより**高いストレス反応**をしめしている。そして、やはり女子生徒のほうにストレス反応が強く出ています。思春期の少女のほうが感受性は強いので、とうぜんでしょう。

とにかく、冷え冷えとしたコンクリート校舎では、子どもたちの心身へのメリットはゼロ……。政府は、できるだけ早く、全国のコンクリート校舎を低温乾燥の天然木材でリフォームして木装校舎に変身させるべきです。明日をになう子どもたちを思えば、最優先で着手すべき〝公共事業〟です。ムダなコンクリートダムやスーパー堤防など、脳が腐ったような狂気プロジェクトに税金を丸投げして血道をあげているばあいではない。

●スチール机はだるい、集中できず

学校で「木で内装が施されていると、（子どもたちは）壁に背中を接触させたり、床に座ったりするなどの身体を（木質部に）接触させる行為が増えている、という報告があります」（綿貫教授）。それは授業中の子どもたちの様子にもうかがえます。

■スチール机は「だるい」「眠い」「集中できない」

グラフ３－４　木造校舎における机の材質の違いによる授業中の子どもの様子

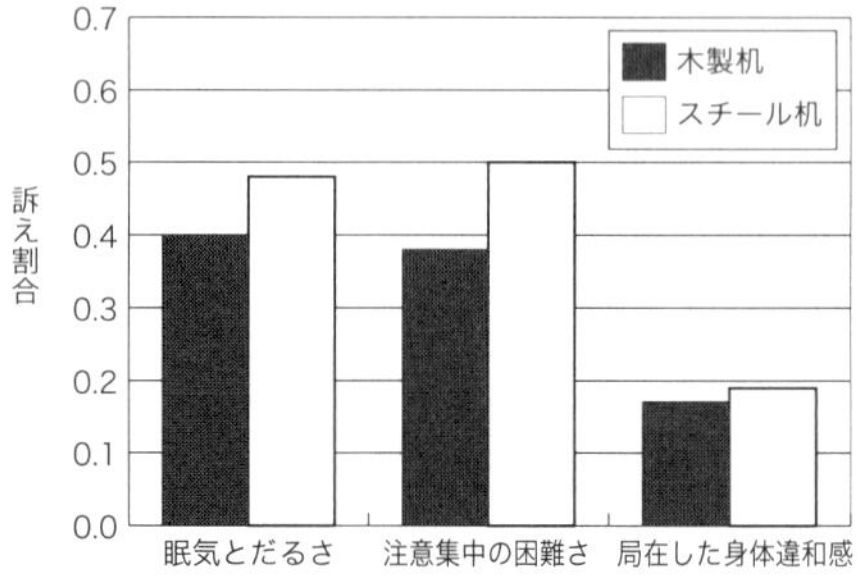

橘田紘洋：木造校舎の教育環境（P60）、（財）日本住宅・木材技術センター、2004）

子どもたちは、いやでも机やイスに体を接触させています。

木製机をつかっている学校の子どもと、**スチール製机**をつかっている学校の子どもの様子を比較した調査があります。

ただ机の素材が木かスチールかのちがいだけで、子どもたちの態度・集中力などに差が出ています（グラフ3－4）。

左から**「眠気とだるさ」「注意集中の困難さ」「局在した身体違和感（異常）」**の三項目とも、木の机の生徒より、**スチール机の生徒のほうがストレスが多い**のです。

これも合板パイプ机・イスと同じ結果です。**不自然なもの**に接している子どもたちは、より**ストレスを感じ、疲れる**のです。子どもたちを天然素材で包んであげるたいせつさを痛感します。

「保育園児においても、**ビニールタイルの床**より**木の床**の方が、座ったり、寝ころんだりする行為が多く、

■体によい「木の教室」は、じっさいより広く感じる

グラフ3－5　児童の校舎・教室に対するイメージ

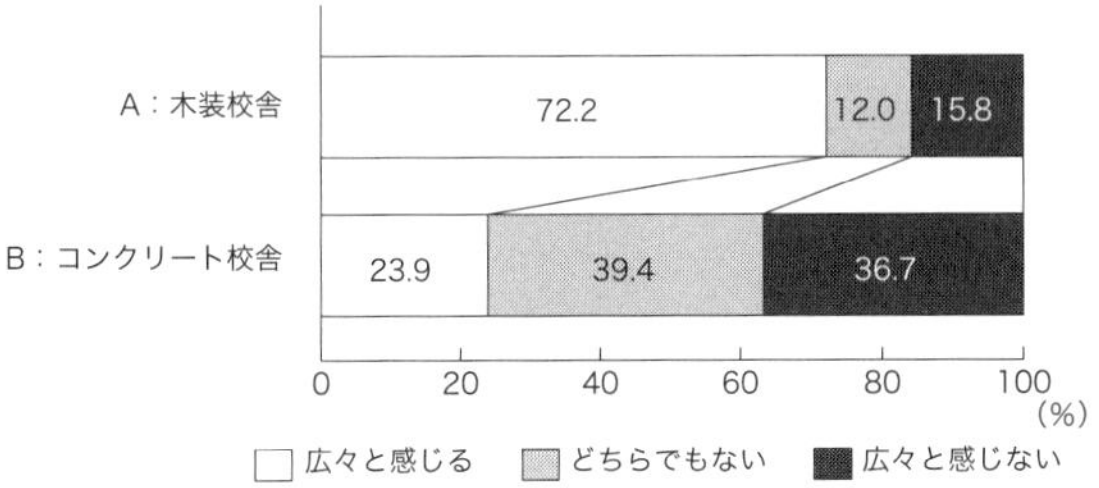

浅田茂裕：学校建築における子どもの学びと木の役割、文教施設2009夏号、(社)文教施設協会

かつ集中した遊びの姿がみられる」（綿貫教授）

●子どもは木装校舎に圧倒的に好感

ひとは、お気に入りの場所は広く感じ、嫌な場所は狭く感じる傾向があります。

これは心理的な開放感か、圧迫感かのちがいでしょう。それが空間感覚にあらわれるのです。グラフ3-5は、A：木装校舎とB：コンクリート校舎の広さのイメージを比較したものです。A、Bとも教室面積・空間配置に大きな差はありません。それどころか、一人当たり面積は木装校舎のほうが少ないのに、**子どもたちは木装校舎を圧倒的に広々と感じている**のです。

これは、子どもたちがコンクリート校舎よりも、**圧倒的に木装に好感をいだいている**ことの証明です。

つぎはA：木装校舎とB：コンクリート校舎で、子どもたちに「校内で好きな場所」をたずねた結果です。

A、Bに共通するのは、好きな場所として「図書館」「特別室」「教室」をあげています。ところが**コンクリート**

校舎では「好きな場所」としてなんと「保健室」「相談室」をあげる児童が多かったのです。これは、からだや心の具合がわるいときに行く場所です。そこが「好きだ」という子が多い。それはからだや心を病んでいる生徒が多い、ということです。また**コンクリート校舎では「好きな場所はない」との答え**も。これは、「学校に行きたくない」という心の叫びでしょう。

いっぽう、木装校舎では「廊下」「階段」をあげた子も多かった。ここがおしゃべりや交流の場となっていることがうかがえます。そして、木装校舎では「好きな場所はない」と回答した子どもは、極端にすくなかったのです。**木装校舎の子らは、学校中が楽しい場所**なのです。

「これらの結果から、木装学校の子たちのほうが、校舎内での心地よさや、自分の居場所などをより感じて生活していることがわかり、木質化（木装）のすぐれた点を示唆している」（綿貫教授）

●コンクリ校舎の子は木造より二倍疲弊

子どもたちの健康状態は、インフルエンザが流行したときなどによくわかります。

グラフ3-6は、**冬季、インフルエンザによる学級閉鎖率**をしめしたものです。左から「木造校舎」「木装校舎」「コンクリート校舎」の比較です。学級閉鎖率がもっとも少ないのは「木造校舎」。ついで「木装校舎」です。**「コンクリート校舎」の学級閉鎖**は抜きんでて、これらの**約二倍**にたっしています。

「このことは、木質空間の温かさや木の抗菌性に加えて、木の吸・放湿性能も寄与しているもの

■インフルエンザ「学級閉鎖」はコンクリート校舎が2倍

グラフ3-6　インフルエンザによる学級閉鎖割合

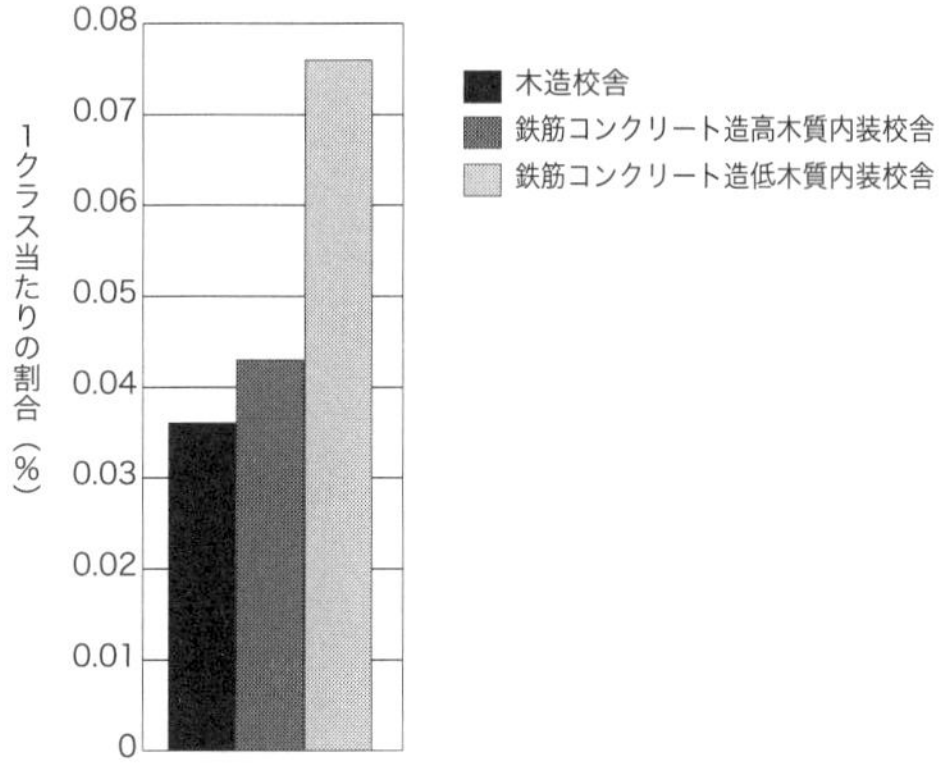

橘田紘洋『木造校舎の教育環境』(P68)、(財) 日本住宅・木材技術センター、2004

■「学級閉鎖」木造10.8%、コンクリート22.8%

グラフ3-7

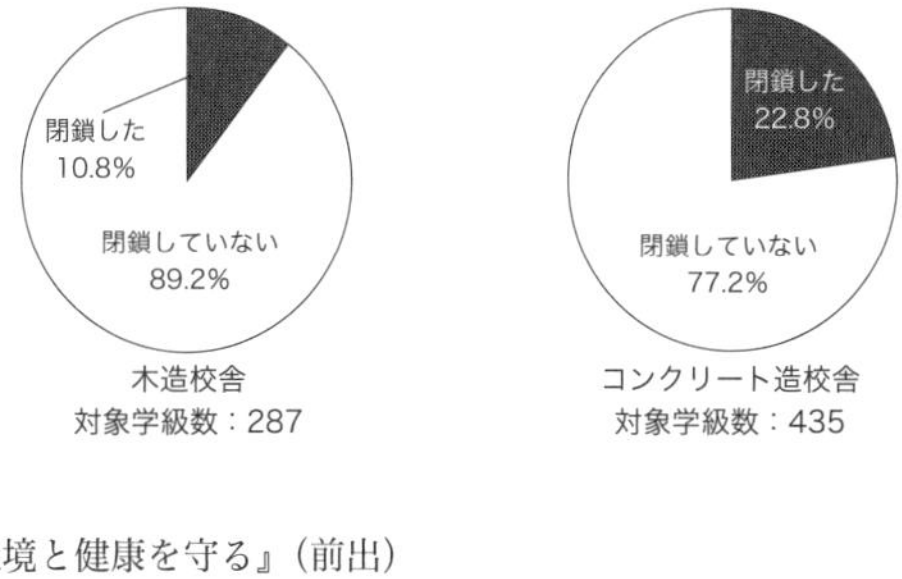

『木材は環境と健康を守る』(前出)

とかんがえられる」（綿貫教授）

同じような調査報告は、他にもあります。やはり木造校舎の学級閉鎖率は一〇・八％に対して、コンクリート校舎は二二・八％と二倍強です（グラフ3-7）。

さらに**木の「香り」物質などで子どもたちの免疫力が向上**したはずです。「木で免疫力アップ」を、はっきりしめすデータだと確信します。ぎゃくにいえば、**コンクリート校舎の子どもたちは**木造校舎の子らにくらべて免疫力も低下し**二倍も疲れている**、といえるでしょう。

木の床は足下ポカポカ、コンクリートは冷え冷え

●教室の床も木装仕上げで温かくなる

教室の床材も子どもたちの健康に大きな影響をあたえます。

コンクリート校舎でも、床材に何を使うかで大きなちがいがでてきます。

いくらコンクリート建築でも、床がコンクリートむきだしということはありえません。最低でも、コンクリート上に**⑴リノリウム**を張ります。しかし、これはコンクリートの冷輻射（れいふくしゃ）がもろに足下から襲（おそ）ってきます。とうぜん、足下からゾクゾク冷えを感じます。

ふつうのコンクリート校舎は**⑵木質フローリング一枚張り**です。木装校舎なら、さらに板を重ねて**⑶二重張り**となります。

グラフ3-8は、**⑴リノリウム**（3㎜厚）**⑵木質フローリング**（24㎜**一枚張り**）、**⑶合板下地に**

■木二重床は室温と２℃差、リノリウムは５℃差で冷える

グラフ３−８　床仕上げ材による床表面温度の相違

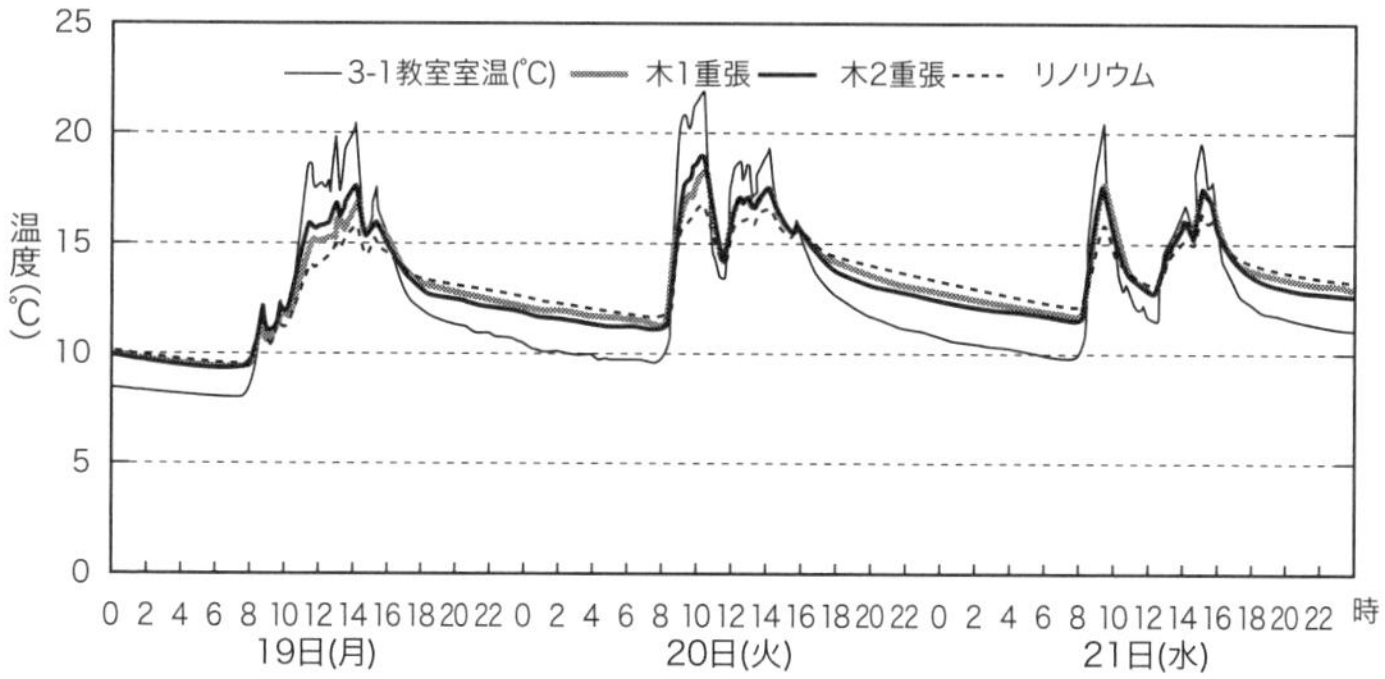

土屋喬雄：木の学校の温湿度環境、文教施設 2009 夏号 、（社）文教施設協会

木フローリング（**24㎜二重張り**）の三種類で、床表面温度の変化を測定したもの。**⑴リノリウム床は、教室室内の温度より五℃も低い**。これは、床が恐ろしく冷たく**冷輻射で児童たちの体熱を奪っている**ことの証し。子どもたちの体調がおかしくなるのもとうぜんです。

これにたいして**⑶木の二重張り**では、教室温度にくらべて床表面温度は**二℃ほど低い範囲**でおさまっています。それだけ、子どもたちの足下は冷えることなく、コンクリート・ストレスは緩和されるのです。

むろん、建築素材をすべて木製とする**木造校舎なら、教室温度と床温度が、ほぼひとしくなります**。よって冷輻射で体熱を奪うどころか、ポカポカ**木材の遠赤外線効果で、子どもたちの体温は上昇する**はずです。

冬の厳寒期、わたしの友人の都内マンションを訪ねたことがあります。かれは「座っていると

■コンクリート床教室は「だるい」「眠い」「集中できない」

グラフ3-9　低温環境下における床材質の違いによる自覚症状の比較

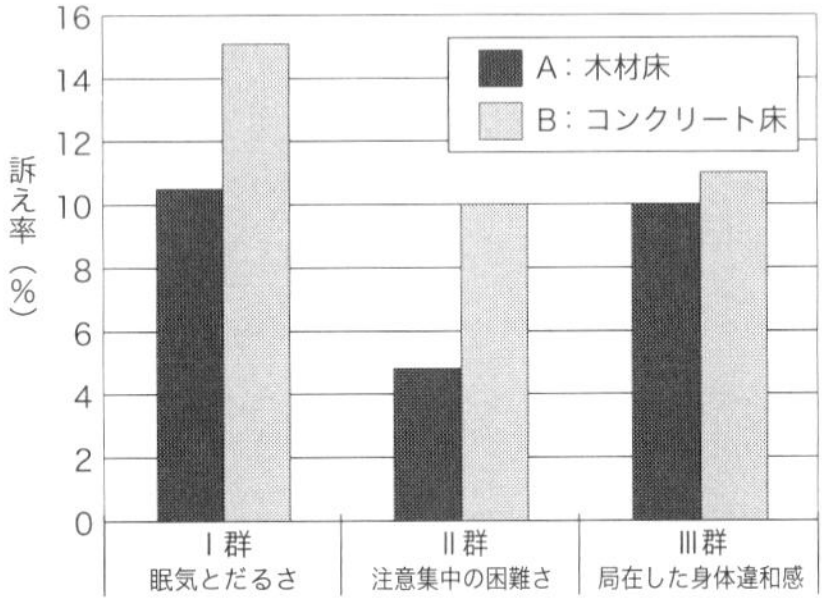

天野敦子『木造校舎の教育環境』(P41)、(財) 日本住宅・木材技術センター、2004

腰が冷える」「壁を背中に座ると背筋がゾクゾクする」「原稿に集中できない」と嘆いていました。これがコンクリート・ストレスの冷輻射のおそろしさ。

なるほどテーブルに向かってイスに座っていても膝から下が冷え冷えして痛いほど。床材の五㎜ほどのフェルト生地をめくってみると、すぐ下がむきだしのコンクリート。これでは真冬に体熱を奪われるのもとうぜんです。

●木の床は高能率、コンクリ床は最悪

「足下の冷えは倦怠感や眠気をもよおし、作業能率を下げることになる」と綿貫教授も警告。大学生グループにA：木材の床、B：コンクリート床の二つの部屋で、四〇分間読書したときの自覚症状を測定した実験があります。室温は一〇℃です（グラフ3-9）。そのときに**①眠気とだるさ、②注意力集中の難しさ、③体の一部に違和感**をどれだけ感じたかを測定したものです。

これら三つとも、マイナスの心身状態です。いわゆる「不快」な状態。ひとめでB：コンクリート床の部屋で読書した学生たちのほうが「眠気・だるさ」「集中力の困難」「身体の不快」を感じています。**「眠気」などは約一・五倍、「集中力欠如」は二倍強です**。これは、**コンクリート床の教室を木に替えるだけで学生たちの「眠気」などは三分の二に、「集中力欠如」は半減**することを意味します。

この実験では、大学生たちに「差し替え作業」を行わせて、観察しています。すると「失敗率」もコンクリート床のほうが多かったのです。

読書などの知的作業も、肉体の単純作業も、コンクリートより木の室内環境が優れていることが、ここでも証明されたのです。

コンクリート打ちっ放し〝殺人建築〟元祖に文化勲章とは!?

●コンクリ建築の元祖・安藤忠雄氏の功罪

建築界には、次のようなジンクスがあるそうです。

「コンクリート打ちっ放しでレストランを建てると、半年以内につぶれる」

客は足下が冷えて心身がだるくなり、集中力も途絶え、ぐあいがわるくなる。そんなレストランには、だれも二度と行きたくない。

しかし、日本の建築界は一九七九年、コンクリート打ちっ放し建築の元祖である建築家、**安藤**

忠雄氏の作品「住吉の長屋」に日本建築学会賞を与えたのです。これは「建築界の〝芥川賞〟」と呼ばれ、有名建築家への登竜門です。その後の安藤氏のスーパースターぶりは、いうまでもありません。

なにしろ、出自からしてカッコいい。大阪生まれで高卒。そして元プロボクサー。さらに世界を放浪して建築家を志した。まさに伝説のヒーロー。若き建築家たちはロックスターのように憧れた。そうして、**日本建築学会賞を受賞したコンクリート打ちっ放し建築は、日本全国にまるで熱病のように流行した**のです。

かれらにはコンクリート建材のもつ冷え冷えとした心身を破壊する冷輻射作用など、まるで眼中になかった。ただ、ひたすら無機的でかっこいいコンクリート素材に熱狂したのです。かれらはそのコンクリート建築、住宅のなかで、生身のひとびとが暮らし、愛を育み、子育てをして、勉学に励む……というあたりまえのことさえ、念頭になかった。**ただ、デザインで見る人を驚かせ、感心させたい。有名になりたい**。それだけの欲求で図面を描き続けたのです。

●文化勲章授与とは！　政府も脳軟化症

あまりに幼稚で尊大で愚劣です。しかし「有名建築家だから……」という理由だけで、殺到して建築設計を依頼した庶民大衆は、さらに低劣です。その知的レベルの底無しの低さには、声もありません。

そして、**もっとも脳軟化症に陥っているのは、わが国政府**かもしれません。

なんと二〇一〇年秋、政府は「建築界に〝貢献〟した」という理由で安藤忠雄氏に文化勲章を授与しているのです。開いた口がふさがりません。彼が得意とした**コンクリートの塊（かたまり）の住宅は、**誤解を恐れずにいえば**〝殺人住宅〟**です。

安藤氏が設計したコンクリート打ちっ放し住宅で起こった悲劇の一例です。

大阪で安藤氏設計の家に住んでいた家族の惨劇。夫妻には三人の男の子がいた。上の二人は優秀だった。末の子も大阪大学に入学。しかし、大学にも行かずブラブラしていた。住宅建築に無理をしたのかローン返済額は月に二五万円と報じられている。だから母親もパートで働き詰めだった。家族もバラバラ。

ある日、食堂でばったり三男と出くわした母親は、怠惰（たいだ）な息子をなじった。すると、三男は突如、逆上して母親に殴る蹴るの暴力を振るい、ついに殴り殺してしまった。

この悲劇の背景には、いろいろな要素がからんでいることはいうまでもないでしょう。しかし、冷え冷えとしたコンクリート打ちっ放し住宅が三男の、また家族の心を冷やしきっていたことも、まちがいないのです。

●ネズミは六倍死に、住民は九年早死に

ネズミの実験でも、コンクリート巣箱は**木製巣箱にくらべて六倍以上もネズミを殺しています**。

さらに、コンクリート巣箱で育った母ネズミは、わが子を噛み殺して食べてしまい、オスネズミは他の群れのネズミに襲いかかり、血まみれにしています（一四七ページ参照）。

大阪の惨劇も起こるべくして起こったのではないでしょうか。

さらに**コンクリート住宅に住む人**は、木造住宅に住む人にくらべて**九年も早死にしている**のです（島根大学総合理工学部、中尾哲也教授の報告）。

これまで紹介した実験・研究報告でも、コンクリートは建築素材として、健康・心理面で最悪であることがハッキリしています。つまり安藤忠雄氏が得意とした**コンクリート打ちっ放し建築は、戦後最悪の建築**と断罪せざるをえません。その元祖に、文化勲章を授与とは……！

まさに悪い冗談、ブラックユーモア。笑う気持ちも失せます。戦後建築は、かくして根本から狂ったのですが、われらが政府もまた脳髄が芯から狂ってしまったのです。

●健康、環境、景観を黙殺した戦後建築

政府がおこなうべきは、〝殺人建築〟の建築家に文化勲章を授与することでないはずです。まず、**デザイン重視のみに突っ走った戦後建築を深く反省・検証すべき**です。そこで黙殺されたのが住民の「健康」です。さらに無視してきたのが「環境」と「景観」です。**「健康」「環境」「景観」**こそ、建築が配慮すべきもっとも**大切な三要素**です。それをすべて踏みにじり、吹っ飛ばしてきたのが、戦後の建築なのです。なかでもデザイン至上主義のポストモダン建築家たちが果たした罪は、底無しに深い。むろん安藤氏も、その流れにいます。

安藤氏も文化勲章をもらう前に、みずからが先導してきたコンクリート打ちっ放し建築を総括、反省、謝罪すべきでしょう。コンクリート打ちっ放し建築こそ、戦後建築の最悪の宿痾（しゅくあ）なのです

から……。**どれだけ多くのひとびとがコンクリート住宅で、苦しみ、病み、狂ってきたことか？冷え冷えとしたコンクリート校舎で、どれほどの子どもたちや教師たちが疲弊し衰弱してきたことか？**「ボク知らないヨ……」ですまされるはなしではありません。建築界トップの名声と地位を得た現在、かれには自己総括の責務があります。しかし、かれからコンクリート打ちっ放し建築の犯した〝罪〟について、反省と謝罪の言葉を聞いたことがない。真の謝罪は、まず文化勲章の返納から始まるのではないですか。

建築ストレスに目覚めた欧州に生まれた「建築生命学（バウビオロギー）」

●シックスクール、シックハウスに気づく

欧米の対応は異なっていました。

とりわけヨーロッパ諸国は、建築が住民の健康に深刻な悪影響を与えていることに一九六〇～七〇年代に気づき始めています。

まず、学校現場で子どもたちに**校内暴力や非行などが多発**。その原因を分析する過程で、**学校建築自体が子どもたちにストレス**を及ぼしていることに気づいたのです。

屋内で使われている化学建材や塗料などからたちのぼる化学物質類。さらには無機的で冷たいコンクリート……。このような学校建築から発生する子どもたちのさまざまな**症状は〝シックスクール〟と命名**されました。「学校環境で病気になる」。そのことを欧米の研究者たちは、はっき

り自覚したのです。

かれらは、同じ症状が近代オフィスで働く勤労者にも発症していることに気づきます。やはり**ビル建築の内装材や塗料、接着材などから揮発する化学物質**などで、ビルに勤務するひとびとに体調不良が発生してきたのです。その**症状は〝シックビル〟**と名づけられました。

さらに研究者たちの視線は、家庭にも向けられます。**戦後のモダンな新築住宅**ほど、心理的、肉体的な不調を訴えるひとが多いことに気づき、それを**〝シックハウス〟**と呼んだのです。

これら異常症状に共通するのは、戦前の古い建築には見られなかった病だということです。それは、戦後登場した新建材や化学塗料、さらにコンクリートむきだしデザインなどによるものでした。日本でシックハウスが話題になり始めたのは、これら欧米の動きより三〇年も遅れてからです。つまり、**日本の建築界の常識は、世界の常識より三〇年も遅れているのです**。

●「建築生命学」（バウビオロギー）誕生

さらに、当時台頭した**エコロジー（生態学）思想は、建築学にも再考を迫りました**。

建築は、それのみで存在するのではなく、周囲の自然環境と調和しなければならない。できうるかぎり「健康」「環境」「景観」を配慮して、建築は存在しなければならない。そんなあたりまえのことが、欧米の建築学の「常識」となってきました。

特に**環境先進国のドイツ**では**「建築と生命は一体でなければならない」**という思想が起こりました。そこで生まれたのが**「建築生命学」（バウビオロギー）**という学問です。そのなかで暮ら

■「建築」は「生命」と一体でなければならない（バウビオロギー）

表3－10　バウビオロギー理念

● Bau Bio Logie の語源
・Bau（建築）─居住環境
・Bio（生命、生態）─自然との相関、活気のある世界
・Logie（学問）─理論、言葉、調和、宇宙
・「住まい（居住環境）と生命の存在（生態）の領域が、生命の理論の元に、互いに密に相関している」理論

●建築生態学的（Bau Bio Logie）な観点から、広域な居住環境全体を適切に維持し、環境医学的な人間の健康促進を達成する。

● The Institute of BauBioLogie+Ecology Neubeuern(IBN)
69年から、3つの健康的居住環境研究グループが発足し、76年よりそれぞれバウビオロギーグループとなり、85年からIBNに統一。

創設者：アントン・シュナイダー博士
バウビオロギー概念からの健康的居住環境25の指針
1. 建築敷地は汚染されていない場所を選択
2. 住居は工業地域や幹線道路から離れた場所
3. 緑が豊富な分散型の住宅地区の開発
4. 住居として最適で、自然と調和のとれた住宅地区の開発
5. 人に優しい自然素材を建材として使用
6. 壁、床、天井は、呼吸ができるように（通気性を高める）
7. 室内湿度を調湿効果（湿度の吸放出できる）のある建材によって調節
8. 空気中の汚染物質を、吸着性の建材で無害化
9. 適切な断熱と蓄熱のバランス
10. 最適な室内気温と壁・床表面温度のバランス
11. 太陽エネルギーを最大限有効利用しつつ、可能な限り放射熱による暖房
12. 新築時、建物湿度は急激に乾燥、対策要
13. 心地よい室内の匂いの保持、室内の有毒ガス発生源除去
14. 適切な自然採光、室内色彩、照明のバランス
15. 振動、騒音の防止対策
16. 可能な限り放射能を放たない建材の使用
17. 自然界の大電気場の保持
18. 自然界の地磁場をゆがめない
19. 人工的電磁場・電磁波強度レベルを最大限低減
20. 存在する、生命に必要な宇宙・地球上の放射線を可能な限り変えない・妨げない
21. 生態学理論に基づいた室内インテリア・家具の設計
22. 日常活動時、もろもろの調和的手段を考慮する
23. 環境に被害を与えるような物質の製造、設置・建設および廃棄を行わない
24. 有限資源、希少資源の開発を控える
25. 建設などの商業活動で、健康を害し、医療費増加につながることがあってはならない

し、過ごすひとびとの健康を最優先で配慮する建築の探求が始まったのです。

バウビオロギーの建築思想は、二五項目にもわたっています。そこで、こと細かな「建築のあるべき姿」を具体的に提唱しているのです（表3-10）。

二〇世紀後半までの資本主義は、自然から資源を得て、産業により富を大量生産し、大量消費して、大量廃棄をくりかえす……というシステムでした。そこには、建築界同様に「健康」「環境」「景観」への配慮は欠けていたのです。

バウビオロギーは、その痛切な反省によって誕生した学問です。それは、建築界だけではなく、産業界全体が心すべき思想といえます。つまり**バウビオロギーは、二一世紀の資本主義の新たな骨格**となりうるのです。

●幼児的ポストモダンの日本建築

しかし、**日本の建築界は、これら世界的トレンドにまったく無知蒙昧でした。**

まさに「井の中の蛙（かわず）」……。無知というより無学、無教養、無思想……。建築家の頭にあったのは、できるだけ奇抜なデザインで名を上げたい。カネを儲けたい。女にもてたい（！）。ただ、それだけ……。

その根本原因は、大学の建築教育（狂育）にあります。そこで教えるのは、もっぱらデザインのみ。それと建築工学くらい。「健康」も「環境」も「景観」もまったく教えない。

戦後の建築学界を席巻したのがポストモダン思想です。これは、モダニズム（近代主義）の合

■日本はいまだ遅れた「内断熱」、世界の常識は「外断熱」

図３－11　内断熱

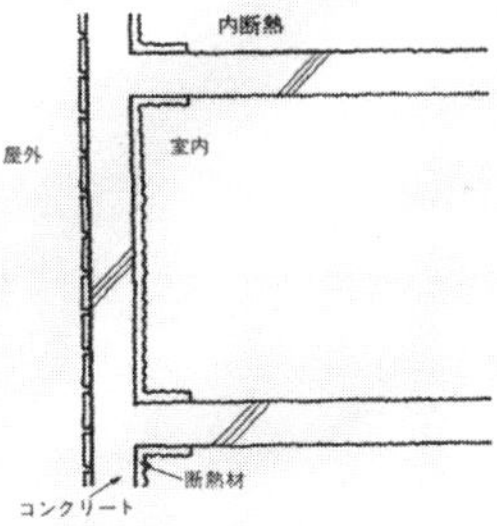

図３－12　外断熱

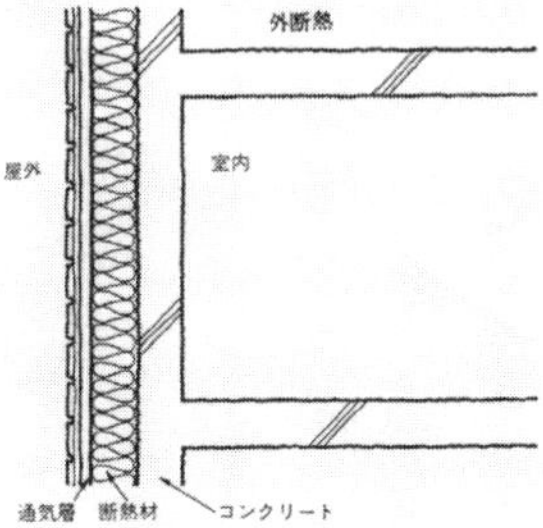

理主義に息苦しさを感じた若い世代が、**「自由」「解放」「遊走」を求めて提唱**した思想です。それは文字通りのわがまま勝手。「何をやってもよい」という幼児的な思想なのです。だから、建築の世界も、街の景観も、まるでオモチャ箱をひっくり返したような有様（ありさま）と成り果てた。かれらは「伝統」とか「健康」とか「景観」など、「自由」を束縛するものは大嫌い。というより、存在を認めない。**どんな形、色、素材をつかっても自由だ！**

本人たちはハッピーだろうが、その〝作品〟に住んだり、利用したり、目にしたりする市民・国民は、たまったものではない。

●欧米は外断熱、日本は内断熱の喜劇

このようなニッポン建築界の情報鎖国状態を象徴する悲喜劇を紹介しましょう。

それが**外断熱ビルの発想**です。一九七〇年代に世界を襲ったオイルショック。それは、建築関係者にも省エネ思想をもたらしました。

それまで世界のコンクリート・ビルは**内断熱が常識**でした（図3-11）。これはビル内の各部屋ごとに断熱材を張って断熱する方式です。しかし、これではビルのコンクリート外壁はむき出しです。そこに夏場、直射日光が当たる。すると、その高熱は外壁温度を上げ、それが鉄筋を通じてビル内部に伝わることが判明。研究者はそれを〝**ヒート・ブリッジ（熱橋）**〟と名付けました。冬場は、逆の現象が起こります。冷たい戸外の冷気は〝ヒート・ブリッジ〟から屋内にしのびこみます。

さらに、ビル外壁は昼間は高温、夜間は低温の温度差により、熱収縮をくりかえします。それはコンクリート外壁を劣化、ひび割れさせビル寿命を縮めます。さらにビル壁内部でも温度差が発生することで「結露」が生じて、鉄筋の錆（さび）やカビの原因になることも判明しました。これら問題を解決するには、**ビル全体を断熱する外断熱方式しかない、という結論にたっした**のです。

こうして、とりわけ欧州では新築ビルは外断熱が常識となりました（図3-12）。しかし、**日本の建築家どころか建築学界も、このような世界の最新の動きにまったく無知だった**のです。だから、欧米の建築界はビル外断熱に大きく変貌したのに、日本の建築界だけは、いまだに内断熱工法なのです。それに固執しているというより、「外国が外断熱である」という〝事実〟すら知らない（！）のです。

これをある評論家は「史上最悪のミステーク！」と揶揄（やゆ）する本まで出版しています。

まあ、ひとことで言えば「バッカじゃなかろうか！」です。それほど、**日本の建築関係者の知性（アタマの中身）は劣化している**のです。

●「建築物理学」も日本人は知らない！

「内断熱」と「外断熱」を詳細に比較検討する過程で、「建築物理学」という分野が確立しました。従来のデザイン優先の思想を反省して、建築を物理学の特性から研究するという学問です。これもバウビオロギーと平行して欧米で盛んになってきました。それは断熱だけでなく、ビルの省エネ、採光、換気、防水、防音、保全などあらゆる面で建築の性能向上に貢献したのです。

ここでも、日本の建築界は、みるも無残なほどに立ち遅れています。

わたしは並みいる建築家や建築業者のかたがたを前に講演したことがあります。そこで、「内断熱」「外断熱」の違い、さらには欧米で常識の「建築物理学」を紹介すると、かえってきた言葉が **『建築物理学』なんて初めて聞いた！** という驚きの声ばかり。

「大学で習ってないもんなあ」と口々に言い、あたまをかしげる。

素人のわたしが教えて、建築のプロたちがびっくりする。なんという悲喜劇。その原因のひとつにマスコミの罪があります。スポンサーのご機嫌うかがいが、いまやマスコミの最大の〝仕事〟なのです。ご機嫌をそこねないため、気に障(さわ)る情報はあらかじめピンセットでそっと摘(つま)み出しておく。だから、当たり障りのない、なんの役にも立たない、まさに風呂の中の屁のような〝情報〟を、ひたすら垂れながす。これでは、**一億総白痴化もいたしかたない**。

世界の進化の潮流に日本だけが取り残される〝ガラパゴス症候群〟におちいるのもあたりまえ。

●あなたが批判の声をあげるしかない

ある建築家のかたに聞いたら、わたしの著書のひとつ『コンクリート住宅は9年早死にする』（前出）は、職場でおおっぴらに読むのは、はばかられるという。つまり巨大利権のコンクリートを真っ向から批判しているので、建築業界では〝禁書〟扱いなのです。ある高齢の建築家は、わたしにつぎのような便りをよこし、わたしをあぜんとさせました。「船瀬さんの著書を拝読。安藤忠雄氏を手厳しく批判されていることに驚きました。わたしども建築家は、飲み屋でなら〝安忠〟の悪口をいうのは許されます。しかし、このように**活字で残る形で書いたら、翌日から仕事がいっさいなくなります**」。

開いた口がふさがらないとはこのことです。

かつて、戦後建築の〝神様〟として君臨した丹下健三氏をある建築評論家が建築雑誌で批判したら、なんと建築雑誌が翌月号から〝休刊〟となった、という空恐ろしいエピソードがあります。これでは北朝鮮の金正日王朝となんら変わりはない。

このような**恐怖の専制体制で、「健康」「環境」「景観」にやさしい真実の建築など生まれるはずもない**。育つはずもない。

この腐敗、硬直した建築界の現状を打破するには、納税者であり、主権者であり、消費者であり、施主であるあなたが、批判、告発、提案の声をあげる道しかないのです。

わたしはそんな思いで本を書き続けてきたし、この一冊を綴っているのです。

他人まかせで、このクニの底無しの沈没、低迷、腐敗は救えません。

第4章　こんなにあった木の「治癒（ちゆ）」効果

森林セラピーで、ガンを治す免疫力が一・五倍増えた

●二日でNK活性が五二・六％アップ

森林浴でガンが治る……！

これはけっしてオーバーな話ではありません。厳密な医学研究で、**ガンと戦う力がわずか二日で一・五倍強に**パワーアップしたのです。**一日目にNK活性が二六・五％、二日目には五二・六％も上昇**しました（林野庁・森林総研と日本医大が実施）。

被験者（実験台）に選抜されたのはストレス状態におかれている都会のサラリーマン諸氏一二名。まず、かれらに信州長野の森の中のロッジに移動していただいた。実験といっても一二人に、ただ森林にのんびり、ご滞在いただいただけ。毎日、被験者の血液を採取してガン細胞と戦う免疫細胞として知られる**①ナチュラルキラー（NK）細胞数、②NK細胞内の抗ガンたんぱく質（三種）を測定**した。①②を合わせてNK活性という。NK細胞は三種類の抗ガンたんぱく質、(1)パーフォリン、(2)グランザイム、(3)グラニューライシンを内包する（ちなみに研究者たちは、これらを〝**抗ガン三兄弟**〟と呼ぶ）。

●NK細胞はガンをやっつける兵士

NK細胞は常に体内をパトロールしています。ひとたびガン細胞に遭遇すると、その細胞膜に

食いついて穴を開け、それら**三種類の抗ガンたんぱく**を「これでも食らえ！」とばかりに**ガン細胞内部に放出**。哀れ〝毒〟を注入された**ガン細胞は即死**。**死骸は速やかに分解酵素で処理され、尿から排出されて消え失せる**。これが**ガンが自然に治るしくみです**。だからガンは自然に退縮し、消滅するのがあたりまえ。「ガンは治らない」など巨大ガン利権がバラまいた〝悪魔〟のマインド・コントロールです。体内のNK細胞はガンをやっつける頼もしい兵士たちなのです。だから「ガン細胞は、ひとたび生まれたら患者を殺すまで無限増殖する……」なんて恐ろしいデマを信用しちゃいけない。

最近、人間の体内ではだれでも**毎日、平均約五〇〇〇個ものガン細胞が生まれている**ことが判っています。これが全て無限増殖するなら、人類は一〇〇万年以上前に絶滅しています。これらガン細胞が毎日生まれても、NK細胞がパトロールしてガン細胞を駆除しているから安心なのです。「ガン細胞無限増殖論」なんて、一五〇年も昔のカビの生えたデタラメ理論です（ウイルヒョウ説）。それが、いまだ大学の医学教科書の中心に書いてある！　日本のガン医学も〝治療〟法も、一歩目からウソ八百なのです。くわしくは拙著『抗ガン剤で殺される』（花伝社）をお読み下さい（〝殺される〟前に……）。

●森の香りはNK細胞を増殖させた

一二人の**被験者のNK活性の平均値**が、わずか二日の森林浴だけで飛躍的にアップ！　その結果に研究者たちは驚いた。まさに**森林浴セラピーがガン治療に医学的効用があることが証明され**

たのです（『森林浴効用リポート』二〇〇五、林野庁他）。この林野庁の森林浴研究は三年プロジェクト。二〇〇四年には森林の**芳香成分フィトンチッドの精油で、NK細胞を培養し増殖させることに成功**しています。森の香りによるNK細胞増殖を確認したので、今回の〝人体実験〟となったわけです。

ちなみにドイツ、スウェーデン、カナダなどでは、**「森林セラピー」が医療行為として確立**しています。ドイツではこれら「自然療法」も**医療保険**が適用されます。被保険者は**三年に一度、三週間を限度に「好きな自然療法を選んで休暇を取ることができる」**「温泉やハーブ・植物を利用したアロマセラピーとともに森林浴が自然療法の一つとして位置づけられている」「ミュンヘン大学のユルゲン・クラインシュミッツ教授は、『温泉と森林を組み合わせた保養リゾートの人気が高い』と話す」（『東京新聞』２００５／７／１７）。

日本でも近年、森林浴を健康増進だけでなく様々な疾患治療に生かす試みが各地で実践されており、林野庁により「森林セラピー基地」選定が進み、すでに全国各地が名乗りをあげています。

●木の香りの医学効能を科学的に証明

神戸市の知的障害者施設「かがやま神戸」は、二〇〇五年三月から月に一度、森林セラピーを実施しています。近くの里山で森の雰囲気を楽しむ。回を重ねるごとに**「緊張と興奮」「不安感」を感じる人が減り、「爽快感」を感じる人が増えてきました**。大声を出すことの多かった自閉症の子が森の中では静かに落ち着く。カナダなど海外の**福祉施設でも、森林セラピーで「身体**

能力」「コミュニケーション能力」向上や、「感情の安定」が報告されています。森の中では重度の知的障害児もパニックを起こさない、という。森の中で職員会議を開いたら時間が四分の三に短縮された、という先生もいます。

森林浴効能研究の第一人者は、森林総合研究所（森林総研）の宮崎良文氏（生理活性チーム長、当時）。その研究では、森林浴で**①脳活動が鎮静化、②ストレスホルモン濃度が低下、③身体全体がリラックスする**ことを**生理的に立証**しました。「森林セラピー基地」に応募した一〇カ所でも同じ調査を実施中です。

ガン治療では毎年、政府発表の〝ガン死者〟の八割、二七万人が、じつは有害無益の抗ガン剤、放射線、手術の〝三大療法〟で殺されているのです。**ガン戦争の犠牲者は太平戦争の犠牲者の約四倍にもたっします**。病院で苦悶の〝虐殺〟療法を受けるより、森の緑の風と香りのなかで森林浴セラピーを受けたほうが、どれだけガンは治ることでしょう。また、巷のガン検診は受けてはいけない。それは「地獄行き新幹線への改札口」なのです。また、ガンと診断されても既成病院に行ってはいけない。あなたは八割の確率で〝殺される〟のです。（拙著参照、『ガン検診は受けてはいけない』徳間書店、他）。

〝木の香り〟で疲労解消！　血圧・脈拍も下がりリラックス

●〝木の匂い〟精油でリフレッシュ

中学一年生が、小国杉の机・イス、床に替えるだけで、おどろくほど免疫力をアップさせています（綿貫教授の研究、四五ページ参照）。

免疫力向上のひきがねとなったのが〝杉の香り〟です。俗にフィトンチッドと呼ばれます。いわゆる樹木から放散される芳香物質。**「木材には心を落ち着かせてくれる独特の香り**が存在する」「木の匂いはテルペン類と呼ばれる成分が主成分で、その中でも、揮発性の高いモルテルペンやセキテルペンが中心となる」（『木材は環境と健康を守る』有馬孝禮・編著、産調出版）。

前出の綿貫教授らは実験試料として、樹木の精油を使用しています。これら**匂い成分の抽出**には、ふつう**熱水蒸留などの方法**がつかわれます。

スギ、ヒノキなどの木材や葉を湯の中に入れたり、水蒸気に当てて熱を加える。すると木材や葉から「香り物質」である精油と蒸気が混じって出てきます。その混合水蒸気を水で冷やす。精油は水より軽いので水に浮いている。こうしてヒバ材油、ヒノキ材油などが精製されるのです（図4-1）。これら精油は、工業的に約一リットルが一〜二万円で取引されています。

●〝匂い〟も個性、効能はさまざま

「匂い」とは……専門的にいえば、次のようなメカニズムで感知されます。木から揮発した〝匂い〟物質の分子が鼻の粘膜に溶けて、電気的信号となって脳の「嗅覚中枢」に送られることで感知されるのです。「匂い」の感覚的な強さは「無臭（強度0）」から「耐えられないほど強い（強度5）」までの、六段階法をとります。

■木材から有効成分“フィトンチッド”を抽出する

図4－1　「森林のにおいのもと」を取り出す仕組み

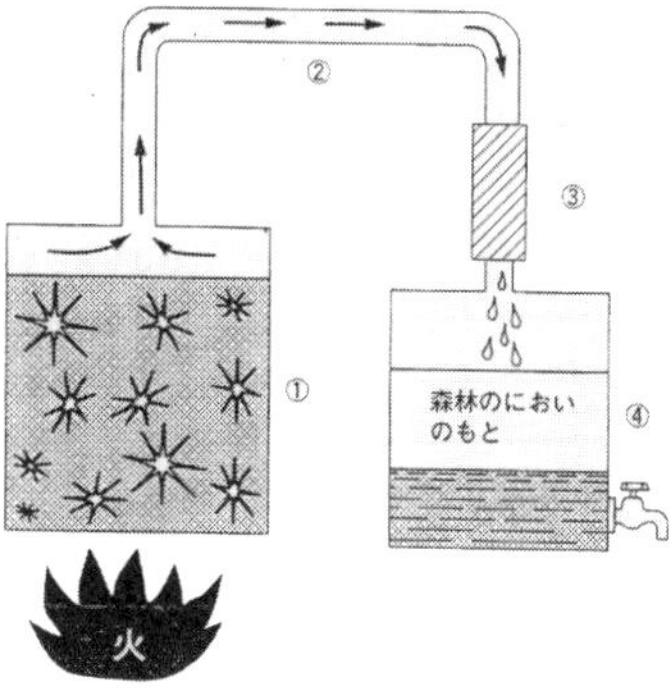

①スギやヒノキの枝や葉をにる。

②「森林のにおいのもと」が水蒸気に混じって出てくる。

③水で冷やす。

④「森林のにおいのもと」は、水と別れ、軽いので、水に浮く。

『木材は環境と健康を守る』（図4－9まで）

強度1（検知閾値）：何の匂いかわからないが、やっとかすかに感じる

強度2（認知閾値）：何の匂いか判別できる弱い匂い

強度3……………：楽に感じる匂い

強度4……………：強く感じる匂い

強度5（限界強度）：とても絶え切れないほど強い匂い

「香りの官能評価」とは、被験者が香りを**吸入した印象**を「好き」↕「嫌い」、「自然」↕「人工」、「陽気」↕「陰気」……など、二一対の形容語で印象を七段階評価します（「SD法」図4－2一部）。

これで、香りのキャラクター（個性）がくっきり浮き彫りにされてきます。

ただし、匂いの感覚強度は個人差が大きい。これはよく知られています。味覚にも通じます。鼻

■「嗅覚」を科学的・客観的に分類リサーチする

図4-2　ＳＤ法

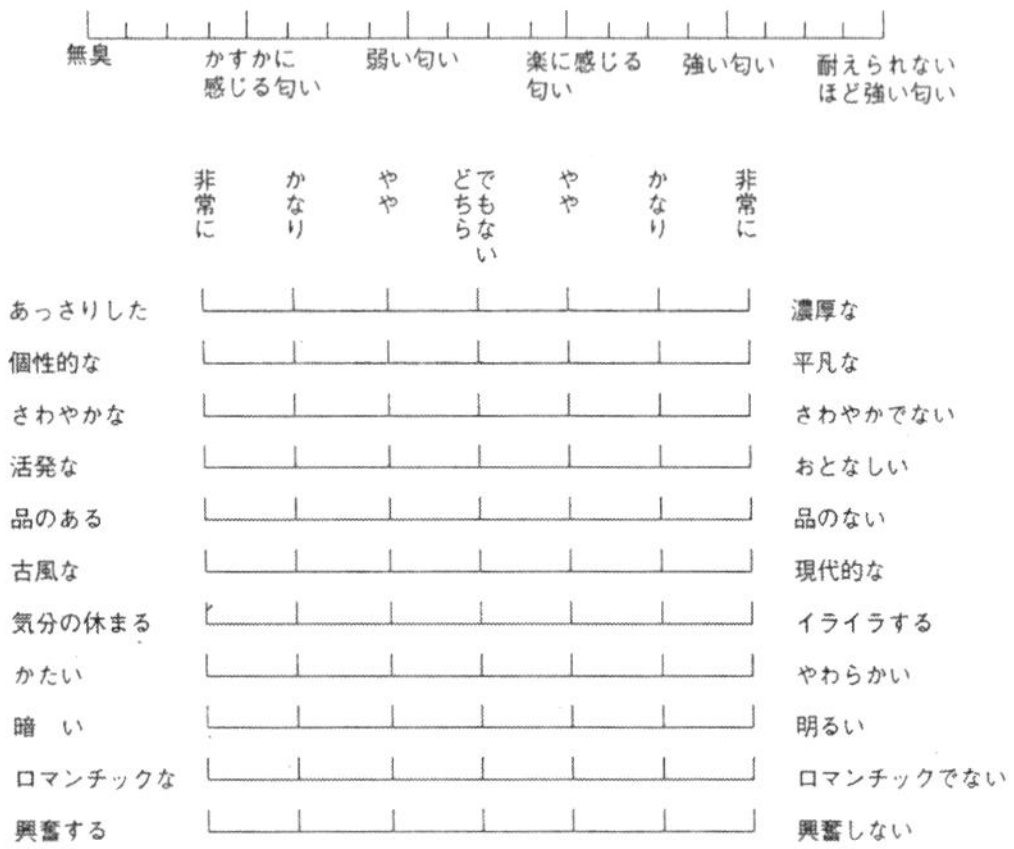

が研ぎ澄まされたように鋭い人もいれば、バカな人もいる。だから、強度1〜5も個人によって異なります。また、しばらく**同じ匂いを嗅いでいると感覚強度は低下**する。これを**「嗅覚疲労」**と呼びます。

●ヒノキの香りで「疲れ」がとれた！

木材から抽出した精油（木材油）の匂いを嗅ぐと「自然的」な感じを受けます。次いで「葉油」にも自然な感じを受けます（「ＳＤ法」測定）。これに対して、その精油から分離抽出した「精油」の化学的成分には「人工的」な感じを受けるのです。ヒトの嗅覚は、じつに正直なものです。

さて、**「木の香り」が「疲れをとる」**といったら、あなたは信じますか？

グラフ4-3の実験は、被験者にはなにもしらせず、「香り」を吸入して反応をしらべたものです。ここでのグラフの目盛りは「感情尺度」得点と呼ばれます。これは六つの「感情尺度」に分けて点数化したものです（「感情プロフィール検査」ＰＯＭＳ：Profile of Mood States）(グラフ4-3、グラフ4-4)。

被験者の「感情」の状態を六感情尺度（「活気」「疲労」など）で定量的に評価することができます（グラフ4-5まで同様）。

結果は、**ヒノキの「香り」**を嗅いだら**「疲労感」が弱まった**ことをしめします。

グラフ中央は「対照（コントロール）」として「空気」を吸入させています。タイワンヒノキ材油を嗅いだときは疲労感は弱まり、不快臭のオイゲノールを嗅いだときの「疲労感」は増しています（感情尺度得点）。ちなみにオイゲノールは歯科で使われる消毒薬。あの臭いを思い出した人もいたでしょう。

自然な感じを与えるヒノキの香りは「緊張」を抑制し、不快臭のオイゲノールは「緊張」を増進させたのです。こうして**〝ヒノキの香り〟は「疲労感」を約一・五ポイント減らし、「不快な匂い」は約二・五ポイント「疲労感」を増進**している。つまり、両者の**「疲労感」（感情尺度）は四ポイントも格差**があります。

●「血圧」も下がり「緊張」もゆったり

「〝ヒノキの香り〟で**疲れがとれた……**」と感じるのは、**主観的な感覚ではありません**。ヒノキの匂いで**「血圧」は下がり、「脈拍」も落ち着く**ことが証明されています（グラフ4-4）。

■「ヒノキの香り」は「疲労」を癒す効果がある

グラフ4－3　タイワンヒノキ材油とオイゲノールの吸入による感情プロフィール検査の感情尺度「疲労」の変化

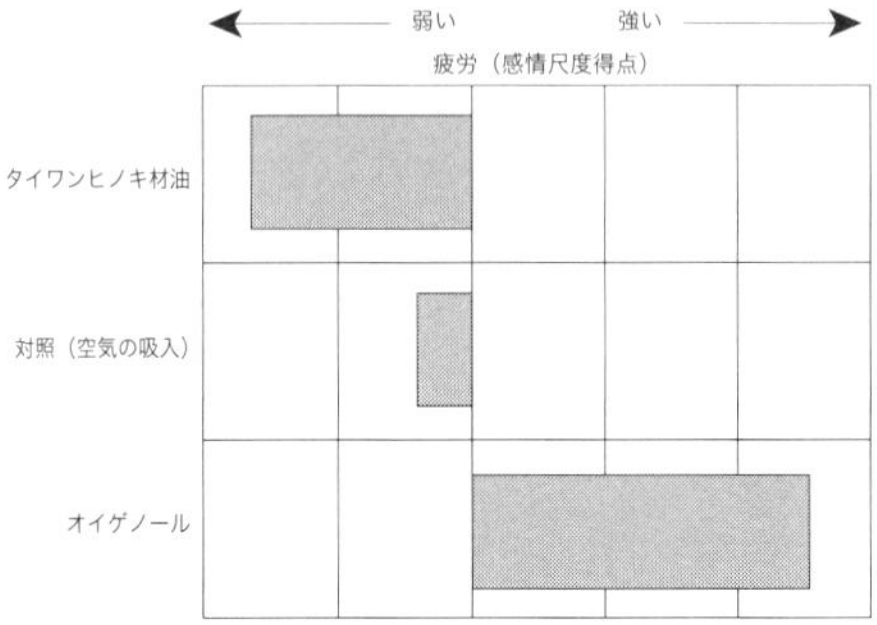

（自然な感じを最も強く与えたタイワンヒノキ材油は、「疲労」を抑制し、不快な感じを与えたオイゲノールは「疲労」を増進させることが分かった）

■「ヒノキ芳香」で「血圧」が下がり「緊張」も解ける

グラフ4－4　タイワンヒノキ材油とオイゲノールの吸入による血圧と脈拍数の変化

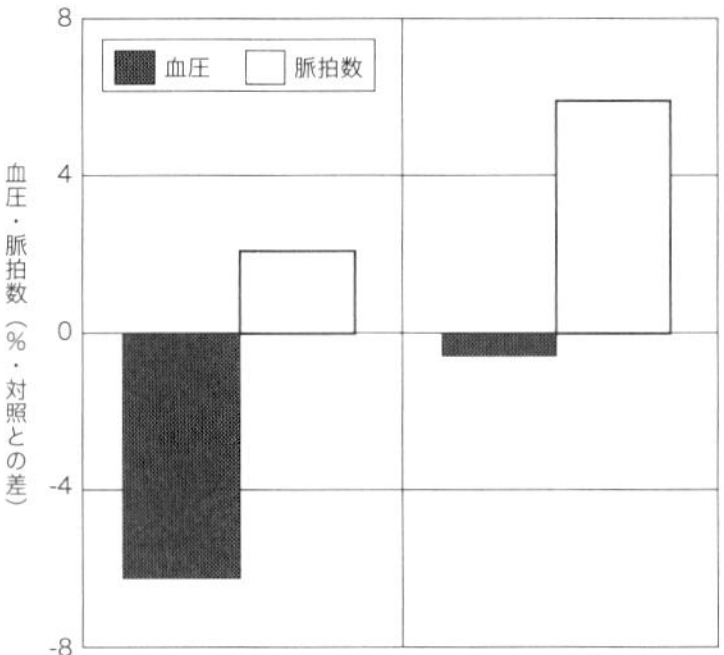

（自然な感じを強く与え、「緊張」「疲労」の感情尺度を抑制したタイワンヒノキ材油は、血圧を低下させ、不快な感じを与え「緊張」「疲労」を増加させたオイゲノールは脈拍数を高めることが分かった）

グラフ左が、ヒノキの香り。右が不快臭オイゲノール。ヒノキの匂いで被験者の**「血圧」は約六ポイント下がっている**のに「不快臭」のオイゲノールは、ほぼゼロ。ヒノキ香の血圧低下効果は、ばつぐんです。リラックスしたり安心したりするとき「血圧」は下がります。よってグラフ4-4は、ヒノキの香りを嗅ぐと**「心理的」にも、「生理的」にも「疲れ」がとれる**ことを証明しています。

ヒノキ風呂に入ると心身ともくつろいで最高です。それも、ちゃんと生理的な意味があったのですね。これにたいし「緊張」「疲労」を増加させる不快臭は、「脈拍数」を約六ポイントも昂進しています。ヒノキの香りの脈拍数はその三分の一です。

ぎゃくにいえば、**ヒノキの香りは「緊張感」を三分の一に抑制する効果**がある、といえます。

天然の香りの「木装」で学校、会社も元気になるゾ

●ヒノキ木装で成績、生産性アップ！

学校の**内装をスギやヒノキなど自然材で張る**。すると、子どもたちの**成績は確実に伸びます。オフィス内装を木装**にすれば、やはり**業務成績もアップ**。工場なら生産性が向上します。経営者なら本気で木装をかんがえるべきです。

これまでの実験で証明されたように、〝ヒノキの香り〟で**「疲労」がとれた。「緊張」がほぐれた**。ということは、それだけ**「生理能力」が高まった**ということです。

■「ヒノキの内装」で作業能率は6ポイントアップ！

グラフ4－5　タイワンヒノキ材油とオイゲノールの吸入による作業能率の変化

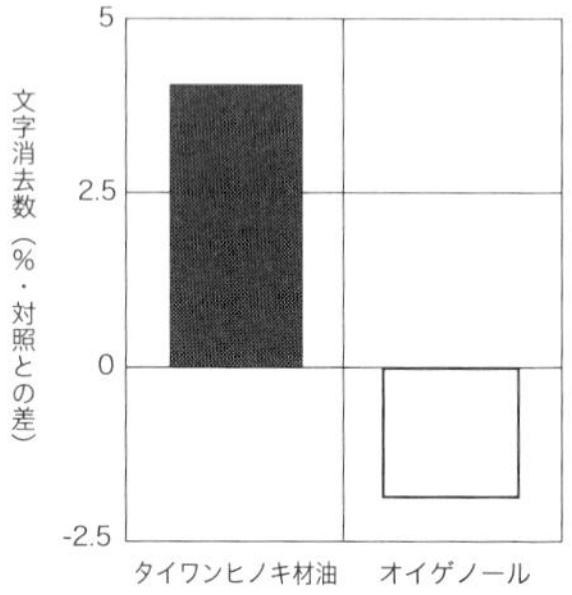

（自然な感じを強く与え「緊張」「疲労」の感情尺度を抑制したタイワンヒノキ材油は、作業能率を高め、不快な感じを与え「緊張」「疲労」を増加させたオイゲノールは、低下させることが分かった）

ヒノキの香りで「作業能率が高まる」。それが、みごとに証明されています（グラフ4－5）。これは、被験者に各々の香を嗅がせて「文字消去」作業を行ってもらい、その作業能率を比較したものです。その結果、**〝ヒノキの香り〟は作業能力を約四ポイントも高め、不快臭オイゲノールは約二ポイントも下げた**のです。

シックハウス原因の有毒化学物質で汚染されたオフィス。心身を冷えさせる冷輻射コンクリート・ストレスの学校。そのような室内環境は、まさにこの不快臭を嗅いだときのようなストレス状況でしょう。そんなオフィス、学校を木装によって木の香りで満たす。そうすれば、作業能率はヒノキの四ポイントにオイゲノール二ポイントが加算されることになります。だから作業能率は六ポイント上がる証しなのです。

●ヒノキ香は「ストレス反応」を抑える

交感神経はストレスを受けると活動が高まります。その**交感神経「緊張」の指標となるのが「瞳孔」の縮むスピード。交感神経が「緊張」すると瞳孔は瞬時に拡散あるいは縮小**する。

ぎゃくに瞳孔の拡散・縮小**スピードがゆっくりなら交感神経が抑制されリラックス**していることの証しになります。その瞳孔速度で、木の香のリラックス効果を測定した実験があります（グラフ4-6）。

まず木材の精油成分〝α-ピネン〟を被験者に吸入させます。これは木材の代表的な芳香成分です。つぎに光刺激によって瞳孔を縮小させます。縮小した最小径から瞳孔径変化（散瞳）六三%まで戻る時間を測定したものです。

すると、香り「吸入前」にくらべて**一五%も瞳孔が戻る時間が長くなっている**。つまり〝木の香り〟は**ストレス反応の一つ交感神経活動を一五%抑制**することが判ります。

また感応テストで「人工的」「嫌い」と判定された悪臭シトロネラールは、約一六%も瞳孔反射スピードが加速されている（グラフ4-7）。この化学物質は、東南アジアで虫除けに使われており、不快臭がある。それだけ交感神経は緊張状態（ストレス状態）となるわけです。

〝α-ピネン〟芳香は、作業負荷による「疲労」を減らすことも証明されています。学校、オフィス、工場などが木装リフォームにより〝木の香〟で満たされる。すると児童、生徒、労働者は、どれほどハッピーに学び、働くことができるでしょう。これは教員委員会や経営者が、すぐに着手、実行すべきテーマです。

■木材芳香成分“α –ピネン”はストレスを抑制する

グラフ４－６　α ーピネンによる63%散瞳時間の増加

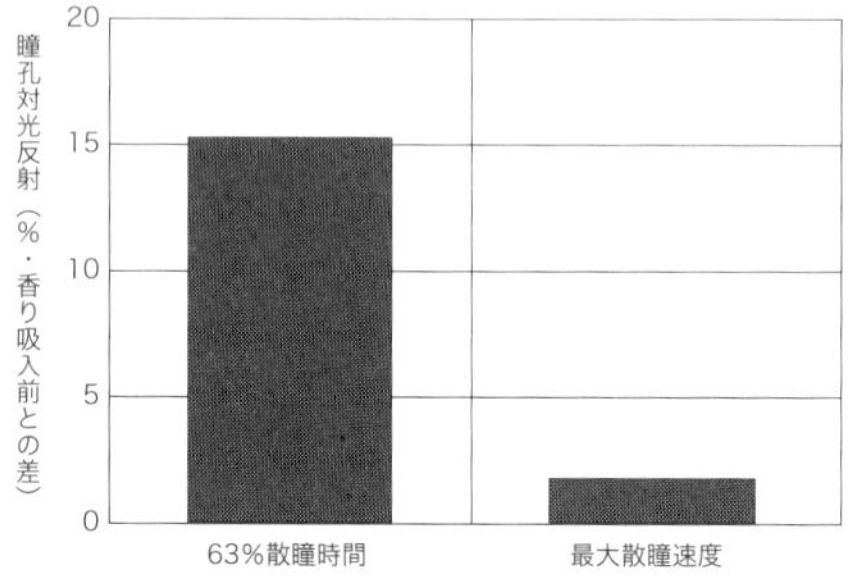

（木材の主要成分であるα- ピネンは、ストレス時に高まる交感神経活動を抑制することが分かる）

■不快臭は「交感神経」緊張でストレス反応を加速

グラフ４－７　シトロネラールの吸入による63%散瞳時間の減少

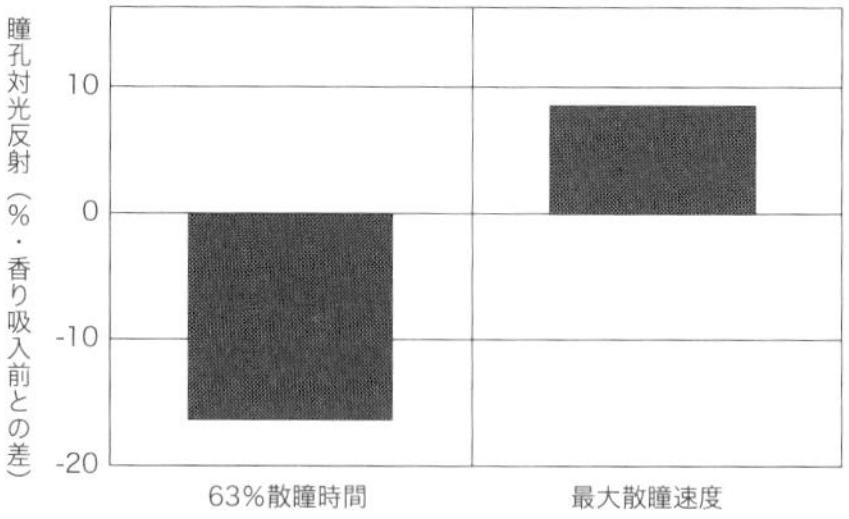

（人工的で嫌いであると評価されたシトロネラールは、交感神経活動を昂進することが分かる）

●「香道」は世界に誇るアロマテラピー

なお、医療に用いられる**アロマテラピー（香り療法）も、同じ生理メカニズム**によります。

古来、東洋に伝わる「沈香」香道。これは東南アジアのジンチョウゲ科の沈香樹から採取した天然香料を用います。堅い木質を土中に埋めて自然腐敗させることで香料を得る。黒色の最優良品が〝伽羅（きゃら）〟です。やはり、沈香の芳香を吸入させ、瞳孔光反射テストを行うと、〝α－ピネン〟同様、快適でリラックスした生理状態がつくりだされていることがわかります。まさに古来より伝わる香道は、最先端の科学者が舌を巻くアロマテラピー医療でもあったのです。

人類はこの**アロマテラピー**効果を、うまく文化のなかに取り入れてきました。仏教では死者に線香を炊いてたむけます。その煙からたちのぼる芳香は、死者を供養する者の精神を鎮静化させます。つまり、死者に捧げる線香のほんらいの目的は、残された遺族の悲しみを癒す**アロマテラピー**の役割をはたしていたのです。

●〝イライラ脳波〟を三七～六〇％鎮めた

〝木の香り〟が脳活動を鎮静化させる。それは脳波測定でも証明されています。

基準となる脳波がＣＮＶ指標。これは「信号待ちをしているとき」の脳波形です。つまり「早く青に変わらないか……」と少しイライラしている状態。この**〝イライラ脳波〟が減少すれば、それだけ脳活動は鎮静化**されたことになります。

ヒノキ、ヒバ、スギ、アカマツ、アラスカスギ、ベイマツ、ベイスギの七種類の木粉を各々密閉容器に入れ、揮発してくる香りを嗅がせて、脳前頭葉のCNV脳波を観察してみました。すると**ヒノキ六〇%、ヒバ五九%という大幅なCNV（イライラ）脳波の減少**がみられた。他の樹種でも三七%～五三%という大きな鎮静リラックス効果を確認したのです。

ああ……木の手触り、この快感！　病気も治る

●無垢スギ板の「香り」「暖かさ」よ

あなたは、最近、白木（しらき）に触れたことがありますか？

これは、つまり無垢の木のことです。日本で最先端の「低温乾燥プラント」、「愛工房」（七三ページ参照）で、乾燥したスギ板を手にしておどろいた。まず、空気を手のひらに乗せたように軽い。それもそのはず、含水率約六%！　そして鼻先にもっていくとスギの芳香が心地好い。綿貫教授も指摘するように、低温乾燥だから芳香成分が飛ばず豊かに含まれている。

「軽さ」「香り」に加えてさらにおどろくのが、その「暖かさ」。手のひらで触れると、びっくりするほど暖かい。完全乾燥したスギ材は、その内部にミクロの細胞空室（セル）を無数に持っています。その断熱効果が、手のひらの体温をそっくり受け止め反射しているのでしょう。手のひらから体温をまったくうばわない。だから、触感はほんとうに暖かい。こんどは、デコラ合板（化粧合板）の上に手を置いてみる。その冷たさに、またビックリする。**無垢のスギ板と合板机、「暖」と「冷」**……。**同じ木材原料でも「天然」と「人工」では、これだけちがう。**

●一五素材「触感」テストの結果は？

木の健康効果は「匂い」や「香り」だけではありません。触れたときの「手触り」「風合」なども、大きな要素です。「自然な素材である木材の触感によって、われわれは〝やさしい〟感じを受けます」と宮崎良文氏（前出）。彼は森林総合研究所の生物活性物質研究所室長も務めた第一人者。

木材は、もっとも人間になじむ素材といってよいでしょう。しかし、木材の科学的データは「官能評価」についての報告が存在するのみです。触感などの「生理反応」についての研究は、これまで皆無でした。

宮崎氏は森林とヒトの健康に関する研究では、日本の草分けです。そのエキスパートが挑戦したのが「木材触感」と「生理反応」の研究です。おそらく世界初のユニークな試み。まず、試験木材は**①ヒノキ**、**②ブナ**、**③キリ**の三種類。各々にカンナで削ったツルツル面とノコで弾いたザラザラ面の二タイプを用意した。これで木材面は六種類。さらに、**④ガラス**、**⑤アルミニウム**、**⑥ビニール**、**⑦タオル**、**⑧ござ**、**⑨綿**、**⑩紙ヤスリ**、**はては⑪人工芝**、**⑫タワシ**（！）まで準備した。ユニークな遊び心まで感じさせ、じつに楽しい実験です。これらは約三〇cm角の正方形にして、実験用椅子に座った被験者の学生たちは、目を閉じて、上から手の平でこれら**一五種類の〝試料〟**を触ることになる。

しかし、さまざまな測定装置を身につけた学生たちが、恐る恐る〝試料〟を手の平で触る様子を想像するとおかしい。まるで〝闇ナベ〟……！　タワシに手を置いた学生は、ビックリしたことでしょう。

●木材は全て合格。人工建材はタワシ以下！

その結果、触感に**「自然」「快適」を感じたのは九種類**でした（グラフ4－8）。

トップは綿。その柔らかさに触れれば当然でしょう。ついで、ヒノキ（鋸挽き面）、タオル、ブナ（鋸挽き面）と六種類の板材はすべて〝合格〟した。面白いのは木材も鉋（カンナ）で削ったツルツルした面より、鋸（ノコ）で挽いたザラザラ面のほうが「自然」「快適」と好まれていることです。たとえば、**ヒノキはツルツル質感より、ザラザラ質感の方が二倍も「自然」「快適」と好まれている**。最近、インテリアや家具でも、塗装しない、鋸挽きで木の表に〝味〟を出したものが好まれています。なるほど先端インテリア・デザイナーたちは触感ニーズの先を読んでいる。

対照的なのは人工素材**「人工芝」「ビニール」「ガラス」「アルミ」の惨敗**ぶり。なにしろ**「タワシ」にも劣る**。話にならない。

人工芝は、プラスチックだから当然。ビニールは、塩化ビニール〝クロス〟と〝布〟をかたって、日本人一〇人のうち九人以上を騙し、日本中の住宅・建物に侵入した〝インベーダー〟。たんなる**ビニールを〝壁布〟〝壁紙〟と偽って、日本中の住宅、建築を制覇**した。恐れ入った詐欺犯罪だ。触感テストの評価は人工芝以下。本物の布、紙とちがって冷たい手触りだから、当然の

■触覚は木材に軍配！　ビニール、ガラス、アルミは惨敗

グラフ4－8　種々の材料に接触した時の官能評価における「自然・快適感」の変化

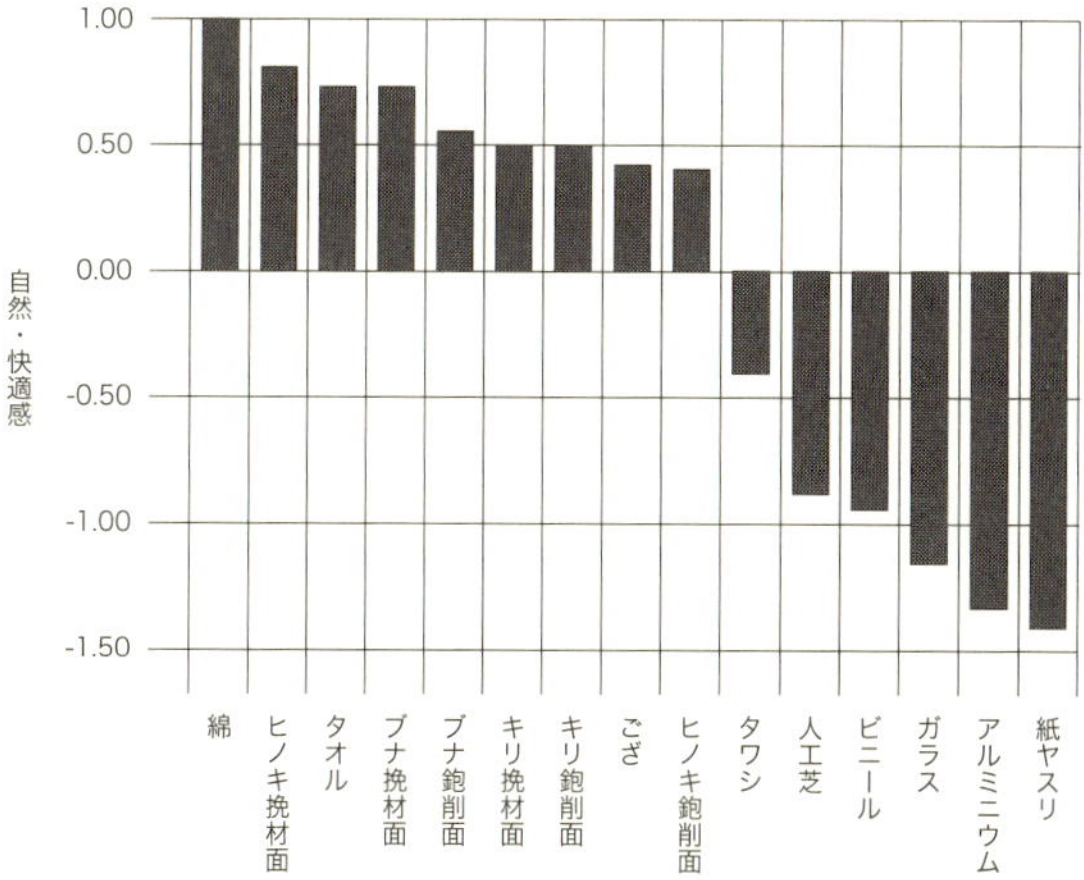

（各種の木材と綿が自然で快適であると印象されていることが分かる）

■ヒノキ材に触ると「血圧」は下がり、ガラスは上がる

グラフ4－9　ヒノキ材とガラスへの接触による血圧の変化

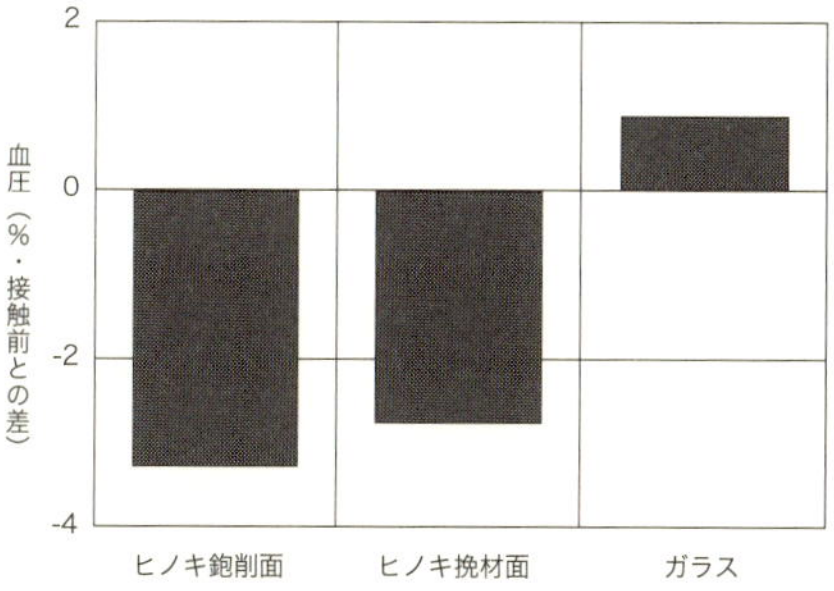

（ヒノキ材に接触することにより血圧が低下し、ガラスに接触することにより血圧が上昇することが分かる）

評価です。「ガラス」「アルミ」の手触りはさらに冷たい。よって「不自然」「不快」なのです。

グラフ4-9に注目してほしい。ヒノキに触ると血圧は下がっています。しかし、ガラスに触ったら血圧は上昇します。あきらかにガラスの冷たい触感は生理的ストレスとなって心身を緊張させるのです。これら「アルミ」と「ガラス」だけで「住宅を建てることが夢」と言っていたバカな若手建築家がいた。正気の沙汰とも思えない。心が凍っているんじゃないか？「ガラス」「アルミ」の触感が「紙ヤスリ」といい勝負なのも、建築家諸君は目に刻んでおくべきです。

建材は「見た目」より、触れた「暖かさ」「心地良さ」がもっともたいせつなのですから……。

木目の流麗な美しさにひそむ〝1／fゆらぎ〟の視覚効果

●木目は水面の流麗な波紋に同じ

「香り」は嗅覚、「触り」は触覚。さらに人間の五感はそれだけじゃない。木材の健康への影響は、「見た目」つまり視覚もあります。

宮崎氏は「**樹木の年輪の間隔は〝1／fゆらぎ〟が存在する**」という。〝ゆらぎ〟と百科事典で引いてみる。「……**〝揺動〟ともいう**。一般に平均量からの個々のずれ。または平均値の近くで変動する現象……」（『マイペディア百科事典』）。

これでは、なんのことやらである。わかりやすいのが水面の波紋でしょう。不規則に見えて、一定の自然なリズムと法則性をもっている。だから美しい。木の木目を見ていると、波紋にそっくりなのに気づく。木目の流麗な流れは、まさに波紋そのもの。決して、交わることはない伸びやかな木目……。所々にある節目は、まるで川の流れの中に頭を覗かせた石のようです。〝流れ〟は優美にその障害物を避けて二つに別れ、そして合流している。

〝１／ｆゆらぎ〟とは、もともと音響効果の用語です。波の音や、川のせせらぎなど、そこに人間の**生理に快感を与える自然な波動リズム**を発見し、それは〝１／ｆゆらぎ〟効果と名づけられた。ｆとは統計学から来た用語のようです。ｆ分布などという概念があるが、詳しいことはわからない。脳波や心拍など生理リズムとシンクロ（共鳴）する快感を呼び起こす。そんな〝揺動〟刺激と理解すればよいでしょう。

●初々しい杉は一九の乙女の肌

木目と同じく、無視できないのが、**木肌の色彩効果**です。

まさに読んで字のごとく、木の肌合いは人の肌合いに似る。暖色系の中間色。暖かい肌色です。みずからの肌にも共通する木肌の自然な色合いに、人は親近感を抱くのかもしれない。矢祭町（やまつり）の小学校が内装を地場産の杉材で仕上げることを知り、天然塗料を塗って仕上げるボランティアに駆け付けたことがあります。そのとき音頭を取ったベテラン建築士Ｈさんが「この杉の肌は一九の乙女の肌と同じ。薄化粧をしてあげましょう！」と幼い子らの前で、語りかけたのを思い出す。そういえば製材したての杉の木肌は、処女の肌のごとく初々しい。それが経年変化で、次第に落ち着いた美しさに変わっていき、そして灰色となり、風雪に皺を刻み、しだいに朽ちて行く。まさに、女の一生でもあるな、としみじみ思う。文豪ゲーテが言ったがごとく〝滅びゆくものみな美し〟……。

自然住宅の我が家の和室に寝転んで、天井を見ていると飽きない。若々しかった杉板の波紋の色合いも、深く落ち着いてきた。**天然木はこの経年美も深い味わいの一つ**だ。

スギは、世界でもっとも木目が美しい樹木と称えられる。まさにそのとおりだと寝転んでしみじみ思います。

●木肌は「自然」「快適」「温和」だ

それは、香りを嗅いだときと同じような「自然」「快適」「温和」という感覚を呼び起こす。木肌の色合い、木目の流れを見ると、だれでも心地好さを感じる。心が温かく感じる。専門家の研究では、室内で木材を使っている割合〝木視率(もくしりつ)〟が少ない部屋ほど〝冷たい〟印象を与えるという。ぎゃくに**〝木視率〟が増えるほど〝温かい〟〝和み(なご)〟〝豪華〟な印象を感じる**。

わたしは六本木ヒルズに入って愕然とした記憶がある。〝木視率〟どころではない。初めから木がない……！　中は鉄骨、ガラス、プラスチックの灰色の世界で、〝木づかい〟どころか天然木はカケラもつかっていなかった。ヒルズ族とはこんなところに憧れて来た連中かと、ゾッとした。これでは「カネで何でも買える」と豪語するホリエモンみたいな人格しか育たんな、と背筋を寒くしながら退散したものです。

●木目プリントでごまかす国際フォーラム

また思い出す。有楽町の国際フォーラム。わたしはここのガラス棟を〝恐竜の背骨〟と呼ぶ。この壮大無意味な空間に、拙著『日本の風景を殺したのは誰だ？』（彩流社）で、戦犯Ａの特別大賞を授与した。この国際フォーラムのガラス棟。膨大な税金をガブ呑みした罪滅ぼしか、内側の一部に〝木材〟をつかっていた。どんな材か気になったので、顔を近付けて愕然とした。なんと木目印刷した紙を貼ってごまかしていたのだ。

千数百億円という都民の血税を呑み込んで、木目プリント紙で内装をごまかしている。その姑息寒貧たるヤリクチに、血が逆流する思いだった。〝超一流（？）〟と呼ばれる建築家のセンセイたちも、その程度の感覚しか持ち合わせていないのだ。

ある建築学科の教授が、東大建築学科の学生たちに「知っている木の種類」を書かせたら、平均で四種類しか答えられなかった……という信じられない話を聞いた。

しかし、このような日本の現代建築の惨状を見るにつけ、ありうるエピソードだと思う。「スギ、ヒノキ、マツ……」そこまで答えて一思案。「あ、そうだキリがあった」という具合に答えたのだろうな。

建築グラビア雑誌を手に取ってページを開くと、呆れてしまう。まるで、**モダンアート雑誌。コンクリート、アルミ、鉄骨、ガラス、カラー合板……などなど組み合わせた無機的作品がテンコ盛り**。なんでどれもこれも〝無機的〟なのだろうと首をひねったが、理由はかんたん。**有機材＝木材を使わず、無機材ばかり使っているからだ**。だから、**写真からも寒々とした雰囲気しか伝**

わってこない。

室内で天然木が目に入ったときの「自然」「快適」「温和」といった感情は、起こりようがない。そこでは、家庭内暴力やムカつく、キレるなどが起こっても無理ないなぁ……と一人嘆じてしまうのだ。

心が「快感」を感じれば、ガンも必ず「快方」に向かう

●世界の最新医学は「精神神経免疫学」だ

「病気」という字は「気」が「病む」と書く。英語では〝DISEASE〟（デジィーズ）と言う。これは〝DIS〟（〜でない）＋〝EASE〟（平安）という意味。つまり東洋も西洋も、語源から同じことを言っている。

「休む」という漢字は「人」が「木」に寄り添っている。英語で「森」とは〝FOREST〟（フォレスト）。これは〝FOR〟（〜のための）＋〝REST〟（休息）からできた言葉。つまり「休息の場所」。漢字と同じ意味を現している。まさに、古代の叡智あなどるなかれ。

これまで、わたしは『笑いの免疫学』（花伝社）などの本を著した。そこで、世界の最新医学は精神神経免疫学であることを知った。

これを提唱したのが、治る確率五〇〇分の一という重病で、医師から死の宣告を受けながら、自ら実践した〝笑いの療法〟で克服したノーマン・カズンズ。彼は自らの体験を踏まえ医学の道

に入り、ＵＣＬＡ大学医学部教授に招聘され、そこで開設したのが精神神経免疫学の研究所だった。

精神神経免疫学とは——読んで字のごとく「精神」（心）が、神経を通じて「身体」（自然治癒力）に影響を与える事実を学ぶ医学である。

これは、東洋に約五〇〇〇年の古代から伝わる真理「心身一如」を、ようやく西洋医学が認めたものだ。「唯心論」「唯物論」と心身を二元論でとらえてきた西洋思想の頭の堅さ、拙さにも呆れる。ようやく、かれらは、その頑迷固陋から解き放たれようとしている。

●「快感」がガンと闘うＮＫ細胞を増やす

だから心が「快感」を感じれば、体も「快方」に向かう。

「快」の感情が、神経を通じて「治癒」のスイッチをオンにするのだ。

それを免疫学の分野からあきらかにしたのが、安保徹教授（新潟大学大学院医歯学総合研究科）だ。ベストセラー『免疫革命』他の著書で説かれた免疫学は、平易かつ明快。

——「不快」「緊張」などの状態におかれると、人間の交感神経は過度に緊張した状態となり、それは白血球のうち顆粒球を増やしてしまう。これは、活性酸素を大量に出して炎症、ガンなどの引き金となる。顆粒球が増えると相対的にリンパ球が減少する。両者はシーソーのような関係だからだ。リンパ球の代表的なものがＮＫ（ナチュラルキラー）細胞。この免疫細胞は、ガン細胞を攻撃することで有名。つまり、ガンと戦うわれらが兵士たちだ。

心身がリラックスすると副交感神経が優位となる。すると、リンパ球が活性化する。これはガン細胞を発見しだい攻撃し、殺して、体外に排泄させる。だから、「快感」「リラックス」などの状態なら、NK細胞などリンパ球が増えてガンを総攻撃し、ガンは退縮して消えていく。これがガンの自然退縮のメカニズムである――

●「不安」は病のもと「安心」は治癒のもと

安保先生に「ガンと平和共存でも、快適に暮らせばいいですよね」と質問したら「アノネ、快適に暮らすとガンは消えて行っちゃうんだね」と優しく諭してくださった。

安保免疫理論を簡単に示すと、以下のようになる。

■「緊張」「不安」↓怒りホルモン（アドレナリン）分泌↓交感神経・緊張↓顆粒球増加↓炎症、病気

■「快感」「安心」↓快感ホルモン（エンドレフィン）分泌↓副交感神経・緊張↓リンパ球増加↓解毒、治癒

だから〝木づかい〟で、「香り」「触感」などで快適になると、快感ホルモンが分泌され、ガン細胞を攻撃するリンパ球（NK細胞）が急増して、ガン、難病なども急速な治癒に向かう。

このように**快適な木の家に住めば、ガン細胞を攻撃するNK細胞は増えて、ガンは治っていく。**

また、NK細胞の優位状態なのでガンになりようがない。

このようにガン予防もガン治療も、NK細胞が重要ポイントだ。

●最大の「快適」状態〝笑いの免疫学〟

心の最大の「快適」状態とは、笑っているときでしょう。

すばるクリニックの伊丹仁朗医師は、日本の〝笑いの療法〟パイオニア。一九人のガン患者さんたちを引き連れて、彼はある場所に向かった。何処へ……？

行く先は、大阪のなんば花月劇場。吉本興業の笑いの殿堂。そこで三時間、ガン患者さんたちに、腹の底からおおいに笑ってもらった。そして、笑う前と笑った後で血液中のNK細胞を測定してみたら、なんとほとんどの患者さんたちで**NK細胞値が急増していた！　中には六倍以上もNK細胞が激増していた患者さんも。わずか三時間でガンへの治癒力が六倍に……！**　それは、どんなクスリでも不可能。**「笑い」＝「快感」が、ガンと戦う自然治癒力（NK細胞）を急増させた。**よって、**ガン予防もガン治療も、要諦は「快活に生きる」ことにつきる。**

「笑い」は快適にくつろげる。「木の家」も快適にくつろげる。

同じリラックス効果で、確実にNK細胞は増殖する。そして、体内のガン細胞を攻撃、殲滅してくれる。

そんな、**心身ともに、ゆったりとした暮らしならガンになりようがない。**

また、ガンにかかっている人ならば、ガンが治らないはずがない。

第5章 「木の家」で九年長生き、ガンも治せる！

団地・マンション族は、コンクリート・ストレスで〝殺される〟

●コンクリート住宅は九年早死にする

わたしの『コンクリート住宅は9年早死にする』（前出）は、**コンクリートの致命的欠陥を初めて暴いた本**です。それが、**コンクリート・ストレス**の恐怖……。

島根大学総合理工学部の中尾哲也教授の研究は、世界に衝撃を与えました。

コンクリート（ポルトランド・セメント）は、今から約二〇〇年前、イギリス産業革命の時に発明され、以来世界の建築界を完全支配してきました。モダニズム建築の旗印のもと、世界中のあらゆる民族の**伝統的な建築様式を根底から破壊し、世界を制覇した**のです。わたしはそれを、**コンクリート帝国主義**と呼ぶことにしました。そうして、世界中の都市は、例外なく無機質で冷たい、灰色のコンクリート・ジャングルに変貌してしまったのです。さらに、ビルというビルは無機質のアルミサッシやガラスでツルツルピカピカに覆われてしまった。

もはや、その土地その土地の歴史や文化などを反映する建造物など、皆無となってしまいました。それは、人間的な景観破壊だけでなく、世界中に何百、何十とあった建築文化をも壊滅させてしまったのです。こうして、わたしたちは近代化のかけ声にだまされて、たいせつな、かけがえのない財産を失ってしまったのです。

いっぽうで、世界の建築利権を掌中におさめた**コンクリート帝国主義は、世界の建築学から建**

■鉄筋コンクリート住宅は木造より９年早く死んでいた！

表５－１　住人と死亡者の年齢の平均（歳）

	A：木造住宅	B：鉄筋コンクリート住宅
死亡年齢の平均	63.5	52.4
死亡年齢の平均（事故を除く）	55.1	57.5
住んでいる人の平均年齢	39.4	32.6

築家まで、ことごとく支配しています。

●タバコの死亡の三倍も強い相関関係

　だから、そのコンクリートの欠点を告発することはタブー中のタブーだったのです。しかし、中尾教授はそのタブーに敢然と風穴をあけました。

　教授は、**木造住宅と団地・マンションなどコンクリート住宅に住んでいるひとの平均死亡年齢を比較**してみた。すると**団地・マンション族のほうが九年、早く死んでいた！**（一九八八年）（表５－１）

　この死亡年齢の九年という大差に、教授は驚愕した。

「びっくりしました。ちょっとヒドイ。平均をとってこれだけの差があるとは……！　たとえばタバコで早死にするといわれています。しかし、喫煙者の平均死亡年齢は吸わない人より三年早まるだけです。だからコンクリート住宅に住む人の死亡年齢は、その三倍もきつい。だから**コンクリート住宅と住人死亡との相関は非常に強い**。関係がクッキリ見えてきます」（中尾教授）

　また事故死による死亡年齢にも大差が出ました。**木造住宅二・六歳**。**コンクリート住宅五・一歳**。**団地・マンション族などは「木の家」に暮らす人より、これだけ事故で早死に**していることになります。「おそらく交通

事故死が大半と思われるが、事故死の最大原因は『不注意』である。この事故死の差は、**木造とコンクリートによる『注意力欠如』の差**、とわたしは考える」（『コンクリート住宅は9年早死にする』前出）。

つまり団地・マンションなどのコンクリ暮らしより、「木の家」暮らしのほうが、確実に長生きするのです。

●木造家屋が減るほど短命化が進む

さらに中尾教授の研究で、**木造率が高い地域ほど長生き**していることが立証された（グラフ5-2）。これは前研究（表5-1）を裏付けます。ぎゃくに木造家屋が減り、コンクリート集合住宅が増えた都市ほど短命化しているのです。日本で最も木造率が低い地域は、人口密集が酷い東京と大阪。東京（○）、大阪（●）ともに年代を追って木造率が減少するほど「全国平均死亡年齢」との差が拡大しています。つまり、**木造が減り、コンクリートが増えるほど短命化**が進んでいることをあらわします。

団地・マンション族にコンクリ〝冷ストレス〟でガン多発

●団地マンションにガンが多発

団地・マンション暮らしはガンを多発させる。

■木造率が減ると短命化し、木造率が高い地域ほど長命

グラフ５－２

木造が減りコンクリートが増えるほど短命化してい

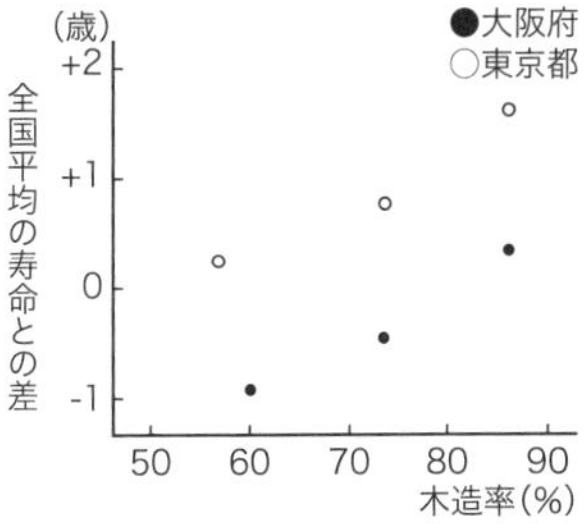

年代別に見た東京都および大阪府における木造率と平均寿命（全国平均との差）の関係（女性）

木造率が高い地域ほど長く生きている

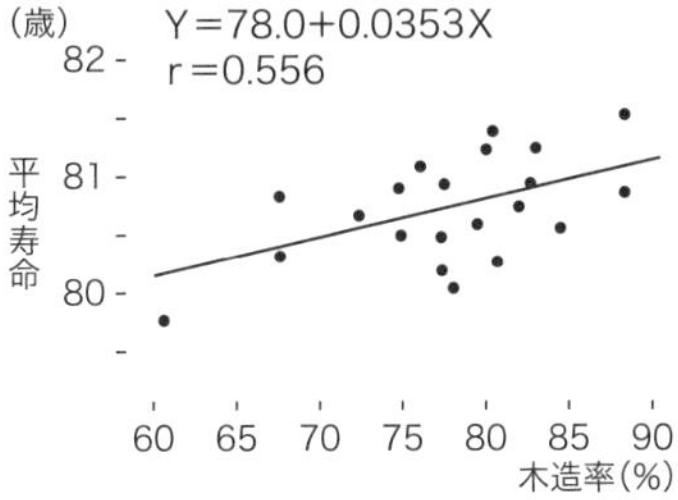

平均寿命と木造率の関係（西日本・女性）

■木造率が減ると乳ガン死亡率がクッキリ増えている！

グラフ５－３　乳がんによる死亡率と木造率との関係（西日本・女性）

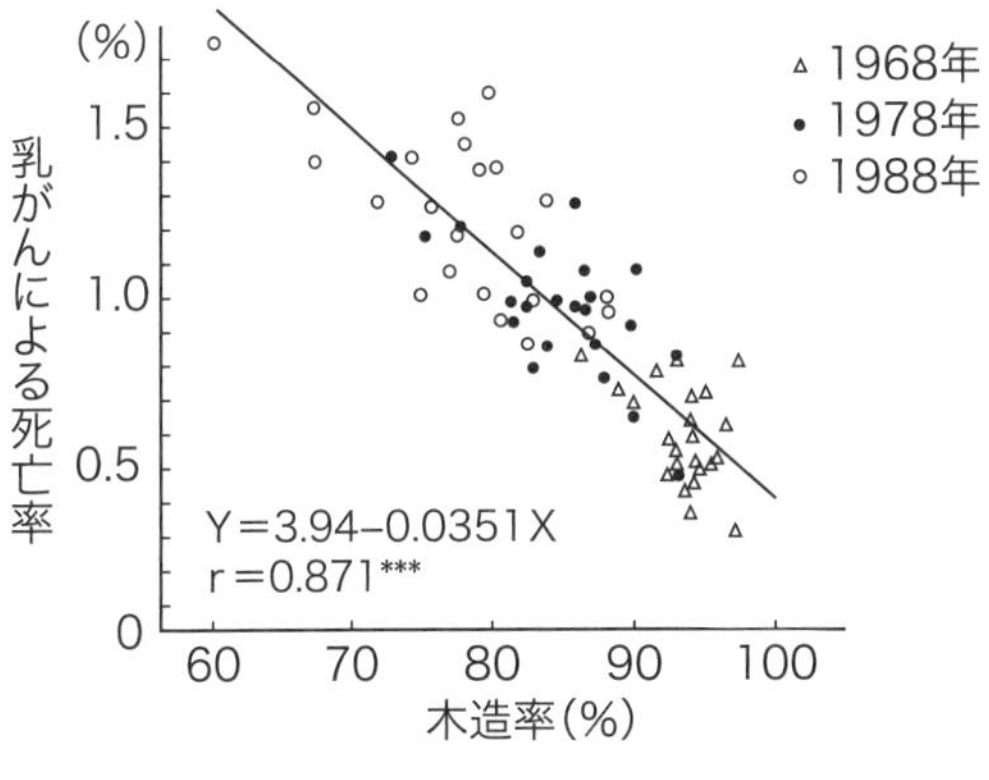

（高橋ほか編　木材科学講座５『環境』1995, 海青社）

こういうと驚くひとが多いでしょう。具体的な報告があります。**乳ガン死亡率は、木造率が減るほど増加し、増えるほど減少**しているのです。六八年から一〇年おきのデータですが、見事な反比例をしめしています（グラフ5-3）。

「木造率が減った」ということは、鉄筋コンクリート製の「団地・マンションが増えた」ということです。それだけ体を冷す環境が増え、乳ガンで生命を落とす女性も増えたのでしょう。一般的にも**木造率が高まるほど肺ガン、食道ガン、肝臓ガンなどのガン死亡率は減っています。「木の家」は、明らかにガンを防ぐ**のです。

また、出生率にも差が出ました。**一世帯当たりの子どもの数は、木造二・一人に対してコンクリート一・七人**。「木の家」に住むカップルほど生殖能力は旺盛なのです。

●ネズミも逃げ出すコンクリート住宅

コンクリート住宅は、ネズミも逃げ出す――。図5-4のような実験装置でマウスの動きを観察しました。**スギの床とコンクリートの床のどちらの部屋を選ぶか**実験したのです。「マウスにかぎらず野生動物は、生存本能によって行動する。危機が迫れば、逃げようとする。安全を感知すれば近づいてくる。巣箱の建材についても、彼らは本能的に判断するはずである」（前著）。

その結果は一目瞭然（グラフ5-5）。

マウスはコンクリート床から逃げ出し、**スギ床を選んだ。コンクリートの部屋には、ほとんど一歩も足を踏み入れていない**。ネズミも本能的に逃げ出すコンクリートの部屋。そんな団地・マ

■マウスはスギ床とコンクリート床のどちらを選ぶか？

図５－４ マウスは本能的にどんな安全建材を選ぶだろう？

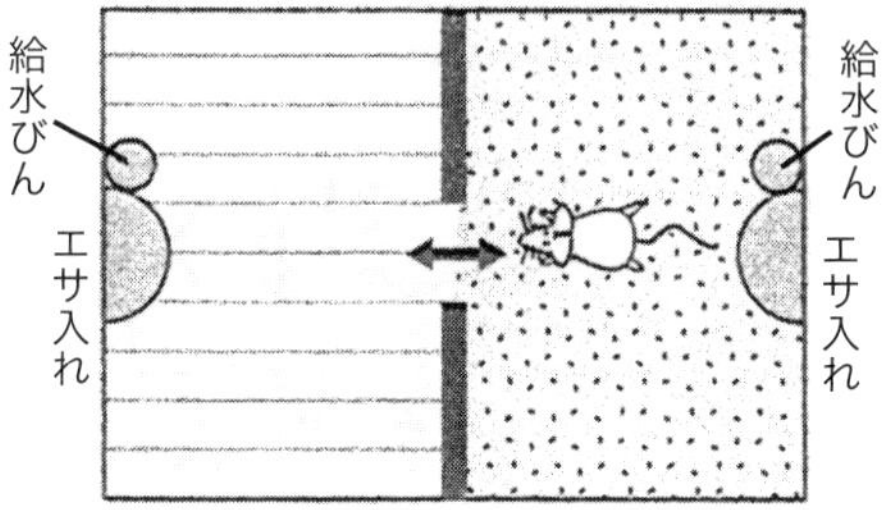

■マウスは生存本能で危険なコンクリート部屋に入らない

グラフ５－５

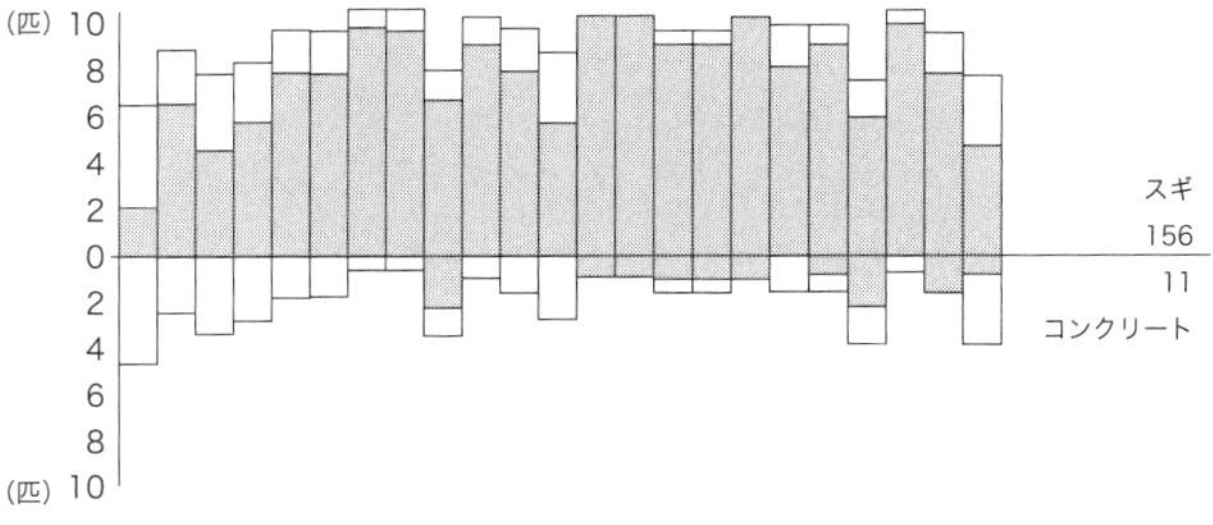

『木材は環境と健康を守る』

ンションなどに、多くの日本人はなにも知らず詰め込まれて暮らしている……。

ネズミがコンクリート床から逃げ出したのは、**コンクリートが体熱を奪う**からです。すると生**体は冷ストレスを感じる**。コンクリート面に手を置くとひんやり冷たい。それは体熱を奪っているから。直接コンクリートに触れなくても、体熱は奪われる。これは遠赤外線の輻射と逆の現象で、冷輻射と呼ばれる。体の中から熱を奪われる。

最近、「冷えは万病のもと」という養生の教えが広く常識となってきました。**体が冷えると確実に免疫力が低下**します。風邪など感染症にかかりやすくなります。さらに自律神経も失調する。免疫細胞（NK細胞）などが減少しガン細胞が急増します。「冷えはガンのもと」なのです。さらに、**体は冷えを外部からの〝攻撃〟ととらえます。だから副腎は〝怒りのホルモン〟アドレナリンを放出し、イライラがつのり、攻撃的になります。そして疲れやすくなる。**また内分泌系も狂い、体は変調をきたしていく。

これがコンクリート・ストレスの実態であり、恐怖なのです。

●うつうつでNK細胞は急減、ガン急増

中尾教授は、「団地・マンション」等に住む人と「木の家」に住む人との「蓄積疲労」をしらべて、その差におどろいた。

「うつうつ」「イライラ」「憤り」「肉体疲労（ぐったり）」「気力減退」「不安」六項目で、すべて**コンクリート住民の方が木造より強く感じていた**のです（八五ページ参照）。ネズミも逃げ出す

冷たい〝巣箱〟に住んでいるのだから当然でしょう……。

わたしは『笑いの免疫学』（前出）で、**精神的、肉体的ストレスが、ガンをひきおこす**と指摘した。安保徹教授（前出）は、「ガンの原因は、悩み過ぎ、働き過ぎ、クスリの飲み過ぎ」と断言する。同様の指摘です。**「うつうつ」「イライラ」「怒り」「ぐったり」などのストレスはすべて、ガンと闘うＮＫ細胞を急減させる**。それは**ガン細胞を急増**させる。団地・マンションなどコンクリート住宅がガンを多発させる原因がここにあります。

コンクリート巣箱ネズミは生存率七％、木製巣箱は八五％

●メスは子を噛み殺しオスは襲いかかる

建築業界を震撼させた有名な実験があります。

それが静岡大学・東京大学の農学部がおこなったマウス実験です。

生まれたてのマウスの赤ちゃんを**Ａ：木の巣箱、Ｂ：金属の巣箱、Ｃ：コンクリート巣箱の三種で育ててみた**。すると**ネズミの生存率はＡ：八五％、Ｂ：四一％、Ｃ：七％と、驚愕する大差**がついたのです（グラフ5-6）。

コンクリートや金属の巣箱の死因は、体熱を奪われた〝冷ストレス〟によるものです。**コンクリートや金属の〝住まい〟で哺乳類は生きていけない**のです。いっぽう、温かい**木の巣箱**のマウスたちは**コンクリートの一二倍以上も生き抜いた**。さらに、木の巣箱のネズミたちは「おっと

■木の巣箱マウス生存率はコンクリート巣箱の12倍以上

グラフ5－6　マウスの仔の生存率と発育曲線

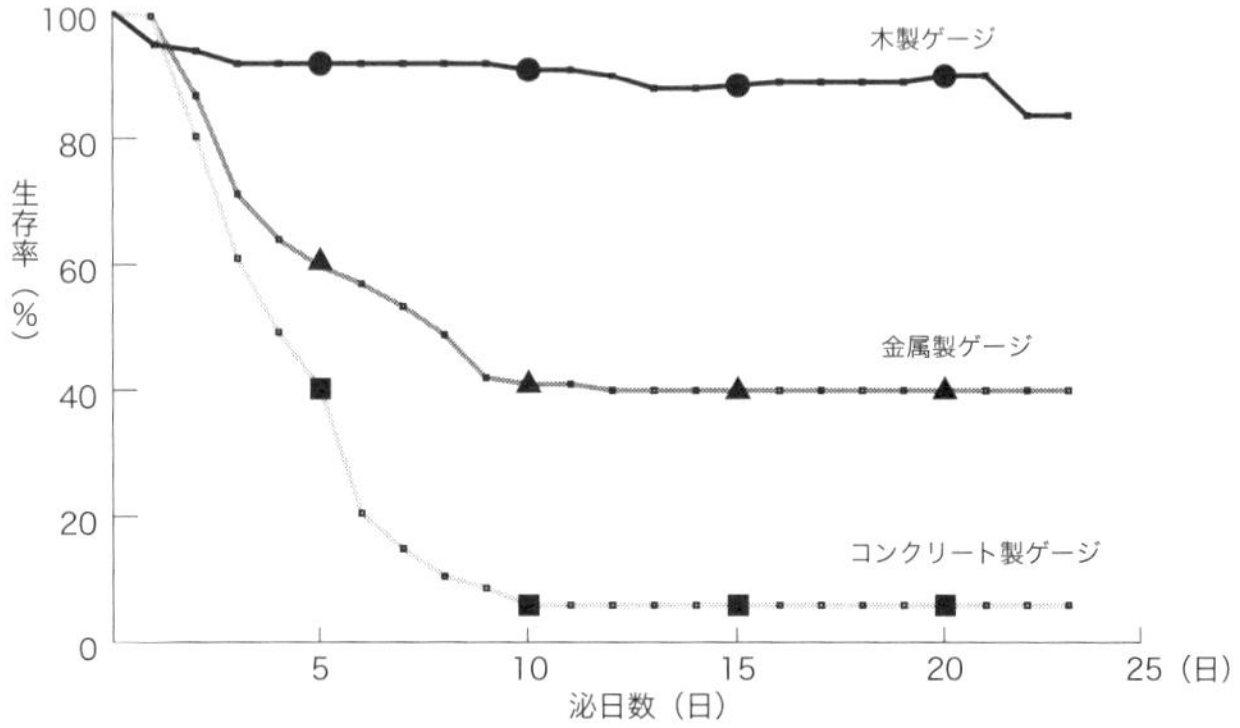

伊藤ら：静岡大学農学部研究報告、1987

■コンクリート巣箱とコンクリート校舎の戦慄の共通点

表5－7　各飼育でのマウスの状態と行動の主な差異とRC造校舎の評価

<table>
<tr><th></th><th>木製飼育箱</th><th>コンクリート飼育箱</th><th>RC造校舎についての教師の感想項目</th></tr>
<tr><td>しっぽなどの温度</td><td>温かい</td><td>冷たい</td><td rowspan="8">うるさい
子供が落ち着かない
声がこもる
冷たい
すべりやすい
疲れる
硬い
あぶない
掃除の方法が変わる</td></tr>
<tr><td>乳児の皮膚表面</td><td>さらさらしている</td><td>べたべたしている</td></tr>
<tr><td>つかまえたとき</td><td>比較的静かにしている</td><td>あばれることが多い</td></tr>
<tr><td>共同生活させたとき</td><td>おっとりしている</td><td>けんかが目立つ</td></tr>
<tr><td>母親の授乳</td><td>ゆったりと与える</td><td>授乳期間が短い</td></tr>
<tr><td>母親の飼育</td><td>子をかき集める</td><td>かき集める度合いが少ない</td></tr>
<tr><td>活動</td><td>木部をかじる</td><td>金網をかじる</td></tr>
<tr><td>給水</td><td>給水の減少が早い</td><td>比較的遅い</td></tr>
</table>

り」「なかよく」暮らしているなど性格は温和だった。これに対してコンクリートでは、研究者の指に噛み付くなど「凶暴性」がみられた。さらに研究者の心胆を寒からしめたのは、コンクリート巣箱で生き残ったマウス達の異常行動。**メスは妊娠して子どもを産むと、なんと噛み殺して食べてしまった。オスは他の群れに移すと牙を剥いて他のネズミたちに襲いかかり血まみれにした。**コンクリートで育つと凶暴で攻撃的になることが立証されたのです。

表5–7は、木製巣箱とコンクリート巣箱のネズミの観察記録です。右端は、木造校舎からコンクリート校舎に移動した教師による感想です。コンクリート巣箱とコンクリート校舎――。

そこには、おどろくほどの類似点がみられます。

たとえば、**ネズミは「つめたい」「あばれる」「けんか」「金属をかじる」「（子どもを）かき集めない」**……など。**これに対して、コンクリート校舎の感想は「うるさい」「落ち着かない」「冷たい」「疲れる」「硬い」「あぶない」**……など。

コンクリートはネズミの巣箱にも、子どもの校舎にも適していないことがはっきりわかります。

そんな冷え冷えとしたコンクリート校舎に、児童生徒を強制的に通わせているこのクニの政府の残酷かつ鈍感な感覚をうたがう。「知らなかった」ですむ話ではない。

●虐待、イジメ、暴力、自殺……の原因に

我が子をかみ殺したり、他のネズミに襲いかかるコンクリート巣箱育ちのネズミ……。

わたしは、その光景が昨今の日本と重なってしょうがない。残虐な幼児虐待、家庭内暴力、イ

ジメ、衝動暴力、自殺……などなど。これら日本人の**異常行動とコンクリート・ストレスとの関連は、いまやあきらかです**。

異常行動に走るひとびとの多くはコンクリートの団地・マンションなどの集合住宅に暮らし、子どもたちは例外なく冷え冷えとしたコンクリート校舎に〝強制登校〟させられています。かれらの精神はコンクリート・ストレスにより常にイラついています。それはコンクリート巣箱で育ったネズミとおなじ。理不尽に体熱を奪われると、その**〝冷え〟を体は外部からの攻撃と判断するのです。だから、〝怒りのホルモン〟アドレナリン、〝攻撃ホルモン〟ノルアドレナリンが分泌される。攻撃に備えて脈拍、血圧、血糖値が上がります。こうして、見えない〝敵〟に反撃態勢をとる。〝殺される〟前に〝殺してやる〟**……。

一九七〇年代。世界中で校内暴力が荒れ狂ったことがあります。前述のように、欧米諸国の研究者たちは、これを〝シック・スクール〟と名づけ、その大きな原因として学校建築の材料が引き金になっていることをつきとめたのです。

「とりわけカナダ、フランス、旧西ドイツなどでは、コンクリートやガラスなど無機材料が、子どもたちの攻撃性、暴力性を助長していると真剣な議論が交わされた」（大迫靖雄・熊大教授『木材と教育』海青社）

●イライラ、頭痛、腹痛、不安、抑うつ……

日本では、鉄筋コンクリート校舎の子たちは木造校舎にくらべて、「イライラ」「頭痛」「腹

■「眠気」「だるさ」「集中できない」子が多いほど「不登校も多い」

グラフ5－8 注意集中の困難の訴え割合（左）と眠気とだるさの訴え（右）

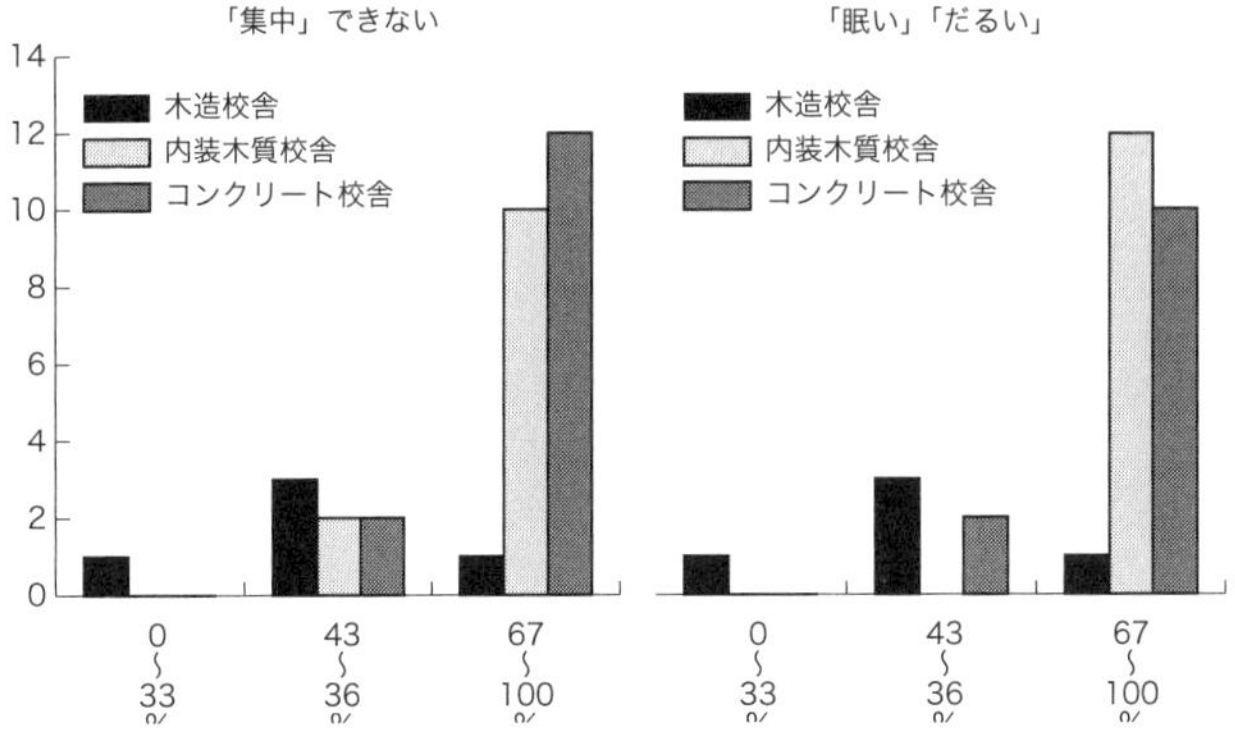

橘田紘洋・愛知教育大教授のデータより

痛」「疲れる」子が激増、惨澹（さんさん）たる状況です。インフルエンザ流行期の学級閉鎖率も木造校舎の二倍以上。コンクリート校舎は、子どもたちに「不安」「攻撃」「抑うつ」「劣等感」などを引き起こす。

「不登校」の子どもと「注意集中できない」「眠気」「だるさ」を訴える割合を、各々調べてみました。するとその比率は「コンクリート校舎」「内装木質校舎」が「木造校舎」を大きく引き離しています。つまり**コンクリート・ストレスで「注意力欠如」「眠い」「だるい」状態になり「不登校」につながっている**ことがわかるのです（グラフ5–8）。

この子たちは、木の香りがする温もりある校舎なら、きっと笑顔で毎日通ったはずです。

この子たちの声なき悲鳴に、なぜ大人たちは気づかないのか？ なぜ答えてあげないのか？

●木装で「冷たい」教室が大変身！

「無機的な鉄筋**コンクリート造校舎でも、内装に木材や木質原料を効果的に使用**すると、木造校舎のような**快適性を有する室内環境ができる**」（『木材は環境と健康を守る』前出）

これは、コンクリート校舎を解体して木造に建て直す余裕がなくても、木装で十分に木造校舎のような空間ができあがることをしめしています。それは学術研究でも立証されています。

「コンクリートに白色塗装した壁面が、改装によってヒノキ板張りにされた。天井は、白色吸音繊維板がサワラ小幅板貼りになった。アルミ製窓枠は、木製の窓枠に付け替えられた。家具には天然木化粧合板が用いられた」（同書）。

グラフ5-9は、典型的なコンクリート校舎を木装リフォームしたあと、教室のイメージがどう変わったかを教師たちにアンケート調査した結果です。木装リフォーム前は、コンクリート校舎のイメージは以下のとおり。

「角ばった」「かたい」「人工的な」「機械的な」「冷たい」「不安な」「窮屈な」「苦しい」「わるい」「きびしい」「せかせか」「危険な」「香りがない」「狭い」「暗い」「拒否されている」……。

改めて、コンクリート校舎のイメージの悪さにおどろきます。

これが、コンクリート校舎で過ごす先生たちの正直な、直感的な感想なのです。感受性の強い子どもたちは、さらに強くマイナス・イメージを感じながらコンクリートの箱に通っているでしょう。

さて――。それを、木装リフォームしたら、先生たちの感想は一変しました。

■冷たいコンクリート教室が木装リフォームで一変した！

グラフ５−９ 教室のイメージプロフィール（鉄筋コンクリート造教室）

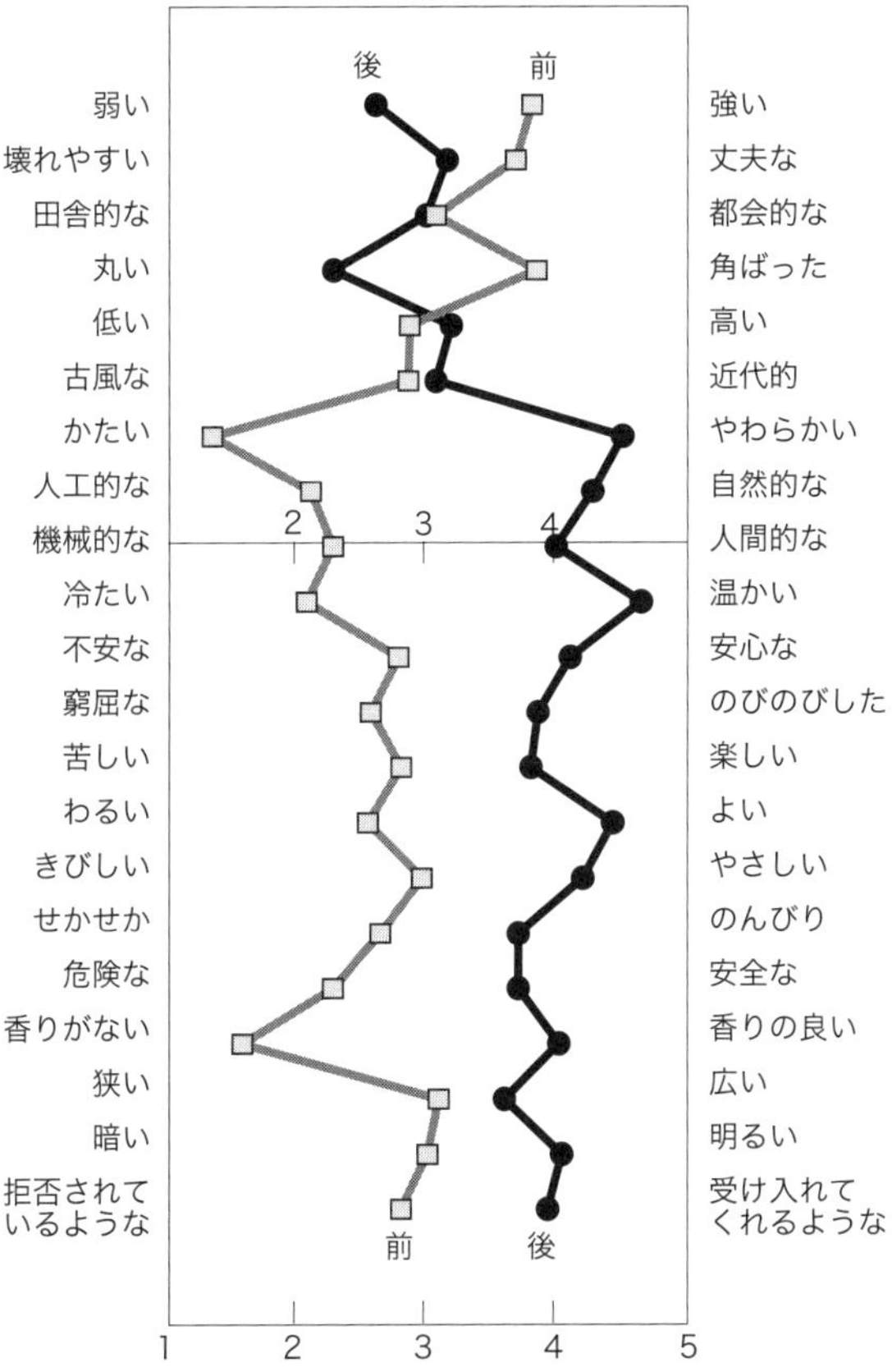

高橋丈司「木造校舎の環境が及ぼす教育効果調査報告書」橘田紘洋編、（財）日本住宅・木造技術センター発行（1992）

「丸い」「やわらかい」「自然的な」「人間的な」「温かい」「安心な」「のびのびした」「楽しい」「よい」「やさしい」「のんびり」「安全な」「香りのよい」「広い」「明るい」「受け入れてくれる」……。

同じ教室が、木装リフォームによって、これほど大変身したのです。

●建築家、教育者はこの真実を見よ！

「『固く』『冷たい』雰囲気が、改装によって、『柔らかく』『温かい』雰囲気に変化しているのが、よくわかる」「内装として木材や木質材料を用いると『温かみ』と『うるおい』のある教育環境に近づくのである」（同書）

全国の建築家は、このグラフを直視する義務があります。教育関係者は、この図を拡大コピーにとって回覧してほしい。壁に貼って日々ながめてほしい。ここには、子どもや教師たちにとって、ほんとうにやさしい教育環境とはどんなものかが、はっきりとしめされています。

コンクリート打ちっ放しの安藤忠雄氏が有名だからとか、東大教授だったから、などという最低最悪の感覚で、たいせつな子どもたちを取り巻く環境を、〝殺人的〟な環境にしてほしくない。納税者として、保護者として、国民として、心底、そう思う。

●温度・湿度もコンクリ校舎は最悪

鉄筋コンクリートの建物は「冷たい」感じがします。それは、感じだけではなく、ほんとうに

「冷たい」のです。木造の自然住宅に住んでいるわたしは、コンクリート校舎に一歩入った瞬間に、空気が冷え冷えとしているのに本当に驚きます。こんな、冷えきった環境に強制的に押しこめられて、勉強させられている我が子がかわいそうになりました。

そして、**コンクリート校舎は、夏は暑すぎ、冬は寒すぎる**。さらに、**湿度も高くじっとり**とした感じがつきまとう。これに対して**木造校舎は夏冬や一日の温度差が少なく一定**している。さらに、**湿度も高すぎず、低すぎず、安定して快適**です。

これらは、具体的な観測でも証明されています。グラフは教室内の温度と湿度を記録したもの。打点は一時間ごとの記録です（グラフ5-10　上：木造校舎、下：コンクリート校舎、同じ敷地内）。

木造校舎では、ほとんどの時間帯で**温度は一五℃近くに、湿度は五〇％付近に集まっています。**これは**一定した温かさと湿度で、過ごしやすい**ことをしめします。

これに対して、**コンクリート校舎**の教室内は、**温度も湿度もバラバラで変化が激しい**。さらに温度に注目すると、室温が一〇℃以下の時間帯が、木造校舎にくらべてはるかに多い。つまり、コンクリート校舎は**冷え冷えとしている**ことが証明されたのです。さらに**湿度の変動幅**も木造にくらべて**二〇％から八〇％間で激しい**。これは、湿気の多い時と乾き過ぎの時が極端に多いことをしめしているのです。

■木造校舎（上）はポカポカ快適、コンクリート（下）は冷え冷えじめじめ

グラフ5－10

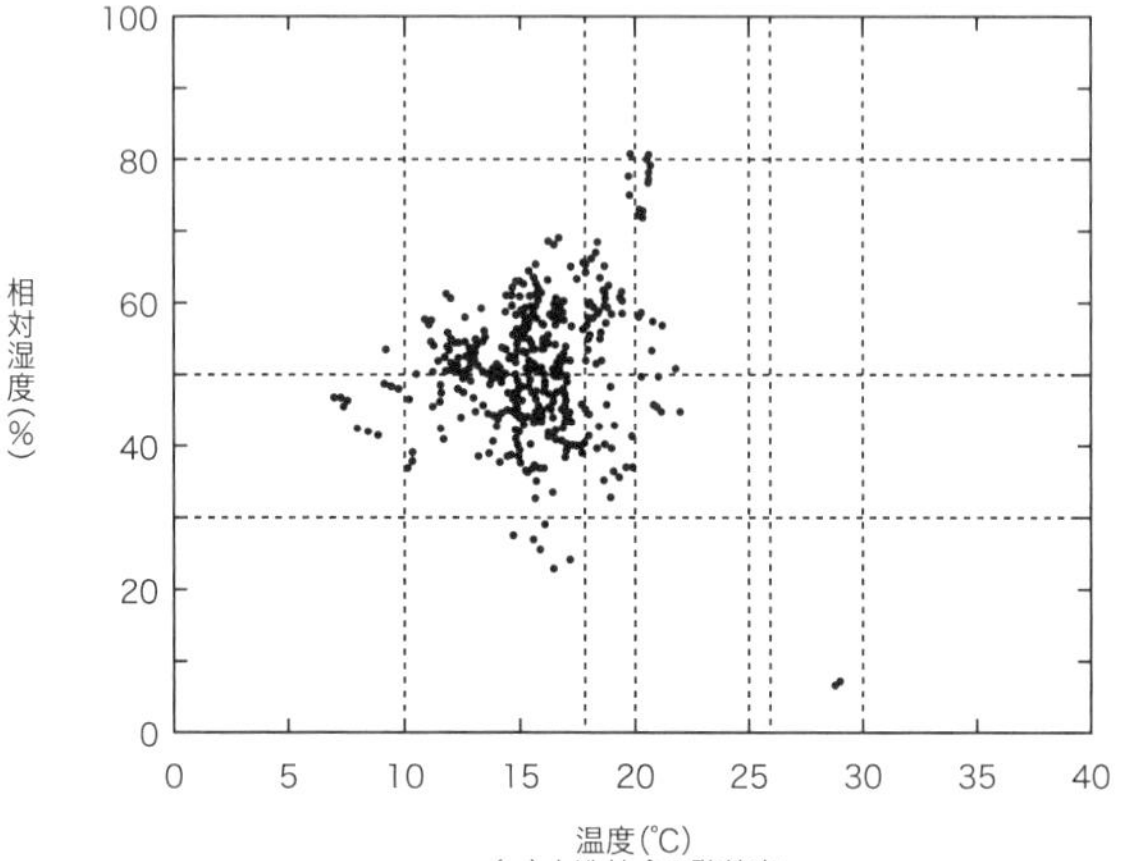

(a)木造校舎1階教室

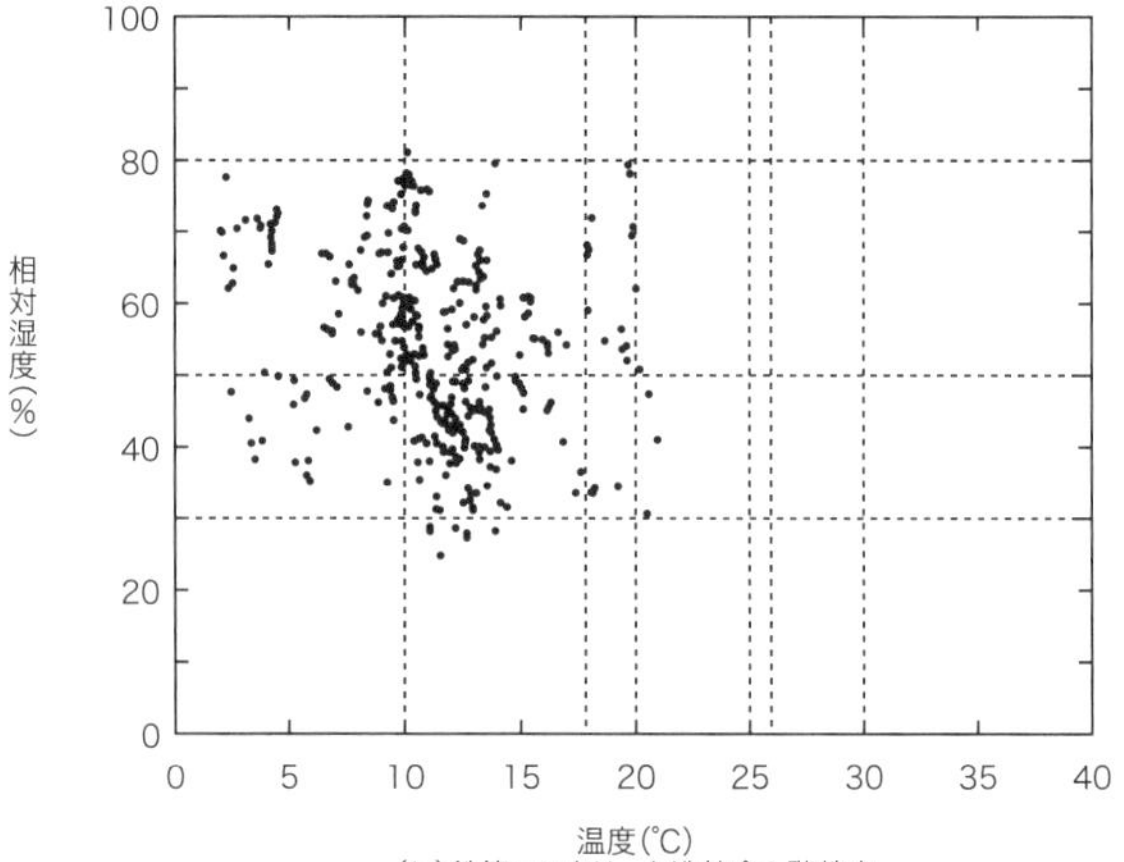

(b)鉄筋コンクリート造校舎1階教室

高橋丈司『木造校舎とコンクリート校舎比較による学校・校舎環境の検討』(1992)

■コンクリート部屋は足下が冷え頭が火照る“頭熱足寒”
グラフ５－11

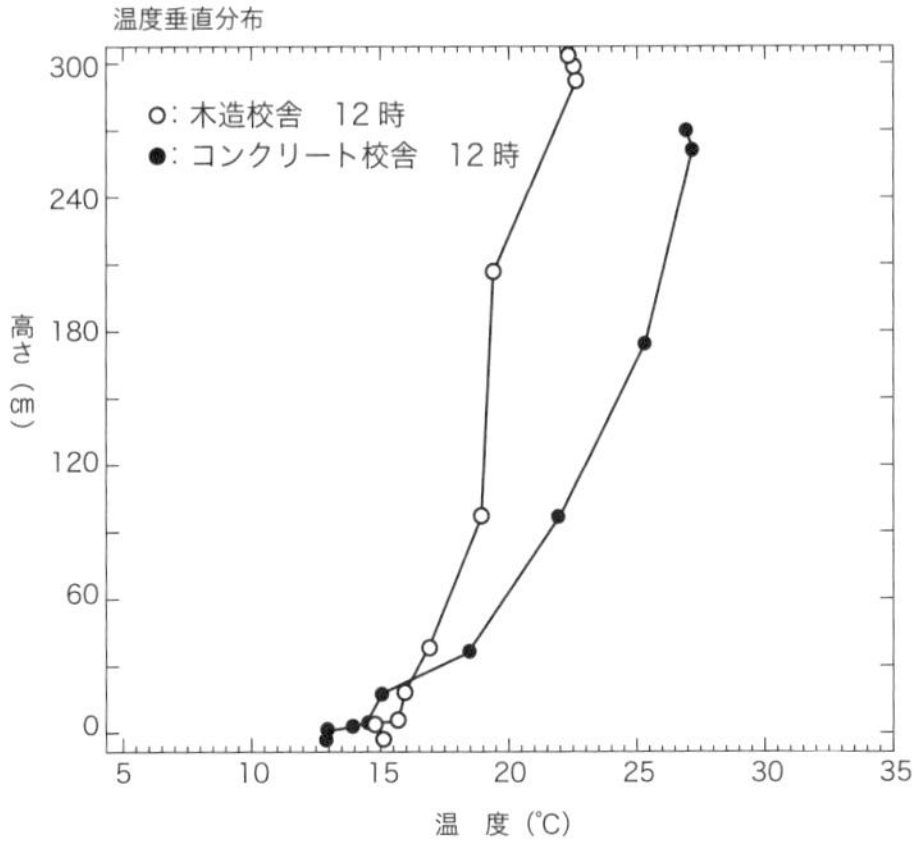

服部芳明、橘田紘洋『木材工業』（1991）

●コンクリ教室は足は冷えて頭はのぼせる

また、**木造校舎では、足下も天井近くも温度はほぼ一定**しています。しかし、**コンクリート校舎は、足下は冷える・頭上は暖かい**という温度差があります。それは実験でも証明されています（グラフ５–11）。

これは、教室内の空気を灯油ストーブで温めたあとの室温の垂直分泌を測定したもの。木造校舎（○）は足下の室温は一五℃。二メートルの位置でも二〇℃以内と安定しています。ところがコンクリート校舎（●）は、足下は一三℃と冷えているのに、二メートルの位置では二六℃という暖かさ！　勉学に適しているのは「頭寒足熱」とは古来からの教え。しかし、コンクリート校舎はまさに逆。〝頭熱足寒〟では、イスに座って机に向かっている児童たちは勉強に集中できるはずもありません。

このように安定して快適な木造校舎にくらべ

■「コンクリート校舎は立ってるだけでつらい」（教師の悲鳴）

表５－12　コンクリート校舎が影響を与えていると思われる事項（右の数字は回答教師数）

1．床に弾力がなく、長時間立つのがつらい	72
2．結露が生じる	64
3．怪我の程度が大きく、安全面でよくない	25
4．音が反響する	25
5．コンクリートの冷たさを感じる	22
6．足元が冷える	19
7．室内が暗い	15
8．湿度の調整ができない	13
9．他教室の音が聞こえる	11
10．風邪が流行し易い	10

『木材は環境と健康を守る』（前出）

て、**コンクリート校舎の室内環境は最悪**です。これは、コンクリート団地やマンションにもいえます。コンクリート建築はほんらい、ひとが学んだり、暮らしたりする空間ではないのです。

これでも、コンクリート打ちっ放し〝礼讃者〟のかたがた、なにか反論できますか？

●建築家たちよ、先生たちの悲鳴を聞け！

子どもたちと同様に、先生たちも、冷たいコンクリート校舎に〝強制的に〟通わされています。

その先生たちへのアンケート調査結果があります。

コンクリート校舎が「生徒の健康や勉学活動、さらに教師の学内での生活が、校舎の材質（鉄筋コンクリート）に影響されているばあいがある」と回答しています。そして、どういう影響を受けているかを回答したものです（表５－12）。

①床に弾力がなく、長時間立つのがつらい。②**「結露」がする**。③**ケガの程度が大きく、安全面**

でよくない。④音が反響する。⑤コンクリートの冷たさを感じる。⑥足元が冷える。⑦室内が暗い。⑧湿度の調整ができない。⑨他教室の音が聞こえる。⑩風邪が流行しやすい。

――まさに、わたしが父兄参観日で、子どもの通う鉄筋コンクリート製の中学校を訪ねた時の印象そのままです。しかし、わたしはわずか半日だったが、先生も生徒も一年中、この非人間的な冷え冷えとした空間で過ごすことを強制されているのです。こんな非道な、非人権的な仕打ちがありますか！

●コンクリート床は膝・腰を傷める

ここで、①の訴えも深刻です。コンクリート校舎の廊下を歩いて、その床の硬さに驚きます。これは仕上げ材（フローリング材・塩ビタイル等）をコンクリート面に直接貼っているからです。だから床の硬さが直接、膝にくる。**「長時間立つのがつらい」**と教師が訴えるのもわかります。

衝撃に対しては、コンクリートの床よりも木の床の方が安全です。体育館の床はすべて木質フローリングです。これはとうぜんです。コンクリート床の上でバスケットボールやバレーボールなどしたら、まず選手は膝を傷める。回転レシーブなど床との激しい衝撃でけが人続出となります。しかし、コンクリート面に直接、合板フローリングしても、万全とはいえない。図5-13のように天然木によるフローリングが好ましい。すると、天然木は「局所変形」により、衝撃を吸収して足や腰を守ってくれる。もっとも理想的なフローリングはコンクリート上に根太を置いて、**天然木で床材を張る**ことです。すると**「たわみ変形」により、さらに選手の身体は保護されます。**

■体育館の床は根太に板張りがもっとも理想的で安全

図５－13　木材床の衝撃を緩和するはたらき

日本住宅・木材技術センター編『木がつくる住環境』

■体育館の床は硬すぎても、柔らかすぎてもいけない

グラフ５－14　ケガが少ない木の床の体育館（床の衝撃効果と傷害発生率の関係）

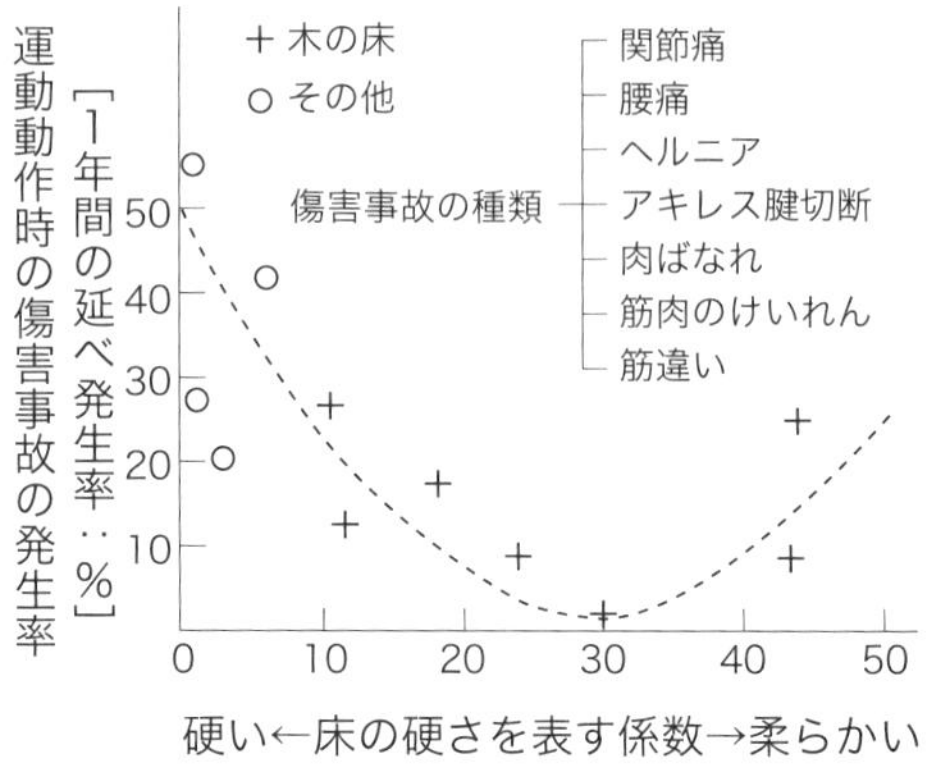

『木材なんでも小事典』（前出）

つまり、オール木造校舎にすれば、すべて安心なのです。

「硬い」から「柔らかい」まで「木の硬さ」を示す係数があります（グラフ5－14）。体育館の障害事故の発生率と床の「硬さ」を比較したものです。係数が少なくなる（硬くなる）ほど（左）、障害事故が増えていることがわかります。木の床（＋）は係数一〇以上。その他（○）とは、コンクリートの床です。**障害事故の内容は、関節痛、腰痛、ヘルニア、アキレス腱切断、肉ばなれ、筋肉けいれん、筋ちがい**……など。係数一〇の硬すぎる床（コンクリート床）で、事故が多発していることが一目瞭然です。係数三〇で、ほとんど事故はゼロ。そして、係数が大きく（柔らかく）なっていくと、また事故は増えています。

つまり、体育館の床は**硬すぎず、柔らかすぎず**が基本なのです。

●木壁は温かく自然で感じがいい

木造校舎とコンクリート校舎の比較で、わすれてはならないのは、視覚的効果です。

さすがに**コンクリート教室**でも、コンクリート打ちっ放し面をむきだしにしているクラスは少ない。ふつうは**白ペンキを塗って白壁**としています。**一般住宅や病院でも、なぜか白壁が好まれる**。いっぽう、木造校舎や住宅は木材面を表にあらわす。

「内装に木材がつかわれている住宅に住むと、心がなごみ、快適に感じられるのは、どうしてだろうか。材料を見たり、触ったりしたときに受ける刺激は、心理と生理の両面に影響をおよぼす」（『木材なんでも小事典』講談社）

研究者による「木材を見た時のイメージ」調査では、「温かい」「自然である」「感じがいい」などの回答がえられています。「**木材が『温かく』感じられる**のは、木材の**色相が赤から黄の暖色**であることによる」「**『自然』で『感じがよい』**のは、**木目の色や模様**が規則的でもなく不規則的でもなく、適当に**ゆらいでいる**ことによる」(同)。

なるほど……。視覚効果でも木材ははるかにまさっている。

「住宅内で**木材色の占める割合が増すと『温かく』『自然』なイメージの程度が増し、コンクリートの占める割合が増すと『感じがよくない』『暗い』『冷たい』イメージの程度**が増す理由が理解できる」といいます。

●「白壁」は抑うつ、怒りを高める

グラフ5-15は、「ヒノキ壁」と「白壁」を見たときのイメージ比較。**「ヒノキ壁」では「抑うつ」「疲労」「怒り」が緩和**され、ぎゃくに、**「白壁」は、これらを昂進**(こうしん)しています。とくに「白壁」は「抑うつ」感や「怒り」を極端に高めることにビックリします。そして「ヒノキ壁」は「活気」を高めるのに、「白壁」は大きく抑制するのです、そんな、問題だらけの「白壁」を、日本中の学校や病院で採用しているのです。また、若手の建築家に多いが、室内を真っ白気に仕上げて、「ポストモダン空間」と得意がっているヤツがいる。残念ながらアホかと思う。施主も建築家も、色彩心理学のイロハのイがわかっていない。知的レベルの低さ、ここにきわまれり。

「ヒノキを好きと感じていた被験者では、ストレスの状態を示す収縮期(最高)血圧が低下する

■白壁は「うつ」「疲れ」「怒り」「落ち込み」の原因

グラフ5－15 異なる視覚刺激による感情尺度得点の違い

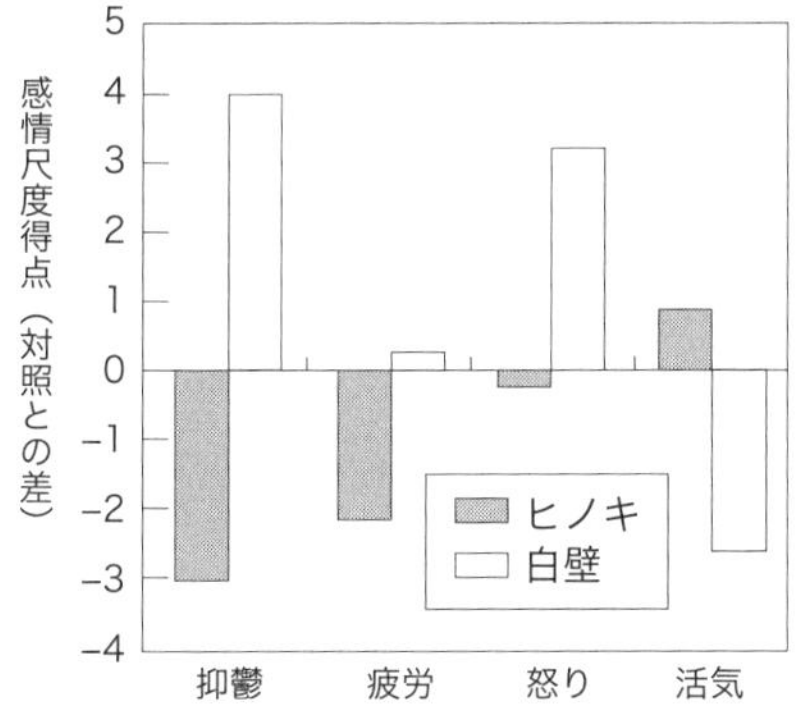

櫻川ほか「第48回日本木材学会大会研究発表要旨集」1998

■木材は有害紫外線は反射せず暖かい赤外線を反射する

グラフ5－16 各種材料の分光反射曲線

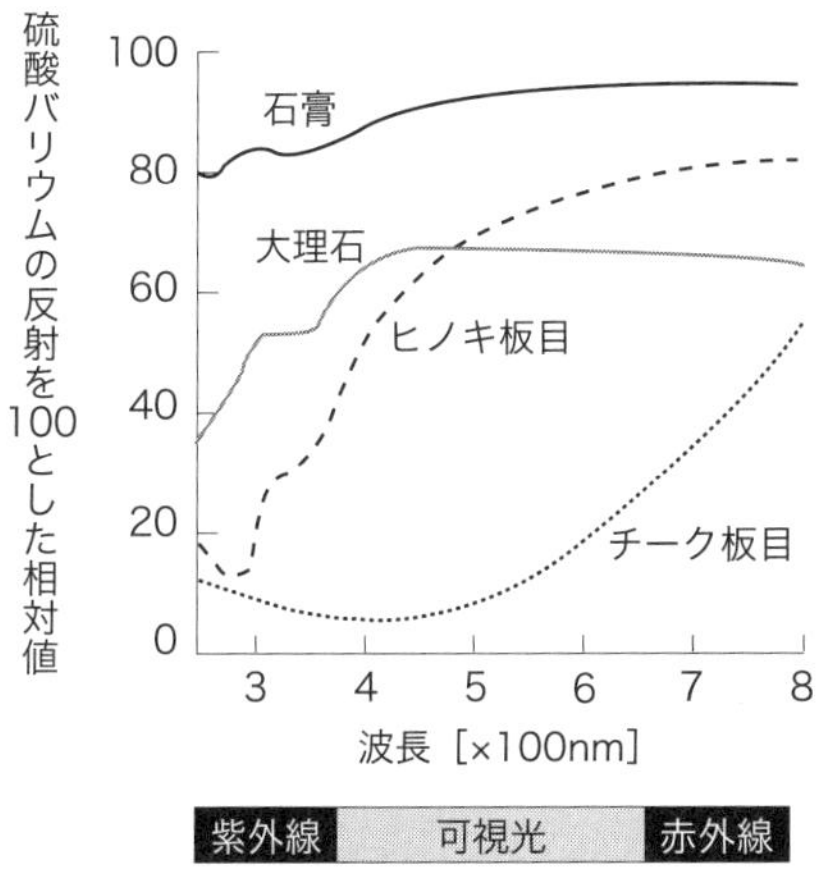

『木材なんでも小事典』（前出）

ことが知られている」さらに「木材には紫外線をよく吸収し、赤外線をかなり反射する性質があり、また、木質の表面には細胞が切断されてできた凹凸があり、光が散乱されるため、木材からの反射光は目にやさしい」（同）

無機素材の石膏や大理石は、すべての波長の光をほとんど平均して反射します。しかし、生物素材の木材は、光の波長によって、大きく反射光が異なります（グラフ5-16）。

波長が短くなる（左）と紫外線に近づき、波長が長くなると赤外線に近づきます。紫外線は眩しく人体に有害です。これにたいして赤外線は温かく熱を伝えます。ヒノキ、チーク材ともに紫外線の反射率は少なく、赤外線の反射率は高めです。これが、木の壁が住むひとに温かさを感じさせる理由なのです。

●無機建材は無機的で不快な音を出す

触覚、嗅覚、視覚……などのほか、人間に快・不快を感じさせる要素に聴覚があります。耳障りな音は、聞くひとに不快感をあたえストレスとなります。すると、**不快なホルモン・アドレナリンが分泌され、さらに「交感神経」が緊張して血圧、脈拍、血糖値まで上昇してイライラする**のです。嫌な音が聞こえてきてやまないとき、「ウルサイッ！」と思わず怒鳴っている自分がいます。まさに、我慢の限界がキレてしまったのです。

コンクリート教室の印象で、教師たちは「音が反響する」「他教室の音がする」と苦情をのべています。つまり「耳ざわり」「うるさい」のです。これに対して、木造校舎は「落ち着いた雰

■木材は低音で深く響く、アルミ等はキンキンうるさい

グラフ５－17　各種材料の音響スペクトル

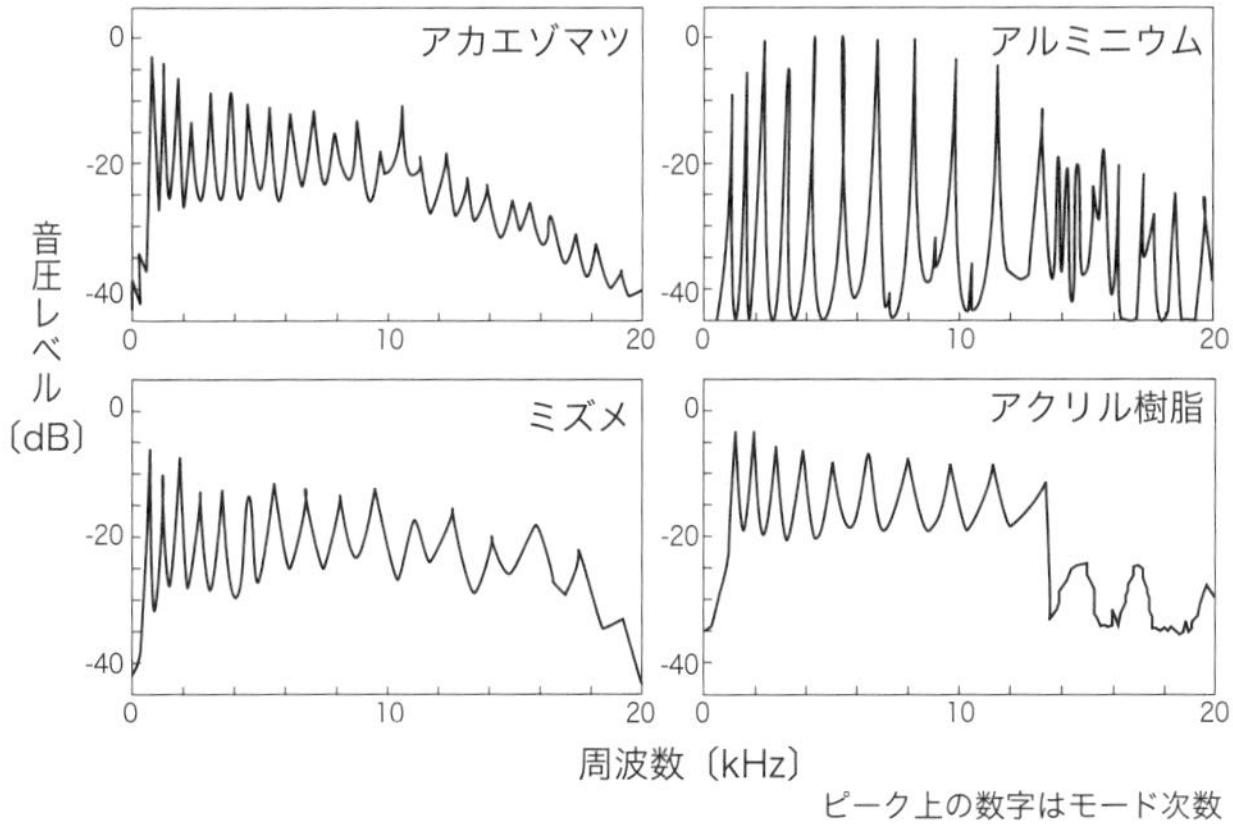

『木材なんでも小事典』（前出）

囲気がある」と満足しています。

いっぱんに無機素材は、音を立てたときも〝無機的〟な音がします。つまり、生命のリズムになじまない音です。

グラフ５-17は、木材（左上：マツ、左下：ミズメ）と無機素材（右上：アルミ、右下：アクリル）の音響特性を比較したものです。音の波形からも木材と無機素材の差は明らかです。

「アルミニウムに代表される金属材料は、木材に比べてスペクトルのピークが鋭く、ピーク前後での音圧レベル変化が大きい。これは、アルミニウムの振動吸収（内部摩擦）が、木材繊維方向の約１／１０倍、繊維直交方向の約１／３０倍と、たいへん小さいことによる」（『木材なんでも小事典』前出）

波形を見ただけでキンキン耳に鋭く響きそうです。こんなアルミ金属でバイオリンを作ったらどうなるだろう。音の高さ（波長）によって

音が突然大きくなったり、小さくなったりするはず。こんな弾きにくいバイオリンもあるまい。

さらに、アルミは高音域（高い周波数レベル）まで、音の強度（ピークの高さ）が変化しない。これは、人間が不快に感じる高音域がキンキン響くということを意味します。よく、「金切り声」「絹を引き裂くような」などといいます。黒板をチョークで引っ掻いた音は、だれもが耳をふさぎたくなります。

●木材は低音が豊か高音は穏やか

ところが**木材が発する音は、低音部が豊かで、高音部になると穏やかに**なっています。つまり周波数の変化に対して「振動振幅の小さな高周波側まで、きちんと振動応答している」のです。これは「バイオリンやギターなどの木製楽器にとって、たいへん重要な特性である」（同）。

それはチェロの音に代表されるように、**ゆったりと心身をくつろがせる**のです。

これにたいしてアクリルは、なめらかに振動応答していません。やはり、不快な音しか発しないのです。

「木材には、人間にとって耳障りな高周波成分を抑え、低い周波数成分を相対的に強めるフィルター効果がある」（同）

この**フィルター効果が放射音を柔らかくし、木の音色の柔らかさを醸し出す**のです。振動板に木材をつかった〝ウッド・コーン〟スピーカーが人気を集めています。わたしもギターボディを応用したオーディオ・スピーカーを愛用していますが、小さいながらも自然な音域にじつに満足しています。

木の家や木の校舎は、日常的にさまざまな音を立てます。それが心地好いことは、とてもたいせつなことです。

●「知らぬ」「調べぬ」「答えぬ」（建築学会）

わたしは取材・執筆の過程で、上記のようなコンクリート建築が住人や生徒・教師に与える深刻なストレス実態に驚愕、暗澹としました。これは個人レベルで解決できる問題ではありません。**なにしろ喫煙者より三倍も死亡率が高い（!?）コンクリート住宅の危険性を、見過ごすわけにはいきません。さらに、子どもをもつ親としても、このように心身を冷し、子どもたちを疲弊させる冷酷で危険なコンクリート校舎に、我が子を通わせるわけにはいかない。**建築業界、さらには政府、行政関係者もすぐさまに対応すべきだ。そうかんがえました。

これらのコンクリート・ストレスの数値、グラフから子どもたちの声なき叫びが聞こえてくるような気がして、胸が痛む。わたしは日本建築学会・国交省（旧建設省）に惨憺たるコンクリート・ストレスの現状を訴え、対策を求めました。

その直接の回答に、声を失い、心が凍り付きました。

応対に出た日本建築学会の担当者は、わたしの説明を少し聞いただけで「コンクリート・ストレス？　知らないねぇ。聞いたこともない」。なら、まず実態を調べてくださいと頼むと、「べつに、調べる考えもありません」とそっけない。なぜ調べないのですか？　わけを聞かせて下さいと食い下がると「あんたに、答える義務もない」と、とりつく島もない。

日本建築学会といえば、建築家の総本山。日本の建築に責任をもつプロの集まりだと思っていました。だから、コンクリート・ストレスなどという新しい重大問題については、積極的に実態調査にのりだし、解決策を全体でこうじる。それがプロの姿であり、責務のはずです。なのに**「知らない」「調べない」「答えない」ではねつけられた**。国交省も同じ回答でした。ただ、担当者が最後に、「個人的に調べてみたいと思います」と付け足したのが、せめてもの救いでした。

とにかく、建築関係では業界も政府も冷酷無比……。そして、心底腐りきっている。彼等は、人間の皮をかぶった悪魔としかいいようがない。

●コンクリ型枠が廃棄物の捨て場に!

コンクリートは、想像もつかない被害をもたらすことがあります。

お隣りの韓国では、鉄筋コンクリートのビル建築現場の作業員らに奇病が続出。調べてみると、コンクリートから有害重金属カドミウムなどが安全基準の数十倍も検出された。環境中に廃棄すると処罰されるので、密かにコンクリート型枠に捨てたのだ。コンクリートに混ぜて固めれば判らない。

ちょうどこの騒動のとき、わたしの『コンクリート住宅は9年早死にする』が韓国語に翻訳され韓国でベストセラーとなっていた。これに着目した韓国国営放送KBSは、創立三〇周年記念〝コンクリート告発ドキュメンタリー〟を制作。前編、後編合わせて二時間という大作。著者であるわたしのもとにも制作スタッフが取材に来た。このような新しいテーマに積極果敢に挑むKBSのFディレクターの姿勢に感服した。

私はそこで、「日本の建築界はコンクリート打ちっ放しの安藤忠雄さんなどを持てはやし、都市を健康にも環境にも最悪の灰色のコンクリート・ジャングルにしてしまった。韓国の方は、この失敗を繰り返さないで欲しい」と訴えた。放送直後から、韓国全土から反響が続出。憤激した建築業者からの抗議も相当あったという。「商売の邪魔をするな」ということだろう。おかげで翌日に放映予定の後編は、無期延期。オクラ入りかと思ったが、制作スタッフは上映を敢行したのです。韓国ジャーリスト魂がみごと!

コンクリート壁は肺ガンを起こすラドン汚染源

●肺ガン原因の第二位ラドンを大量放出

最後に、もうひとつ。コンクリートがガンの引きがねとなる意外な原因をあげておきます。**コンクリートは肺ガン原因である放射性物質ラドンを多量に放出**します。ラドンは、発ガン性が激烈なα線を放出。そのラドン気体がコンクリート面から気散し、住民が吸い込む。すると肺粘膜に付着してα線を出しつづける。そのため肺細胞がガン化するのです。

アメリカではタバコに次いでラドンが肺ガン原因の第二位として恐れられています。一〇〇Bq(ベクレル)/㎥の濃度のラドンを吸うと、「胸部X線撮影」をなんと「二〇〇回受けるのと同じリスク」という（米国政府報告）。

「**全米の三分の一世帯が『一〇本のタバコを吸うのと同じリスク』でラドン汚染**されている！」と米政府は警告しています。スウェーデンでも一〇〇Bq／m³ラドンは「自動車事故の年間死亡リスクと同じ」と注意を呼びかけています。

●セメント板は木製合板の六〇倍濃度

コンクリート校舎では一二〇Bq／m³濃度のラドン放出が確認されています。そのような発ガン校舎に、子どもたちが強制収容されているのです。また**市販セメントボードからは、最大七一九Bq／m³ラドン放出**が確認されています。**合板（ラワン）は一二・一Bq／m³なので、約六〇倍**とケタ外れです（『木材学会誌』三八号）。

ラドン放射線を防ぐベストの方法は〝木装〟です。ラドンの半減期は四〇分と驚くほど短い。そこでコンクリート面から放出されるラドンを一定時間、木材が吸着すれば無害化できる。わずか一cm厚木材で六七％もラドンを減らせる。**一・五cm厚板材をコンクリート面に〝木装〟すれば一〇〇％ラドンをシャットアウト**できるのです。

さらに**コンクリート建材は放射線の一種γ（ガンマ）線を放出**。セメント原料中にトリリウムなどの微量放射性元素が含まれるからです。平均すると団地・マンション等のコンクリート住宅では**野外の一・六倍も被曝**することになります（名古屋工場技術院、松田ら）。

コンクリートは、あくまで住宅や建築の基礎工事等に使われるべき建材だったのです。

第6章　木の住宅はアトピー、ぜんそくも消えていく

化学物質まみれ！　大手メーカーハウスは「買ってはいけない」

●自然食でもアトピーが治らない。なぜ？

「食事は有機栽培の玄米菜食に変えたのに、アトピーが治らないんです」

こんな相談を受けたことがあります。こころみに、こう聞き返してみました。

「お住まいは、どんな家にお住まいですか？」

相手はニッコリ笑って「ミサワホーム」。これでは、漫才の落ちですね。「セキスイ」「ダイワハウス」なんて回答でも同じです。

これら**大手ハウスメーカーの住宅**は、ハッキリ言って〝**化学物質**〟**漬け**です。内装は化学建材だらけです。さらに**構造も化学接着材による**〝**接着工法**〟**がメイン**……。

ほんらいの伝統的な木造建築は、木組み工法で建てられていました。大工は匠（たくみ）の技でノミをふるい仕口を仕上げて金物をいっさい使わず、柱や梁を組んで家を組み立てていったものです。

しかし、この木を刻む技は一朝一夕（いっちょういっせき）には習得できない。そこで、二の次として金釘で止めるやり方があります。ノミをふるう代わりに金槌をふるう。だから、昔から〝叩き大工〟と一段低くみられたものです。しかし、現在では〝叩き大工〟も少なくなった。

いまでは**主流は**〝**張り大工**〟というのだそうです。

ほとんどの大工は、自分で仕事を取って生きていけません。そこで、大手ハウスメーカーや建売住宅の下請け作業で、なんとか糊口をしのいでいるというのが現状です。

●一軒にドラム缶約一杯分の接着剤!?

そこでは、ノミやカンナの匠の技をしめしようがない。全部、叩き大工に降格したのかと思えば、〝張り大工〟の地位にまで墜ちてしまった。そこではパネルに接着剤を塗ってペタンペタンと壁や床に張っていく。だから、使う化学接着剤の量も半端ではない。

大量に使われた化学接着剤には、数多くの種類のＶＯＣ（揮発性有機化学物質）が配合されています。これらはすべて人体には毒物で、それが室内の空気中に蒸発してくるのです。前述のように日本の**建築には最低四五九種類の合成化学物質**が使われています。それらが、最悪ドラム缶一杯分も室内に蒸発、揮発してくる……!?　住民はその有毒気体を二四時間吸い続けるわけです。

どれだけの化学物質が使われているか例をあげましょう（表6-1）。あまりの種類と数の多さ、さらに、その発ガン性などに絶句するはずです。これらは伝統住宅には皆無だったのです。戦後建築がいかに狂気と危険にまみれているかを知るべきです。

「日本列島で、**もっとも化学物質に汚染されている場所**をあげよ」

この質問への回答は、「**ハウスメーカーの新築住宅の室内**である」。

さまざまな化学住宅に使われる**有毒化学物質**は、毒物であるとともに、**人体にとって異物なので、アレルギー源に**もなります。アレルギー反応は、個人によってさまざまです。

激しい皮ふ炎やぜんそくを起こしたり、なかには急性アレルギー症状で急死するばあいすらあ

■合成接着剤から様々な発ガン性気体が蒸発してくる

表6－1　おもな木材用接着剤

接着剤名	原材料（モノマー）	特徴など
ユリア樹脂系	尿素、ホルムアルデヒド	安価で入手しやすい無色の接着剤として、全合成系接着剤生産量の約40％を占める。年間生産量は約43万トン。主として合板用に使用される。ホルムアルデヒドが出てくる。
ユリア・メラミン樹脂系	尿素、メラミン、ホルムアルデヒド	ユリア樹脂とメラミン樹脂とをかけ合わせた無色の接着剤。ユリア樹脂だけよりも耐水性と耐熱性に優れるので、屋外用合板に使用される。年間生産量は約7万トン。ホルムアルデヒドが出てくる。
フェノール樹脂系	フェノール、ホルムアルデヒド	高価であるが、耐水性、耐候性（天気の変化に強い性質）、耐熱性に優れる。長時間風雨にさらされる場所でも使用可能な合板に用いられる。年間生産量は約4万トン。接着剤が木材を着色してしまう。ホルムアルデヒドが出るだけでなく、フェノールもIARC3の発ガン物質。
酢酸ビニールエマルジョン	酢酸ビニール	乳白色の木工用ボンド。子どもの工作から建築用まで広く使用される。ホルムアルデヒドは含まないが、酢酸ビニールがIARC2Bの発ガン物質。
EVAエマルジョン	酢酸ビニール、エチレン	塩化ビニール（PVC）シートによくつくのでPVC合板用によく用いられる。ホルムアルデヒドは含まないが、酢酸ビニールがIARC2Bの発ガン物質。
α-オレフィン樹脂系	イソブチレン、無水マイレン酸	ホルムアルデヒドを含まない木材用接着剤として最近開発された。
水性ハネムーン	40％イミド化α-オレフィン、グリオキサール	２つの薬剤を別々に塗って貼り合わせる接着剤。木質プレハブの外壁パネルによく使用されている。ホルムアルデヒドは含まないが、グリオキサールはアルデヒドの一種である。
ホットメルト	EVAエマルジョン、ロジンエステル	熱で溶かして使う接着剤。ホルムアルデヒドは含まないが、酢酸ビニールがIARC2Bの発ガン物質。
でんぷんのり	ブドウ糖	しょうふのり（でんぷんを加水分解して作る）、続飯（そくい、飯粒をヘラで練る）、くされのり（小麦粉のでんぷんを３年以上かけて熟成する）、デキストリン（でんぷんを熱や酸・アルカリで変質させたもの）などがある。
ニカワ	アミノ酸	動物の皮・骨・腱などを煮て、タンパク質を取りだしたもの。タンパク質が固まる性質を利用している。
カゼイン	アミノ酸	脱脂乳を酸で処理して、カゼインタンパク質を得る。タンパク質が固まる性質を利用している。

（注）沖津俊直『接着剤の実際知識　第２版』（東洋経済新報社、1996年）、『11290の科学商品』（化学工業日報社、1990年）より作成した。
『健康な住まいを手に入れる本』（コモンズ）

■新築住宅に住んでいる人ほどアトピーに苦しんでいる

グラフ6-2　アトピー性皮膚炎と住環境

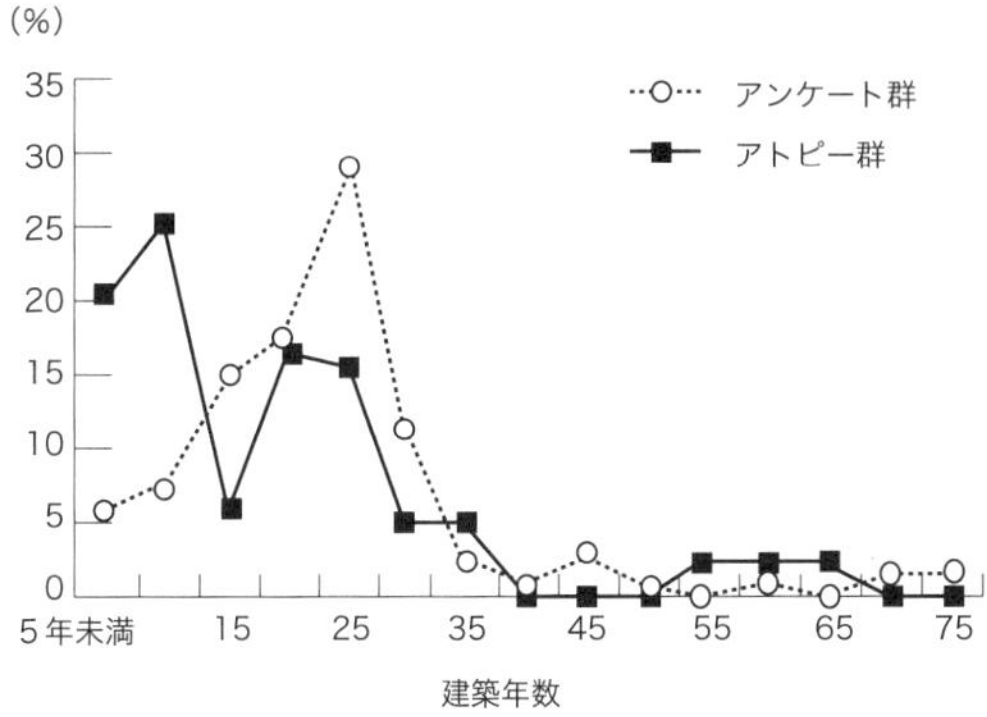

アトピー環境研究会、1997年度調査研究中間報告書

ります。アナフィラキシー・ショックと呼ばれ、アレルギー反応の中でもいちばん恐ろしいものです。

グラフ6-2は、アトピー患者が発症するのは、圧倒的に新築住宅に多いことをしめしています。これはアトピー専門医らの研究グループ「アトピー環境研究会」の調査報告。この調査でも築三五年以降の住宅に住んでいるひとびとには、ほとんどアトピーの症状みられません。しかし、築一〇年未満の比較的あたらしい新築住宅に住んでいるひとに、アトピー患者が圧倒的に発症しているのです。これは、化学物質まみれの新築住宅こそが、アトピー多発の最大元凶であることを証明するものです。

表6-3は、アトピー皮膚炎の起こり方です。ダニ死骸などの異物侵入の刺激への免疫反応（アレルギー反応）で起こることがわかります。ただし、動物食品の多食やストレスなどによる体質悪化（体液酸性化）なども根底にあります。食事改善や精神安定も必要なのは、いうまでもありません。

■ダニ死骸など異物刺激でアトピー・ぜんそくは発症する

表6−3　アトピー性皮膚炎の起こり方

皮膚がざらざらし、乾燥している 鳥肌様皮膚、乾燥皮膚（先駆症状） ↓ atopic skin 痒く、赤くなる 皮膚の病的変化 (生理的反応、軸索反射？) ↓ 湿疹化、慢性化、反復 ↓ 6ヵ月以上 アトピー性皮膚炎	角層の亀裂、角層脂質（セラミド）減少、保湿性、発汗、防御機能低下（物理的防御機能の低下） 異物の侵入、被刺激性の亢進 これまでには冬で顕著で、夏には消失したが、最近では夏にもみられる。 アレルゲン感作、アレルギー性炎症増悪因子、ブドウ球菌などの感染 感受性の亢進、心身のストレス（免疫学的防御反応）

乾燥皮膚は湿潤な環境よりも乾燥した環境で起こりやすい（経表皮的水分喪失亢進）、バリアー機能の低下→異物、刺激物侵入→生理的防御反応→免疫的防御反応→憎悪因子→悪循環→アトピー性皮膚炎

アトピー環境研究会、1997年度調査研究中間報告書「アトピーと住環境」

●消費者は「建材添加物」に無神経

家族の健康に気をくばっているひとが増えています。

主婦がまず気にするのは、食べ物です。市販食品の「食品添加物」表示は、かならずチェックする。そして、防腐剤や合成着色料が入っているものは、ぜったい買わない。

野菜や果物やお米は残留農薬が気になる。そこで、共同購入などで無農薬のものを入手して、家族に食べさせている。「少々高くても家族の健康のためだものネ」とほほえむ。しかし、家族の悩みの種だったアトピーやぜんそくは、治らない。

「これだけ、食べ物に気をつけているのに……どうして？」

彼女は、自分が住んでいる**大手ハウスメーカー製の住宅建材から、野菜の残留農薬の何百、何千倍もの毒性の有毒化学物質が室内に揮発**していることに、まったく気づかないのです。

ふしぎです。食べ物を買うときは、あれほど**「食品添加物」に神経質**になるのに、住宅を買うときは、**「建材添加物」に無神経**。しらべようともしない。それどころか建材が数多くの添加物まみれであることにすら気づかない。いちど、化学建材や接着剤などに配合されている化学物質を、徹底してしらべることをおすすめします。

その参考書として、前出の『建築に使われる化学物質事典』（風土社）、おすすめです。一家に一冊、常備しておいてほしい。ページをくれば、日本の住宅がいつのまにか天然住宅から化学物質まみれの〝化物住宅〟という怪物に変容してしまっていることに、おどろくでしょう。これら有毒化学物質は、戦前の伝統建築にはまったく使われていなかった物質です。

●家をみるなら目でみるな。鼻でみよ

たとえば、セキスイハウスが鳴り物入りで発売した**〝シャーウッドの森〟を取材した**ことがあります。

「今ぁ……、森の香りに包まれて……」と、テレビＣＭではあの甘い声の森本レオさんのナレーションが自然な優しいムードを静かに高めたものです。だから、わたし自身も「ああ、ついにセキスイも自然住宅を発売したか。まずはよかった、よかった……」と一安心したものです。

その後、仙台で〝シャーウッドの森〟の現物の内部を見る機会がありました。

デザインは、それまでのセキスイとあまり変わらない。内装などが自然素材なんだろうか？

そんな期待をこめて玄関の中へ――。まず、**目を閉じ、鼻から思いっきり息を吸います**。**家をみ**

るなら目でみるな。鼻でみよ……これが家選びの鉄則です。

家を買うということは、「空間、間取りを買うことだ」とかんちがいしている人がほとんどです。ちがいます。「**空気を買う**」んです。だから、玄関でまず目を閉じるのは、内装、デザイン、間取りなどに惑わされないため。テキは豪華なシャンデリアなどぶら下げて、めくらましに使います。

鼻から空気を吸って、さらに白い壁に鼻を近づけてクンクン匂う。**ほのかに臭うホルムアルデヒドのにおい……**。指で〝壁紙〟を触る……と、後ろからセスキイの若い社員がささやく。

「〝クロス〟でございます……」

わたしの頭の中でカチンと音がした。振り向きざまに、彼に言う。

「なんだと？　〝クロス〟だと？　**塩化ビニールクロスだろうが……**」

ドスの利いた声に、突然、彼は直立不動。「ハイ！　塩化ビニールクロスであります」。

一〇人に九人は〝ビニールハウス住民〟なのです

●「奥さん〝クロス〟仕上にしましょ」

ここで、もうガックリ。セキスイは、自然住宅という鳴り物入りで売り出したはずなのに、もうこのありさま……。わたしは、この塩化ビニールクロスこそ、戦後日本建築の最悪の呪(のろ)いだと確信しています。

この〝クロス〟という呼び名じたいが、まるでおかしい。

今や、建築業界で正しく**〝塩化ビニールクロス〟**と呼んでいる人は皆無でしょう。とっくに〝塩化〟が取れて〝ビニールクロス〟となっている。しかし、これまた奇妙キテレツ。ビニールは〝プラスチック〟、クロス（cloth）は〝布〟のこと。どちらかがウソをついているわけで、言うまでなく〝クロス〟がウソです。だから正確に〝ビニール〟と呼ぶのが正しい（あたりまえだ！）。

ところが、想像してみてほしい。セキスイのセールスマンが「奥さん、お宅の壁、天井、一面に〝ビニール〟貼りましょ！」とやったら返る言葉は一つ。「やめてくださいッ！」。**たいせつな我が家の壁、天井に〝ビニール〟を貼られてはかなわない**。おまけに高いカネまで払う。家族全員が目を三角にして怒ることでしょう。

ところが、セールスマンが「素敵なお宅なので、**壁、天井は〝クロス〟仕上げにしましょう**」と微笑むと、**家族全員が「お願いしまーすッ」**とニッコリ大合唱。

●ビニールを〝クロス〟に化かす詐欺商法

「ウソも百回言えば本当になる」という、かのヒットラーの迷台詞（！）があります。

なんで、こんなに他愛もなく、だまされてしまうのか？

その理由は、建築業界あげてのずるがしこさにある。かれらは、なんと本当の正体である〝ビニール〟を取っぱらって、〝クロス（布）〟と堂々と呼んでいる。

「〝ビニール〟がなんで〝クロス（布）〟なんだヨ？」と追及しても、まったく恥じる気配すらない。「ヘッ……？　昔からこれは〝クロス〟って呼んでますよ」。

悪びれた風など微塵もない。何が悪い、といった顔つきだ。大ウソもみんなでつけばこわくない？「小さなウソはすぐばれるが、大きなウソは絶対にばれない」。こんなところでヒトラーの『我が闘争』の詭弁論法が登場してくるとは……。

かくして、戦後ニッポンの住宅は〝ビニールハウス〟に成り下がった。ある建築家によれば、**「日本の住宅の二〇軒中一九軒の内装は塩ビ〝クロス〟仕上げ」**という。

つまり、**日本人の一〇人に九人は、〝ビニールハウス〟の住民**ということになります。

●ああ……ナント貧しき〝経済大国〟

「まさか……」と怒る前に、お宅の家、マンションの壁を手で触ってごらんなさい。いかにも〝布〟風なのでごまかされているが、ホラ……やっぱり〝ビニール〟でしょ。

ほぼニッポン人全員が〝ビニールハウス〟の住民といってよい。促成栽培のトマトかキューリのような哀れでコッケイな人生を送っているわけです。

それで、本人は死ぬまでその現実には気づかない。「マサカァ？　うちはちゃんと〝クロス〟仕上げですよ」と、きょとんとした顔で反論してくる。なんと、貧しい〝経済大国〟だろう。

なるほど、欧米諸国でも**〝ビニール〟で内装した住宅**はあります。**アメリカでは二〇軒に一軒というから、日本のちょうどぎゃく**です。それは低所得者向け住宅の内装に使用されている。しかし、アメリカの業者は、そこで〝クロス（布）〟なんて、姑息な呼び方はしない。ちゃんと〝ビニール〟と表示し、説明しています。

もし**〝ビニール〟を〝壁布〟なんて言って販売したり、施工**したりしたら大変なことになる。**詐欺犯罪**で確実に訴えられ、警察に捕まります。それは欧米では常識です。

だまされたら法的手段に訴えて、お金をとりもどす。それは欧米では消費者意識として、イロハのイです。しかし、この権利意識が、日本の国民にだけは悲しいほど、恐ろしいほど欠落している。

「へェー、これ〝布〟じゃないの！　それにしても、まあよくできてるわねぇ……」

詐欺に引っかかってだまされたのに、相手のテクニックに感心してどーします⁉

ダニ、カビ、白蟻養う……びっちょり〝ビニールハウス〟

●ダニ・アレルギー激増の原因は？

「**家屋内のダニによるアレルギー疾患が増加**している」と専門家は警告します。

その理由として、近年、**木造住宅に代わってマンションなどコンクリート住宅**が多くなり、**家屋内の環境が高湿・高温**になってきたことが主な原因なのです。

もともと日本はアジアの温帯モンスーン地帯に位置する。春、秋はしのぎやすい。しかし、夏場の暑さと湿気は半端ではない。

わたしの友人の新聞記者は、**２×４（ツー・バイ・フォー）**で自宅を建てたら、十数年でボロボロに腐った、と呆れていた。室内にこもった高温湿気にやられたのです。湿った空気が上昇するため「合板の**天井は指でブスブス穴**が開いたよ！」と憮然。乾燥した北米などでもてはやされた２×４住宅。現地では一〇〇年は持つといわれたが、高温多湿の日本では、このありさま……。

食生活と同様、住生活も、風土とは切ってもきりはなせません。低温乾燥の北米から高温多湿の日本へ、気候風土がまったく異なる土地に、「デザインがかっこいいから」などという乗りで、輸入した住宅が軒並みさんざんな結末をたどっている。その遠因は、気象学をまったく教えない日本の建築教育に最大欠陥がある。さらに生理学もしかり。**「気象」と「生理」を無視した建築学などありえない**し、あってはいけない。じめじめ湿気の多い日本にもちこまれた輸入住宅が軒並み腐って朽ちている。これもまた日本の住宅短命化の一因となっています。

●建築狂育……ないないづくしの五重悪

日本の建築教育ならぬ〝狂育〟には、少なくとも〝ないないづくし〟の五悪がある。

まず――

①**「木造建築」を教えない**：国土の七割近くが森という森林大国ニッポンで、木造建築をまったく教えないのだから、信じられない。だから、**一級建築士でも木造住宅の図面を引けるのは五〇人中一人**。なぜか？「建築はデザインだ！」と思い込んでいる本物のバカな建築家がゴロゴロいるからだ。また、奇抜デザインほどありがたがる日本の国民も、共犯といわれても仕方ない。

共にオツムがゆるすぎる！

②「コンクリートの害」を教えない：わたしは『コンクリート住宅は9年早死にする』（前出）をまとめたとき、前述のように日本建築学会、国交省（旧建設省）に「冷輻射の害などコンクリート・ストレスについての対策」を取材した。両者の対応は「コンクリート・ストレスなど知らない」「関連資料もない」「調査するつもりはない」「どんな対策をするか答える必要もない」……。これが日本最高峰（？）の建築アカデミズムと建築行政の正体である。かれらはセメント利権につるむ、たんなる悪辣（あくらつ）な建築マフィアに過ぎない。

③「結露」を教えない：日本の**住宅は〝ビニールハウス〟のため、結露地獄**にあえいでいる。壁や天井に貼った〝塩化ビニール〟は、いっさい湿気も空気も通さない。よって、ビニール境界面の温度差で結露する。その「結露」メカニズムを教えないため、対策ゼロの〝ビニールハウス〟が今日も粗製濫造されている。時間とともに、結露は黒カビ、ダニ、シロアリを養い、**住民はアトピー、ぜんそくに苦しみ、マイホームは朽ち果てる**。

④「断熱」を教えない：地球温暖化の防止のためにも、省エネ、断熱は住宅設計の最重要ポイント。なのに大学建築学科では、その「断熱」ノウハウを教えない。だから、断熱などハナから頭にないコンクリート打ちっ放し住宅などがもて囃される。それは狂気と凶器の住宅なのに……。

⑤「防音」を教えない：快適な住まいに「防音」は不可欠。なのに対策を施した建築は、日本には皆無に近い。**コンクリート打ちっ放し住宅では、ボールペンを床に落としただけで家中に響き渡る**。そんな最凶建築の設計者に、このクニは文化勲章を授与し、無知なる大衆は、ただ有名

だからという理由だけで殺到する。そんな〝獣宅〟を喜ぶ日本人もあまりに無知で、軽薄です。

●バカな教授がバカな学生を育てる

①から⑤までは、まさに日本建築の〝五重苦〟です。〝五大欠陥〟といってもよい。これらの解決なくして、日本は経済大国、文化大国などと言って胸を張れたものでない。だから、大学建築科では、総力をあげてこの〝五重苦〟を克服するため、徹底指導、研修研鑽に励み、この**五大欠陥を克服する若い建築家をできるだけはやく育成しなければならない**。

しかし、現実は……。コンクリート・ストレスへの対策を取材し告発した、わたしへの対応を見よ。コンクリートの問題点のすべては『コンクリート住宅は9年早死にする』(前出)にまとめて、具体的に提案した。しかし「政府」も「学界」も、コンクリート・ストレスにたいして完全に無視黙殺をきめこむつもりだ。わたしのこの警世の書などまさに〝禁書〟扱いだ。かれらにとって日本の建築の品質向上など、ハナから頭にない。頭にあるのは、既得利権といかに癒着し、その利権の分け前にありつくか、でしかない。

それは①から⑤まで、すべて同じ。こうして生み出されたバカな〝建築学者〟が、バカな〝建築学生〟を教える。バカがバカを大量生産している! まさにバカの連鎖はエンドレス……。

こんな〝バカの壁〟に囲まれて、われわれニッポン人は生きているのです。

●ビニールで密閉部屋が「結露」する

①～⑤の日本建築〝五重苦〟は、すべて、**カビ、ダニ、シロアリという日本家屋の〝三悪〟を養う**元凶となっている。

これら**〝三悪〟は、すべて水分がないと生存できない**。生き物だから当然です。かれらに水分供給するのが「結露」なのです。まず「結露」が引き起こされる。すると、その周囲の建材はジメジメ、ジトジトとなる。そこに、まずカビが発生し、さらにダニがわく。さいごに登場するのがシロアリで、木材自体を食い尽くす。

「結露」を引き起こす最大級犯人が**塩化ビニール・クロス**なのです。

「結露」の発生メカニズムはかんたんです。**空気の移動が遮断され、温度差があると起こる**。夏場に冷えたビールを注いだグラス表面にビッシリ水滴がつく。これが「結露現象」。空気にはかならず水分（水蒸気）が含まれています。それがグラス表面で冷やされることで空気に混ざっていた水蒸気が水滴に戻るのです。

■**冬型「結露」**：冬場は屋内が暖房で暖かく、屋外は寒い。室内は暖房で二五℃とする。外気は〇℃、壁内は一〇℃なら室内との温度差は一五℃になります。室内空気は塩化ビニール・クロスを挟んで冷やされ一五℃温度が下がる。このとき屋内の湿度を五〇％とする。するとビニールに接する部分の空気が冷やされます。空気の温度が降下すると、相対的に湿度は上昇します。こうして湿度一〇〇％（飽和湿度）を突破。すると、水蒸気は水滴「結露」として現れてくるのです。こうして、ビールグラス表面に水滴が付くように**屋内壁面の塩化ビニール・クロスが一面、水滴で汗をかく**。これが冬場の結露ができるしくみです。その水滴が床材やカーペットの中に染

■「夏型」結露は壁内にカビ、ダニ、シロアリを繁殖させる

図6－4　5、6℃の温度差で結露する夏型結露

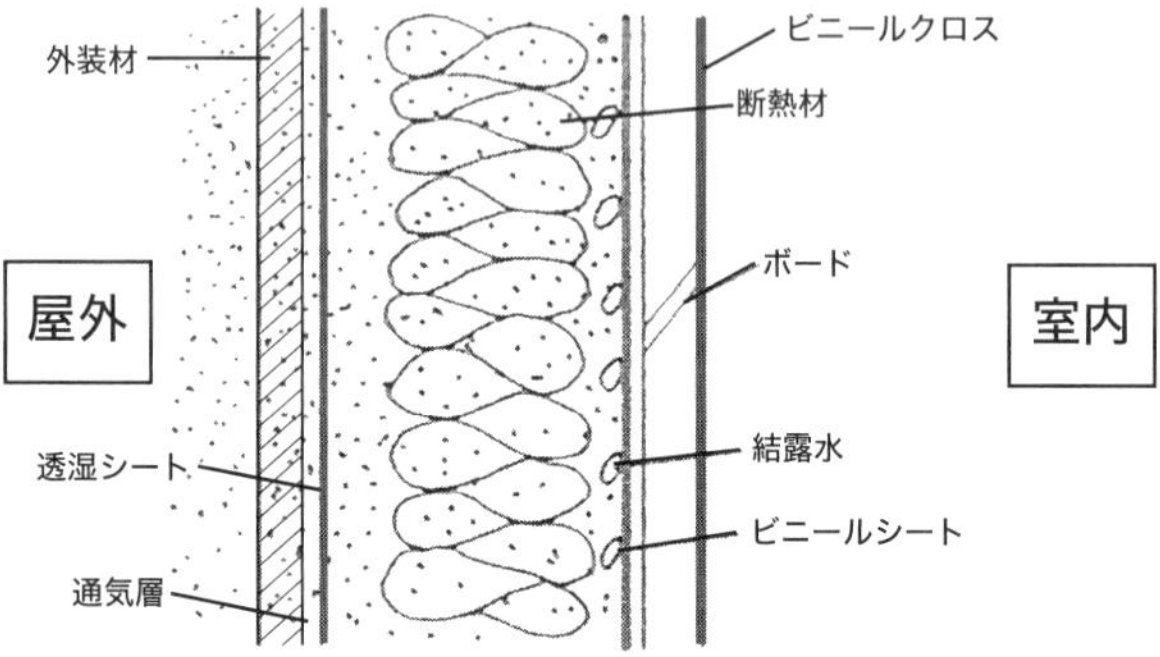

『無垢材・無暖房の家』山本順三著（カナリア書房）

み込んで行き、**カビ菌やダニが大喜びで繁殖**する。押し入れなど目に見えない場所での「結露」はもっと怖い。目に見えれば応急措置で雑巾で拭いたりできる。しかし、押し入れの「結露」は布団をじっとり湿らせ、カビやダニの天国となる。床下に染み込むと床柱や土台や根太（ねだ）を腐らせる。

■夏型「結露」：夏場はぎゃくに**屋外は暑い。室内はクーラーで涼しい**。すると冬と逆の「結露」現象が起きます（図6－4）。壁内の暖かい空気が室内の冷たい空気にビニール越しに冷やされる。すると、こんどは**ビニール裏側や壁内で結露**するのです。これが「壁内結露」です。冬とはぎゃくのいわゆる「夏型結露」なのです。

これから住民にとっては地獄の日々がはじまります。まず**黒カビが大発生**します。

どこに……？　**ビニール〝クロス〟の裏側**です。〝ビニール〟は〝糊〟で壁に貼られています。下地には貼ったときの糊がある。それが**「壁内結露」**で

ビチョビチョに湿る。カビやダニにとって最高の〝ご馳走〟です。みるみる〝クロス〟の裏側は黒カビが繁殖していく。築一〇年ほどたったメーカーハウスや建売り住宅などの室内に入ると、空気がなんとなくカビ臭いことがあります。住んでいるひとは、とっくに鼻がバカになっており、まったく気づかない。カビ臭の犯人を知りたかったら、塩ビ〝クロス〟を思いっきり、シャーッと剥がしてみるといい。その裏にはまちがいなくビッシリと黒カビが発生しているはずです。この「夏型結露」はカーペットの下や塩ビタイルの下などでもおこりえます。

すると、これら**床の敷物の下地も黒カビの培養地となる**のです。

●「断熱材」が吸水して壁内沈下する！

さらに**「壁内結露」**の悲劇は、これだけにとどまらない。

もっとも深刻な被害は、断熱材にグラスウール（ＧＷ）をつかっている家におこります。グラスウールは〝ガラス繊維〟です。文字通り鉱物質の〝ガラス〟の繊維なので、水分に触れると一本一本の繊維の間に吸着されてしまいます。はやくいえば、グラスウール自体が、「結露」水を、どんどん吸着していくのです。こうして、**「壁内結露」**の水分は蒸発するひまもなく、グラスウールに浸み込んでいく。すると、水分をたっぷり吸い込んだグラスウールは、その重みに耐えきれずに壁内空間で沈んでいきます。それは、まるでアコーディオンのように折れ曲がって沈下していく。よって、これを〝アコーディオン現象〟と呼ぶ業者もいます。壁内で段々重ねのように沈下した断熱材は、もはや断熱効果はゼロ！

しかし、この異常事態は、壁のなかで起こっているので、住人はまったく気づかない。「さいきん、なんだかスースーするなぁ。壁の断熱、効いてんのかよぉ？」と、首をかしげるくらいでしょう。

●「壁内」から土台が腐ってご臨終

断熱が効かなくなるくらいなら、まだましです。あなたのマイホームを冒した「結露」の病は、いっきょに末期症状へと向かうのです。壁内でぐっしょり湿って沈下滞積したグラスウール断熱材からしみ出た水分は床梁（ゆかばり）、根太（ねだ）、床柱（ゆかばしら）などにしみこんでいく。すると、まってましたと腐朽菌が大繁殖して、これら部材を腐らせていく。これら菌類はダニの餌なので、ダニも大発生する。つぎに襲ってくるのがシロアリ軍団です。こうして、目に見えない住宅の基礎部分は、これら住まいの〝三悪人〟たちの襲撃で、みるみる喰いあらされ、朽ちていくのです。

ある建築業者は証言します。リフォームするとき住宅を解体したら「九割の家で、壁内結露で断熱材が沈下し、壁内が黒カビだらけになっている」そうです。

つまり、**塩ビ〝クロス〟↓「壁内結露」↓「断熱材」吸着↓〝アコーディオン〟沈下↓土台腐食↓ダニ・シロアリ発生↓住宅の〝臨終〟**……となるのです。

住宅も基礎・土台部分が腐ったら終わりです。リフォームどころではない。もはや、すべて解体して、建て直すしかない。これが、日本住宅が欧米住宅にくらべて、約二五年と短命であることの原因です。**ハウスメーカーの高笑い**が聞こえてきます。**かれらは、このメカニズムをとっく**

にごぞんじ。故意に腐るように造っているのです。そうして、営業マンが明るい笑顔で訪ねてきます。「そろそろ、建て替えどきですよ！」。

●短命の犯人！　クロス、グラスウール、高温乾燥材

この住宅短命の病理は、メーカーハウスすべてに共通するといっても過言でありません。なぜなら、かれらは例外なく塩ビ〝クロス〟で内装仕上げしているからです。ハウスメーカーの家は、すべて〝ビニールハウス〟とかんがえていいでしょう。

よって、短命住宅の**第一の犯人は、まず塩化ビニールクロス**です。

第二の犯人は、グラスウール（GW）断熱材です。そして、隠れた**第三の犯人が高温乾燥木材**なのです（七四ページ参照）。

木材の酵素は四八℃で熱分解されます。酵素の成分はたんぱく質だからです。それを、一〇〇℃以上に超高温加熱し、細胞内の水分を沸騰させて、細胞壁をズタズタに破壊してしまう。それが超高温乾燥です。よって、**木の強度が激減**するだけでなく、木材がほんらい持っている**抗菌成分、防虫成分なども嘔吐**してしまう。よって、高温乾燥木材は脆(もろ)く、腐朽菌やカビ、ダニ、シロアリに侵されやすい。

さて――。壁内結露で断熱材が沈下する〝アコーディオン現象〟を防ぐ方策があります。

それは、**断熱素材を天然系の繊維**にすることです。たとえば、**セルロース・ファイバー（CF）**。

これは、素材は植物繊維で、欧米では断熱材の主流です。見た目はグラスウール（GW）とそっ

くりでも、顕微鏡で観察するとまるでちがいます。GWはまさにガラスの柱。しかし、CFは繊維の中にセル（空室）がびっしりあるのです。

さらに、「結露」水に触れたとき、GWのように水滴に表面張力が働くのではなく、繊維間の毛細管現象で繊維の先端へと水分が運ばれ、そして蒸発していくのです。おなじことが羊毛（ウール）など動物系断熱材にもいえます。欧米の住宅の断熱材がこれら天然素材であることも、欧米の建築家たちはこれらの働きやメリットを熟知しているため、天然系断熱材を優先するのでしょう。**欧米でのCF普及率は、GWの約二〇倍**だそうです。**日本ではGWが二〇倍……！**なんと断熱材も〝ビニールハウス〟と同じ逆転格差です。

わたしたちは、これほど**情けない住宅後進国**に住んでいるのです。

コンクリ団地はダニの巣窟。乾いた木造にダニはいない

●湿度の低い木造はダニとは無縁です

――湿った家には、ダニがいる。

――乾いた家には、ダニはいない。

湿度の高い家でダニは繁殖します。湿度の低い家ではダニは生存できないのです。よって、ダニ対策のキーワードは湿度です。団地などコンクリート集合住宅は、「結露」でじっとり空気は湿っています。だからマンション、公団など**コンクリート住宅は、ダニの巣窟**と

なる。とうぜん、**ぜんそくなど呼吸器疾患、アトピーなどを誘発**します。

「コンクリート住宅は木造より九年早死にする」――島根大の報告は、内外に衝撃を与えました。その原因として、体熱を奪うコンクリート建材の冷輻射が最大要因とみなされています。しかし、犯人たちはほかにもいたのです。**団地、マンションなどの住民の命を削っている犯人は、「結露」「高湿度」が繁殖させるダニ、黒カビです。**かれらもジワジワ住民の命を蝕んでいたのです。

ジメジメ、ヒンヤリしたコンクリート住宅は、病気の巣窟となります。早死にしないためには、脱出して木造住宅に住むか、踏みとどまるなら、**床、壁を天然木で貼る木装リフォーム**にすぐとりかかることです。

すると**コンクリートの〝三悪〟――①「冷輻射」、②「結露」、③「ダニ繁殖」が抑えられます。**

わが渓流沿いの自然住宅にイエダニはいない。室内の塵を集めて顕微鏡観察しても、これらダニの死骸も糞すらも、いっさい見当たらない。地元のスギ、ヒノキなど天然木をふんだんにつかって、山荘風に建てた。無垢のスギ、ヒノキなどが室内の湿気を吸い、調湿してくれているからです。

●ビニールクロス裏側はビッチョリ

戦後の日本住居に猛増殖しているのがコナダニ、ヒョウダニと呼ばれるダニ軍団です。

これら生きているダニの他、まきちらされる**ダニの糞や死骸**が、大変な悪さをするのです。住人が**吸い込むと、ぜんそく発作など強いアレルギー反応**を引き起こします。

糞、死骸も強いアレルゲンなのだからやっかいです。さらに、コナダニなどを餌とする大型〝肉食種〟ツメダニなども繁殖してくる。コイツらは凶暴で人間様も刺す。畳の隙間からチクッ。皮膚が痒(かゆ)くなるのはツメダニに刺されたばあいが多い。

なお、「結露」は団地、マンションなどコンクリート住宅の方が、きわめて発生しやすい。コンクリートは熱伝導性が高く外気温の影響を受けやすい。冬場は冷たく、夏場は熱くなる。室内はこれと逆。よってコンクリートとビニールクロス境界面にビッショリ「結露」が汗をかくのです。その湿気、水分がカビ菌やダニ発生の温床となるのです。

一にも二にも、「結露」「湿気」を防ぐ住まいづくりが肝要です。

●「木の床」改装でダニは二二％に激減、

コンクリート住宅でも**床を木製に**変える。それだけで**劇的にダニを減らせます**（グラフ6‐5）。とりわけヤケヒョウダニが木装後、激減しています。

これはコンクリート集合住宅で、ダニの害に悩んでいた家庭で行った実験結果です。まず床の畳、カーペットを全部撤去します。これらは室内の湿気を吸い込んで〝ダニ培養装置〟となっているからです。つぎに**天然ナラ材の板を床一面に敷き詰めた**。こうして、床だけ木の香ただよう〝木装〟マンションに変貌した。カーペットが消えて一面の木の香る床。これでも大変なビフォー・アフターです。

それまでは家族五人**全員がどこかしら皮膚のカユミを訴えていた**。大型ツメダニまで我が物顔

■木の床に替えたらアレルギー源の各種ダニが激減した……！

グラフ6−5　「木の床」への改装によるアレルギーを引き起こすダニの減少

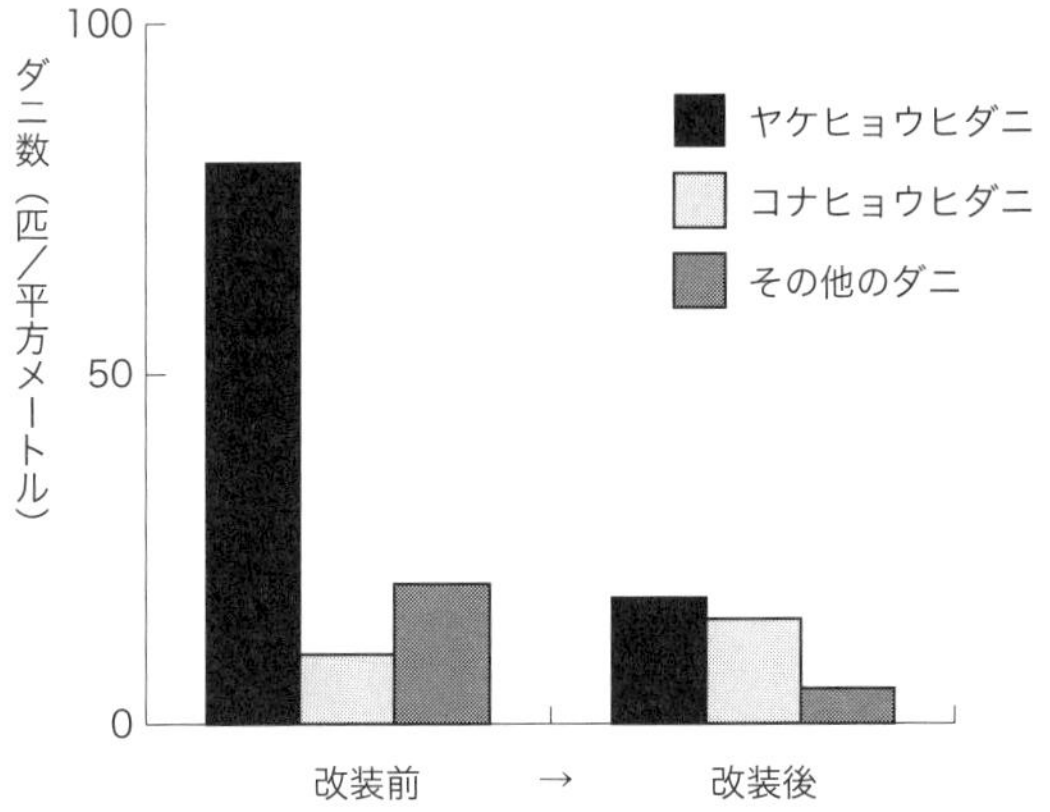

で生息していたようです。

改装前（ビフォー）は、床上のダニ数平均（1㎡あたり）は一〇四匹（八、九月）。もっとも多かったのはヤケヒョウヒダニ。

その冬、木の床に改装した。翌年、殺ダニ剤は用いないで八、九月のダニ数を数えてみた。ダニ数は平均二三匹に減っていた！

これは森林総合研究所（林野庁）の、宮崎良文氏らの研究です。**床の材質をただ天然木に替えるだけで、改装後はダニ数が二二％にまで激減した**のです。

その原因として――

■調湿効果：木材による調湿効果によって湿度が低く保たれた。

■抑制効果：木材の香り成分の精油がダニの「行動・繁殖」を抑制した。

■物理効果：木の床にしたので物理的にダニ繁殖に適さなくなった。

この床改装はナラ材を使っていますが、わたしはスギ材の床改装をおすすめします。スギ板は空気をたくさんふくんでおり、手のひらを置くと、びっくりするほど暖かい。素足で立つと、全員が「床暖房しているの？」と尋ねるほど暖かい。ダニの除去効果に加えて、さらに〝床暖房〟効果が加わる。おまけに日本の山でもっとも余っているのが杉材です。〝杉の子〟リフォームをおすすめするゆえんです。

●「湿度」六〇％以下でダニは消滅する

ダニ退治は一にも二にも室内湿度を六〇％以下に保つ。それがポイントです（グラフ6-6）。実験を行った宮崎良文氏のコメント。「木造家屋はコンクリート住宅に比べて、ダニ数が少ないことが経験的に知られている。その原因が湿度の違いに起因するのではないか、と考えた」（『木材は環境と健康を守る』前出）。

実験に用いたのは、もっともアトピーやぜんそくを引き起こす重要犯人ヤケヒョウダニ。各々、実験室の湿度をA：八五％、B：七五％、C：六一％、D：五一％、E：三三％！　の五段階に設定。実験最初のダニ数は、各々一〇〇匹でスタート。その結果、**湿度約六〇％を境界にダニ繁殖力が大きく異なる**ことが立証されました。

「湿度を八五％と七五％に保って飼育した場合、六週間後には八〜一〇倍に増加するのに対し、**六一〜三三％では、ダニ数は飼育直後から減り始め、四週間後においては動いているダニを観察することはできなかった**」（宮崎氏）

■ダニ対策は一にも二にも室内湿度を60%以下にする

グラフ6－6　各種の湿度条件下におけるダニ数の変化

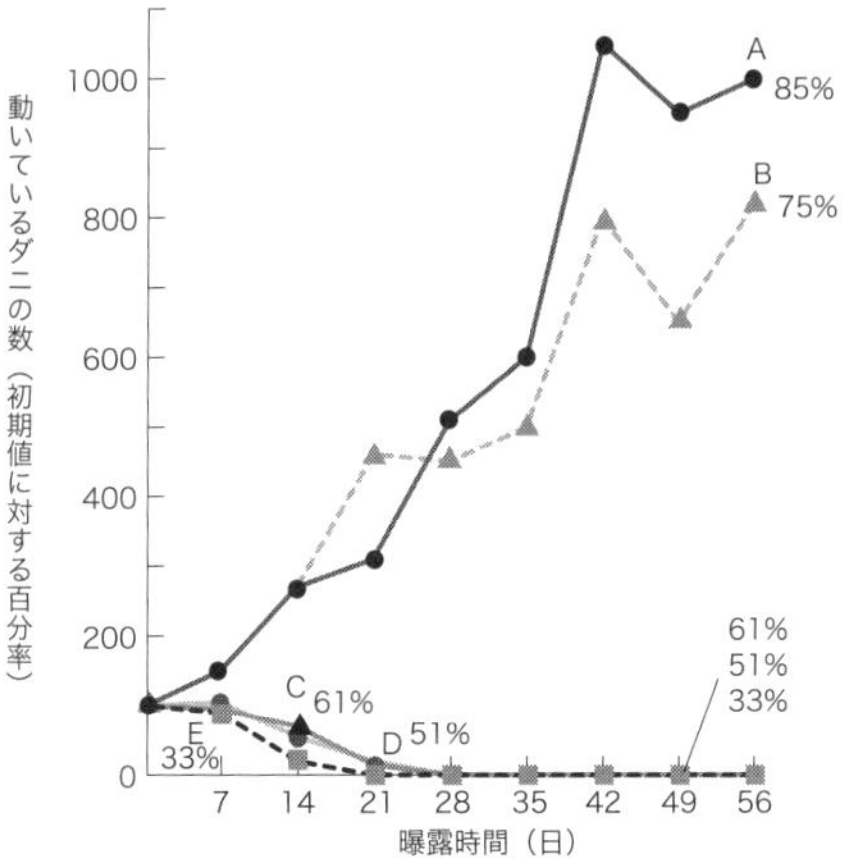

（相対湿度が61%以下の場合は、繁殖が顕著に抑制されることが分かる）

ちなみにわが自然住宅は、木材の調湿作用で、いくら外は長雨で湿度一〇〇%でも室内で六〇%を超えたことはない。だからダニは生息できないのか……と判った次第。

●木材の「芳香成分」もダニを撃退する

グラフ6-7は、木の芳香成分もダニを劇的に追放することをしめします。まずスプレー式の「カーペット清爽剤」の中に低濃度のヒバ材油などを混ぜます。そしてカーペットに噴霧したときのダニ数の変化をあらわしたものです。

噴霧したのは、ほんらいヒバ材に含まれている精油の、わずか三〇分の一程度の精油含有量です。それだけで、ダニは一〇〇%レベルから垂直的に激減しています。

こうなると**市販殺虫剤やダニ防止材など、まったく不要**ですね。とりわけ**ヒバ油〇・**

■低濃度「木の精油」スプレーでダニ全滅！　殺虫剤は不要

グラフ６－７　カーペット清爽剤中に低濃度のヒバ・ヒノキ・タイワンヒノキ材油を含量させた場合のダニ数の変化

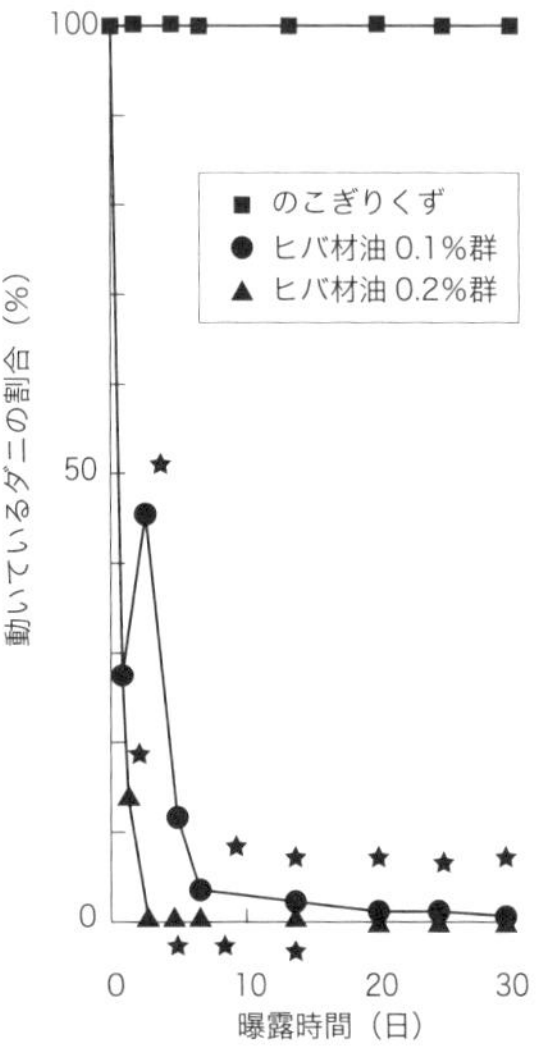

（本来、ヒバ材中に含まれている製油の 1/30 程度の精油含量でダニの繁殖が抑制されることが分かる。カーペット清爽剤の水分含量が少ないこととの複合影響を思われる。）

二％群では、わずか二日でダニ軍団は壊滅！　ヒノキ材油でも、まったく同じ結果を確認しています。こうしてヒノキ油やヒバ油をカーペットにスプレー噴霧したら、ダニ退治に素晴らしい効果が上がることが証明されたのです。ヒノキ油やヒバ油などの精油は一リットル、二〜三万円という価格で売られています。購入し薄めてスプレーに入れたら自家製ダニ退治スプレーが完成です。ヒバやヒノキ油は、合成化学物質による殺虫剤より、はるかに安全です。人体に害はなく、アトピー、ぜんそくなどの元凶のダニを確実に殲滅（せんめつ）するのです。これらヒバ油やヒノキ油の「ダニ必殺スプレー」を販売したら、いいビジネスになるのではないでしょうか。

第7章　漆喰(しっくい)復活！　ぜんそくもインフルエンザも消えていく

「建材の王」伝統漆喰を〝殺した〟のはだれだ……

●湿式工法が乾式に変わったから？

わたしが幼年時代には、住宅建築現場では、かならず左官さんたちが鏝を振るって壁を塗っていた。しかし、現在の建築現場では、そんな左官さんの働きぶりを目にすることもない。左官さんたちは、どこへ行ってしまったのだろう。左官仕事は、なぜ消えてしまったのか？　とりわけ、あの独特の匂いがした白い漆喰を塗る左官工事を、目にすることは皆無となってしまった。

左官仕事を〝殺した〟のはだれだ？

「……大きな理由は、建築工法の変化です。基本的に左官は水を使いますから、乾燥までに時間がかかります。昔は中塗りの状態のままで暮らし、土が十分に乾燥、収縮してから上塗りをする、ということも行われてきました」

これは『土と左官の本3』の解説——。

いわゆる湿式工法が乾式工法にとって変わられたことが、左官仕事衰退の理由という。

「しかし、石膏ボード、合板といった下地材が普及し、そこにビニールクロスを張ったり、塗装するだけで内装仕上げがなされるようになります。外壁にしても、雨風に強く、施工の失敗も少ないさまざまな外装材が開発されました。これらに左官仕事、とくに自然素材を使う昔ながらの技術を用いた仕事はコストや工期の点で太刀打ちできません」

さらに、高度成長期には、安直な壁塗り仕上げが普及した。それが、さらに左官のイメージを落としてしまった。

●ニセモノがほんものを駆逐した！

安直なビニール〝クロス〟やベニヤ合板は、ニセモノである。

高度経済成長の初期に流行ったプレハブ住宅はもはや住宅ではない。バラックそのもの。大手ハウスメーカーは、このような悪質バラックを巧みなCMで消費者を欺いて大量販売して急成長したのです。また、かれらがその後販売した建売住宅も、寿命は約二五年と、欧米住宅に比べて、お粗末のきわみの短命住宅であった。まさに、戦後日本は住宅貧国でしかなかった。

ニセモノ建材でできた住宅は、これもニセモノである。だから呆れるほど短命で居住不能となった。**漆喰は極端にいえば五〇〇〇年の耐用年数がある。空気中のCO_2を吸収してもとの石灰岩に戻っているのだから当然**だろう。ところが〝クロス〟、ベニヤ合板などのニセモノ建材が、ほんもの建材の漆喰を追放してしまった。**悪貨が良貨を駆逐した**典型だ。

その原因は、消費者の無知だが、その無知なる大衆を生み出した元凶こそが、国際的な大国が小国を呑み込む帝国主義の陰謀であることを、忘れてはならない。とりわけ**大英帝国はその庇護下にあるコンクリート（ポルトランド・セメント）で世界中を席巻した。**

●巧みな商業主義が左官を〝殺した〟

漆喰こそは、健康・エコ建材のチャンピオンだ！

しかし、業界にもようやく積極的に発言する人たちが現れてきた。

「じつは漆喰は横綱。本家本元はこっち」と胸を張るのは日本漆喰協会、幹事長の奥山浩司氏（日本プラスター社長）。奥山氏は言う。

「……もともと漆喰は**防火**、**防水**はもちろん**調湿性**、**抗菌性**、**防虫性**、**防カビ性**、**脱臭性**、**ホルムアルデヒド吸着能力**などの機能を持っている。いわゆる**エコ・健康建材にくらべ**ても遜色ないどころか**勝っている**」

同協会会長の㈱田川産業、行平正義社長も淡々と語る。

「塗り壁を、もっと普通に使って欲しい……」

同社は天然漆喰で日本一の性産量を誇る。

「塗り壁が使われなくなった理由？　それは**ユーザーが塗り壁を否定したからではない**。使う側の都合です。業者は、いかに早く、安く、クレームなく提供するか――。そこで、手間ひまかかり、左官の腕によって出来の違う塗り壁を敬遠した。**本当に建てる側の都合なんです**」

学者然とした行平氏の指摘は的確だ。「塗り壁はイヤだ」と建築業者に言った消費者など、皆無だったはず。それどころか、わたしは二〇〇〇年に我が家を新築した。そのとき「ぜひ、土壁、塗り壁で建ててほしい」と建築士に頼んだほどだ。自然住宅を多く手掛けてきた若き建築士は、困ったようにつぶやいた。

「今、土壁に塗り壁で仕上げると坪一〇〇万円以上かかってしまいますが……」

これには、こちらが絶句した。聞けば関東近辺でも塗り壁を塗る左官が少なく、手間賃等が驚くほど高くついてしまう、という。戦後、塗り壁を建築業者が嫌がったため、左官仕事が激減し、左官も激減……。その結果、今度は塗り壁を希望すると左官職がいない。手間賃が高くなる。だからユーザーも塗り壁を諦める。さらに、塗り壁が激減……という悪循環の構図が見えてくる。

●化学建材、高気密の部屋に入るとホッとする　〝殺人住宅〟

だれでも塗り壁の部屋に入るとホッとする。空気が全然違うからだ。呼吸も楽になり落ち着く。とくにシックハウスの家から漆喰の家に入ったひとは、その室内空気の違いに感嘆する。

行平氏も、これからの塗り壁には希望を持っている。

「いま、ひとびとはめざめつつあります。とりわけシックハウスの問題から塗り壁が見直されてきた。高気密、高断熱の建築で、それは起こった。高断熱はいいが、高気密は問題です。いわゆる〝ペットボトル・ハウス〟。そのとき、新建材ばかりを使うことでシックハウスは起こった。それで、ユーザー（消費者）側の意識が変わっていった。『これじゃダメだ！』『安全な素材にもどるべきだ』。そこから塗り壁のみなおしが始まった……。いま、ターニング・ポイントを感じます」

最近になって、ようやく**シックハウスへの恐怖から、自然素材の漆喰などを本気で求める消費者も増えてきた。**

行平社長も手ごたえを感じている。

「それを感じる。その流れを大きな確固たるものにしていきたい。ただし、建築業界としては、まだまだ乾式工法優先です。大きな流れがあちこちに起こっていかねばならない。**塗り壁が普及すれば左官さんの仕事は増える。塗り壁がないことには左官の将来はない**。塗り壁現場がほとんどない中で、一部のカリスマ左官だけがいる。腕のいい左官は仕事を確保している。その他の左官さんたちは、勉強するヒマもお金もない。『予算がない』と買い叩かれて、なんとか仕事をこなすのが精一杯。そんな左官さんが多い」

低収入で、悪戦苦闘する左官職人たちの姿が浮かんでくる。はたして日本の伝統塗り壁文化は、それでいいのだろうか。左官職人というより、**世界に誇るべき伝統建築美や伝統技法が、消え失せようとしているのだ**。手をこまねいてはおれない。

漆喰を塗れない左官、知らない学者、役人、建築士！

以下、左官・漆喰の将来をめぐる行平氏との一問一答……。

●「漆喰って何ですか……？」

――全国に左官屋さんは、どれくらいいるのだろう？

「何万人かはおられる。各県には左官組合があります。ただ左官といってもピンからキリまである。いわゆる漆喰仕上げや建築内装をやれる左官さんは町屋左官と呼ばれ、四、五人規模でやっている人が多い。大手の左官業者で何十人、何百人も左官を束ねてやっているところはビルを建てるときのコンクリート補正、つまりペイントを塗る下地の仕事などを請け負っている。量をこなすような仕事をひたすらやっている。そういう左官業界もある。そういう人たちに、いきなり『漆喰を塗れ』と言っても『漆喰を塗ったことがないから塗れん』という返事が返ってくる」

――**「漆喰を塗ったことがない左官」なんて、信じられない！**

「いるんです。そういう世界なんです。でも、漆喰などニーズの声が高まっている。それをとらえて、ユーザーと、われわれ材料屋と左官屋さんと、足並みを揃えていかなければならない。いまが、そういうチャンスのときです。変化を感じます」

――**安藤忠雄もポスト・モダンも終わった。エコロジー、環境共生をみんな言い始めた。〝エコ〟とか〝ロハス〟がキーワードになっている。それを考慮しない建築は、考えられない時代ですね。あとは景観です。しかし、とくに大手ゼネコンに携わっている建築士さんで「漆喰をやったことはない」という人は多い。**

「そういう建築士は、まだまだ多い。そして『漆喰で絶対に家を造りたい』というお客様も、まだまだ少数派ですが、これがメジャーにならないといけない。心ある建築家は知っています。『土壁は湿度調整など機能性を持ち、これほど優れた壁はない』『土壁をなくすと、もう二度と回復することはできない』『日本の貴重な財産である。だからなくしてはならない』。その『土壁』が、ほとんど消えてなくなっている」

●大学建築科では数行しか書いてない

──大学建築科は漆喰をきちんと教えていますか？　勉強してもらわないとニーズも起こらない。

「建築学科コースを出た人に訊くと、建築学科に行っても『漆喰のことについて、ほとんど教えていない』という。ほんの数行ていど。『……漆喰というのは、石灰を水で練って、塗って、乾燥することで固まるもので、強度は非常に低い……』と（苦笑）その程度しか書いていない」

──ヒドイ話だ。強度が低いなんて嘘を教えている。建築士の頭に、漆喰が建材としての発想が沸くわけがない。木材と同じだ。

「建築士もそうだし、国としても、漆喰を建築材料としてはほとんど過去の物として、相手にしてなかったという歴史がある。セメントに対する文献、論文などは非常に沢山ある。いっぽう、漆喰に対する研究はわずか。こうして学と官が両方とも漆喰を無視してきた」

──これは、故意に無視してきたんだ。

「セメントに比べると漆喰研究は、ほとんど無いに等しい。それじゃあ、いかんだろうと思う。そこで漆喰工業会をたちあげたのです」

ようやく漆喰は日の出の朝、復活の陽が昇る！

●政府も学界も反省し目覚めてきた

──田川産業は、世界初の漆喰タイルで総理大臣賞を受賞した。政府にも漆喰みなおしの大き

な機運が盛り上がってきた？

「そういう働きかけをする器（うつわ）として、個別企業でやっていたんでは、なかなか説得力や動かす力も弱い。そこで工業会を日本漆喰協会に改名して再発足させたわけです。漆喰に対する見識を改めてもらう。そういう活動の受け皿としたのです」

――漆喰業界も政治を動かすロビー活動は必要。〝敵〟は一万倍くらいやってますよ。

「そうですね。国土交通省が出しているＪＡＳＳという『規格集』に『左官工事』という項目がある。その改定が何年ぶりにあった。そのとき『漆喰』記述に対して、漆喰協会にお声がかかって参加した。流れが変わり、漆喰協会の存在感が行政に認められていることだと思います。提言ができる体勢は整いつつある」

――ポイントは大学建築学科。安藤忠雄氏が木造を始めたくらいだから。彼等も反省している。業界にも情報発信が必要。若い左官のはげましになる。

「若いカリスマ左官も、かれらは『土壁で頑張ってきたが、これからは漆喰だ！』と言ってますよ。漆喰業界に追い風が吹いて、機運も盛り上がっている。今回、協会では漆喰品質の『自主認定制度』もスタートさせました。情報発信力の弱さが漆喰業界の欠点だった。これではいかん。情報発信しよう！　太陽が少し頭を出してきたのです」

■問い合わせ：㈱田川産業　〒８２６―００４１　福岡県田川市弓削田１９４２
ＴＥＬ：０９４７―４４―２２４０　ＦＡＸ：０９４７―４４―８４８４

漆喰五〇〇〇年、木材一〇〇〇年、コンクリートは五〇年！

●ピラミッドの礎に五〇〇〇年の耐久性！

石灰岩から生まれ、石灰岩にもどった建材……それが漆喰です。

「岩」なのだから、耐久性能も寿命もはんぱではない。古い蔵造りなどで、漆喰塗りの壁を見たことがあるでしょう。その正体は石灰岩なのです。

人類と漆喰のつきあいも深く長い。古代文明の遺跡から漆喰が発見されています。**漆喰最古の遺跡は約三万年前の物が発見されている、という**。**まさに先史時代の太古から、漆喰は人類の住居、砦などを建造する建材として使われてきた**のです。

このように漆喰の発祥は旧石器時代にまで溯りそうです。つまり、人類文明の曙から、漆喰はともに存在してきたといえます。約五〇〇〇年前の古代エジプトのピラミッドでは、すでに盛んに漆喰が建造物に使われています。その証拠や痕跡は、今も残っています。

さらに古代ギリシアや古代ローマの神殿、遺跡にも漆喰は多用されています。ギリシア文明やローマ文明の礎を築いたのも漆喰なのです。

また東は万里の長城の建造にも漆喰が使われていたことが判明しています。

これら古代遺跡が、いまも現存しているのは、まさに漆喰の驚異的な耐久性のおかげなのです。

太古の人類文明で盛んに漆喰が使われていたことも驚異です。しかし、それが**数千年の時空を越**

え、風雪に耐えて、いまも当時の面影(おもかげ)を伝えていることは、さらなる驚異です。約五〇〇〇年前の文明で使われた建材が、現存していることに驚嘆します。

つまり、**これら遺跡こそ漆喰の五〇〇〇年余の超堅牢性、超耐久性を立証する物証**なのです。

●コンクリートはもって五〇年と短命

この耐久性が、いかに凄いか？

他の建材で比較してみましょう。まず、世界の近代建築を制覇したコンクリート。その耐久性は、なんと約五〇年……。

コンクリートは、それ自体はモロいので、中に鉄筋を入れて強化し、鉄筋コンクリートとして使用されています。鉄筋コンクリートの強度の脆(もろ)さの元凶は、この鉄筋にあります。文字通り、鉄は錆びる。一〇年、二〇年とたつうちにコンクリート内の鉄筋は次第に錆びていく。黒錆から赤錆へ……錆が進むと鉄筋の体積が膨張していきます。すると、内部から圧力でコンクリート躯体を加圧していく。小さな亀裂がコンクリートに入り始めます。すると、そこから空気や雨水、酸性雨などが侵入して、鉄筋の錆はいっきに加速されます。こうして**赤錆が進み鉄筋の体積は二、三倍に膨れ上がる**。**すると、それは内部からコンクリート躯体を破壊する**。これを、わたしは**鉄筋コンクリートの〝心筋梗塞〟**と呼んでいます。心筋ならぬ鉄筋がやられて、ご臨終となるのです。だから、現代のコンクリート建造物は、よくもって五〇年なのです。しかし、コンクリート業界には、さまざまな悪質テクニックが横行しており、さらに鉄筋コンクリートの寿命を縮めています。

たとえば——**①海砂**（セメント材料に使う。すると塩分のため鉄筋腐食が加速される）**②シャブコン**（生コン（生コンクリート）に加水するときに、必要量より大目にジャブジャブいれる。型枠にはスムーズに入るが固まると強度不足になる）、**③ジャンカ**（型枠への生コン充填が不十分で〝オコシ〟みたいに砂利が覗（のぞ）く）、**④コールド・ジョイント**（生コンを型枠に注入したあと、時間経過しすぎて次の注入分が固着しない）、**⑤ゴミコン**（文字通り、不要廃棄物の捨て場に！）……などなど（参照、拙著『崩壊マンションは買わない』リヨン社）。

よくテレビなど衝撃映像特集で、ビル解体シーンが流される。ビルの各所に爆薬を仕掛けておき、一気に爆発させ解体する。ビル全体が地面に吸い込まれるように噴煙とともに沈下、瓦壊していく。あれこそが現代の鉄筋コンクリートビルが長持ちしないことの証明です。つまり、現代建築はスクラップ・アンド・ビルド。造っちゃ壊しのくりかえし。だから、セメントや鉄鋼業界、さらに建築業界も永遠に儲かる、というしくみです。

●在来工法なら木造は一〇〇〇年もつ

「コンクリートは五〇年、木は一〇〇〇年……」

これは、最後の宮大工として称えられ、いまも尊敬を集めている故・西岡常一翁（前出）の名言です。かれは法隆寺の修繕に携わり、飛鳥時代の宮大工の技に感嘆し、それを後世に伝えたのです。いまから約一三〇〇年前に建てられた木造〝高層建築〟法隆寺が現存している。だから、建材としての木材の寿命、耐久性も一〇〇〇年以上であることが、証明されているのです。西岡翁は断言している。

「（木造の）家は**管理さえよければ三〇〇年は大丈夫です。兵庫県では千年家いうのが重要文化財に指定されています**」（『西岡常一と語る木の家は三百年』（原田紀子著、農文協））

しかし、西岡翁は現代の工法で、木造建築は一〇〇〇年もっと言っているのでない。

「**今の工法ではあきませんよ。建築基準法でやったらだめ。在来工法でやらねば**」「わたしは、誰が建築基準法を決めたのか聞きたいと思いますよ。在来工法知らん人ですわ。やった人は、アメリカ風やり方と違いますかな」「コンクリートは、そうもつものではありません。**あんなたくさんのビルがだめになったとき捨て場にこまりますやろ。それに木は植えとけば大きくなりますけど、コンクリは育ちませんわ。結局、自然の破壊につながります。家は木造がよろし。しかも土台はコンクリートをやめて、柱石の上から直接、柱を立てる**」「**こうすれば、耐用年数は長くなります**」と翁は淡々と語る。

しかし、この法隆寺の**千年建築を可能にした「束石（つかいし）工法」は、建築基準法によって禁じられている。その理由は〝建築が長持ちしては困る〟からである。**このクニの正体は、ほとほと恐ろしい国であります。

●漆喰を殺したコンクリート帝国主義

このように**建材の寿命を比較すると、漆喰五〇〇〇年、木材一〇〇〇年、コンクリート五〇年**

となります。

漆喰は、コンクリートの一〇〇倍もの耐久性がある。 ならば、政府はコンクリートよりも、まず漆喰の使用を推進すべきです。しかし、その漆喰を「まったく知らない」、そんな現代人が増えているのです。漆喰ってなーに？　たいていの若いひとは、こうたずねるでしょう。だから「漆喰」という漢字を読めない若者も多い。それどころか、若い建築家から「しっくいって？」と、きょとんと聞き返されたことがあります。建築関係者ですら、知らない。そんな馬鹿なプロが増えている。漆喰が死語になりつつある。ひとびとの記憶から消えつつある。これは、そらおそろしいことです。

わたしが『漆喰復活』（彩流社）を書き上げたのも、そんな危機感からです。漆喰は消えようとしているのではありません。漆喰は〝殺されようとしている〟のです。

いや、すでに現代の建築界では、〝殺された〟というほうが正しい。

「漆喰を殺したのは、だれだ？」。**それは、一言でいえば世界的な巨大資本（メジャー）をバックにした〝コンクリート帝国主義〟です。**

一八世紀後半から一九世紀前半にかけての英国の産業革命で、一八二四年に発明されたポルトランド・セメント（ＰＣ）が、大英帝国の世界制覇と軌を一にして、世界の建築界を席巻したのです。

こうして、**たかだか二〇〇年弱の歴史しかもたないポルトランド・セメントは、世界中の建材市場を独占した。** いっぽう、世界支配した帝国主義は、人類文明を支えた、もっとも優れた〝建材の王〃漆喰を抹殺しました。

わたしは、このコンクリート帝国主義の暴虐に耐え兼ねて前著を書いた。まあ、たかが建材のはなしで、帝国主義などといった重々しい言葉が出てきたことに面くらわれたでしょう。でも、これはほんとうのことなのです。詳しくは、ぜひ『漆喰復活』をお読み下さい。**地球規模の巨大なチカラは、民族文化の伝統技術など、ブッつぶしてしまうのです。〃かれら〃は教育（狂育）とマスコミを支配しています。それどころか、国家をも支配しているのですから……。**

石灰岩から生まれ、CO_2を吸収して石灰岩に戻る！

●石灰岩のルーツは古生代の珊瑚や貝

さて……そもそも**漆喰の正体って、何でしょう？**

「**日本古来の壁材料のひとつ。石灰、砂を主とする**」と書物にあります。ここで、またも分からない言葉がでてきた。石灰である。現代人は、またもや首をひねる。**石灰って何？**

石灰までもが、もはや死語になりつつあるのです。

石灰岩なら、きいたことがあるでしょう。石灰石の塊が石灰岩です。北九州の筑豊地方に生まれたわたしには白い石灰岩の風景はなつかしい。また山口県西部にも秋吉台という高原があります。そこには緑の稜原に白い岩が点在しています。まるで羊が散在して草を歯んでいるようです。これがカルスト台地です。羊の正体は草の間に露出した石灰岩なのです。これらカルスト台地の地下には鍾乳洞があります。長い間に石灰岩で雨水に浸食され、溶けて、垂れてつららのような鍾乳石を作ったのです。

石灰岩は堆積岩です。何が堆積したのか？　それは**海の生物だった貝殻や珊瑚礁**(さんごしょう)です。つまりカルスト台地は古世代には海の底だったのです。つまり石灰岩の源は古世代の海の生物たちの亡(な)骸(がら)なのです。

●主成分は炭酸カルシウム（$CaCO_3$）

海中の生き物、貝や珊瑚は海水に溶けていたカルシウム（Ca）と二酸化炭素（CO_2）を体内に取り入れます。それから炭酸カルシウム（$CaCO_3$）を合成し、みずからを守る外殻を生成して、生命を営んだのです。だから、貝殻などは、かれらの生命の揺籃（ゆりかご）といえます。

太古の海に生きた**珊瑚や貝は生命を終えた後に、貝殻や珊瑚礁を残しました。それが長い年月をかけて幾層にも、幾層にも堆積して石灰岩に変貌した**のです。だから石灰岩の主成分は貝・珊瑚と同じ炭酸カルシウム（$CaCO_3$）です。現代の石灰岩は、ほぼ二億五〇〇〇万年くらい太古の**珊瑚礁が地殻変動で隆起し、石灰鉱山になった**とみられています。

いま地球温暖化が急激に進行しています。それは、人類にとって焦眉の脅威となっています。地表では人間をはじめ、動物は大気中の酸素（O_2）を吸収して、体内で脂肪などを〝燃焼〟させエネルギー源として活動しています。そして、呼吸器からCO_2を排出します。植物は、その大気中のCO_2と水（H_2O）を吸収し、葉緑素と日光により炭水化物を光合成します。こうして植物は炭水化物を体内に貯蔵し、O_2を大気中に排出するのです。地球上で動物と植物は、もちつもたれつで、長い年月、共存繁栄してきたのです。また、大気中のO_2とCO_2は、大洋の海水中に溶け込み、おびただしい海の生き物たちの生命も養ってきたのです。

●大気中CO_2を吸収貯蔵した証し

地球の歴史では、大気中のCO_2がほぼ一定を保ってきました。それはCO_2が海水中に吸収されたからです。そうしてCO_2は貝類や有孔虫の珊瑚などの生き物に吸収されて炭酸カルシウム（$CaCO_3$）の貝殻や珊瑚礁に変貌した。このように珊瑚礁などは、別名、CO_2の貯蔵庫なのです。地球環境はこのように動物、植物、海中生物たちの絶妙のバランスにより安定していました。

しかし、いまや人類の過剰な経済活動により大量の温暖化ガスが大気中に放出されています。この温暖化の急激な進行で、**海水温が急上昇し、珊瑚の死滅が世界中で相次いでいます。白化して死滅**した珊瑚は、もはやCO_2を吸収しません。他の貝類も同じです。こうして、CO_2による炭酸カルシウム堆積が途絶えれば、海洋はCO_2を吸収できなくなります。大気中CO_2濃度はさらに急上昇します。あとに待つのは灼熱地獄の地球です。**貝類や珊瑚などの、ちいさな命の営みが、地球という惑星の運命をささえている**のです。

●日本は地下資源の石灰岩列島

わたしの故郷、筑豊には香春岳（かわらだけ）という山が聳（そび）えていました。それは一の岳、二の岳、三の岳の三峰が筑豊平野に連なっていました。これら三連峰はすべて石灰岩でできています。一の岳は、ほとんどセメント工業原料として削り取られ、原形をとどめていません。文字通り、粉骨砕身……身を削って、日本の高度経済成長に尽くしたのです。これら眼前に聳える石灰岩の山嶺が古生代の海中生物たちの遺骸の堆積であることを知ると、その悠久の生命活動にただただ、圧倒されます。

日本列島には、この石灰岩の山々が連なっています。**日本は石灰岩の無尽蔵の宝庫**なのです。これら貴重な資源の存在にたいして、日本人はあまりに無知でした。そうして為政者は「日本は資源小国である」と口癖のように繰り返し「だから、海外の資源に頼るしか生きる道はない」と、国民を欺(あざむ)いてきたのです。

日本は国土の六七%が森という森林大国です。さらに、豊富な石灰岩が地下に眠っている。つまり、木材と漆喰の原材料は一〇〇%自給可能なのです。だから二一世紀の日本の住宅は、国産の二大天然建材、「木材」と「漆喰」で建てるべきなのです。

「石灰岩」が漆喰になり「石灰岩」にもどる〝漆喰サイクル〟

●「石灰岩」を焼きCO_2を放出させる

①**「石灰岩」**の主成分は前述のように海の生物たちの亡骸(なきがら)です。化学的に言えば**炭酸カルシウ**

■石灰岩から漆喰が生まれ石灰岩に回帰する“漆喰サイクル”

図7－1　漆喰サイクル

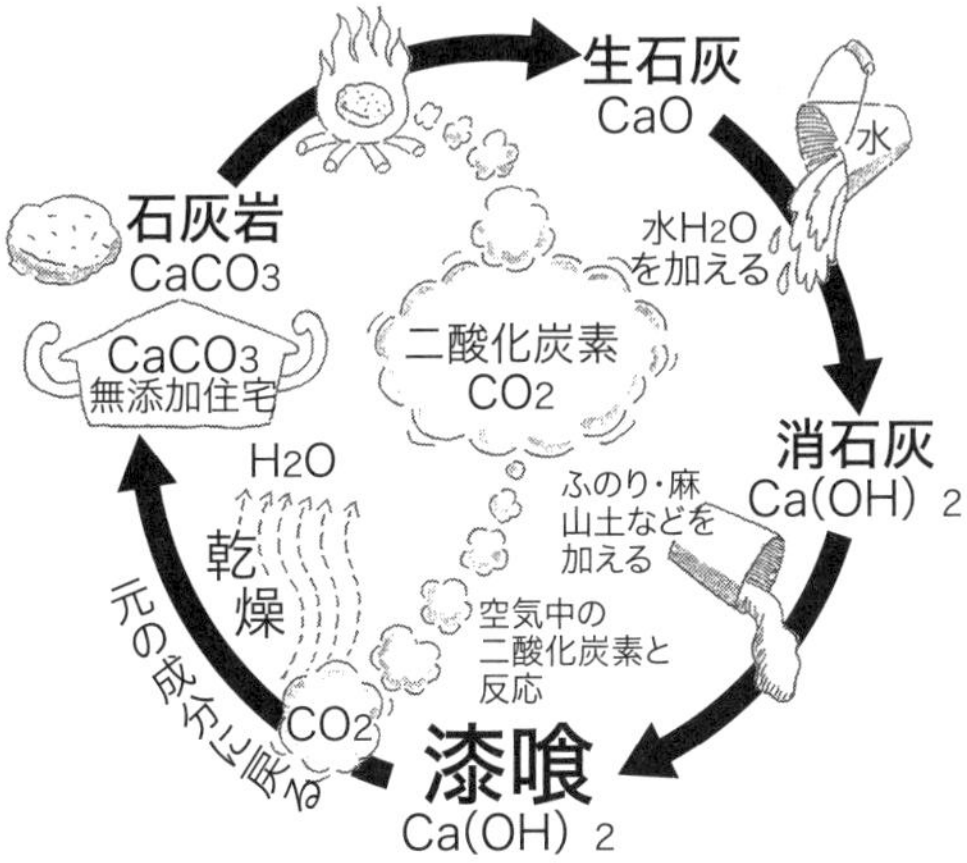

『無添加住宅！』（秋田憲司著、サンマーク出版）

ム（$CaCO_3$）です。

それではよく聞く「石灰」と何でしょうか？「石灰」とは**②「生石灰」**と**③「消石灰」**をひっくるめて言ったものです。

②「生石灰」は**酸化カルシウム（CaO）**、③「消石灰」は**水酸化カルシウム（$Ca(OH)_2$）**です。ここまで書いただけで、化学に弱いかたは、頭が痛くなってきたでしょう。

図7―1は、「漆喰サイクル」と呼ばれます。――①「石灰岩」、②「生石灰」、③「消石灰」、④漆喰――の関係がよくわかります。

まず山から採掘した①「石灰岩」（$CaCO_3$）を釜で焼きます。すると「石灰岩」は加熱によりCO_2を放出して②「生石灰」（CaO）に変化します。

「石灰」つまり――石の灰――という言葉は、この〝石を焼く〟という工程から生まれたのです。つまり「石を焼いた後に残った灰」という意味です。それが②「生石灰」（CaO）です。これは「生」という意味です。この「生」の②「生石灰」（CaO）に水（H_2O）を加えると激しく合成反応して発熱し水は沸騰します。こうして水（H_2O）が合体して③「消石灰」（水酸化カルシウム：$Ca(OH)_2$）となるのです。

「生」の「石灰」に水をぶっかけて「消した」から「消石灰」という訳です。この〝発熱〟現象を利用した商品もあります。「燗番娘（かんばんむすめ）」という商品名で売られているお酒です。底のヒモを引くとあら不思議。カップ酒が自動的に暖まってきて熱々の燗酒を楽しめる。それは、カップ酒の底に「生石灰」と「水」が仕込んであり、ヒモを引くと両者が混ざり発熱するというわけです。

さて――漆喰の正体がようやく明らかになります。**④漆喰とは、この③「消石灰」（$Ca(OH)_2$）を原料とする塗壁材なのです。**だから、漆喰のできる工程は次のようになります。

①「石灰岩」（$CaCO_3$）→「焼く」、CO_2放出→②「生石灰」（CaO）＋水（H_2O）→③「消石灰」（$Ca(OH)_2$）＋副材料（海草、ワラなど）→④漆喰

●壁塗後水が抜けCO_2吸着し石灰岩に

左官さんは、建築現場でこの④漆喰を水で練って壁にコテで塗ります。塗った後の変化がおもしろい。④漆喰は、乾く過程で、しだいに「水」（H_2O）が分離していきます。③「消石灰」（$Ca(OH)_2$）→②「生石灰」（CaO）に戻っていくのです。さらに②「生石灰」（CaO）は、空気中のCO_2を吸収して→①「石灰岩」（$CaCO_3$）に回帰していく。こうして、〝漆喰サイクル〟は完結します。

つまり①「石灰岩」から④漆喰は生まれ、最後に①「石灰岩」に回帰するのです。

……**漆喰は、壁に塗られたあと、ゆっくりと元の「石灰岩」に戻っていく。漆喰壁は、まさに「石灰岩」の壁**なのです！

ここに漆喰が五〇〇〇年ももつ驚異的な耐久性の秘密があります。

漆喰は**「石灰岩」から生まれ「石灰岩」に回帰**しているのです。つまり、時代を経た漆喰は「石灰岩」そのもの「岩石」なのですから、五〇〇〇年、一万年もっても不思議ではない。太古の海の珊瑚などの殻が堆積し「石灰岩」となった。漆喰も「石灰岩」なので、数千万年、数億年もってもなんの不思議もない。

しかし、この〝奇跡のサイクル〟を古代の人類は、はたしていつ発見したのでしょう。

白い石……漆喰発見の光景に古代人のロマンをみる

●山火事で白い石が焼けて雨が降り……

漆喰の発見、発明の原点は、この〝白い石〟を「焼く」という発想でした。

その〝発見〟の光景を、わたしは次のように想像します。はるか、はるか古代のある日、落雷などで、山火事が起こった。山林は激しく燃えてやがて鎮火した。山は石灰岩でできていたので、石灰岩も高熱で焼けて、白い粉となっていた。これが「生石灰」（CaO）です。やがて、空がかき曇り雨が降り始めた。「水」（H_2O）と「生石灰」（CaO）は激しく反応して発熱したあと

「消石灰」($Ca(OH)_2$)になった。古代人は、その白い粘土状の土を踏みしめて歩いた。あとには足跡が残った。日にち過ぎて、現場を再び通りかかった古代人たちは、一様に驚き首をかしげる。足跡が白くかちかちに固まっていたのだ。まるで、それは石のように硬かった。古代人たちのなかの知恵者がハタと気づく。**白い石を焼いて、水をかけて練り、それを家の壁に塗れば、石のように頑丈な壁ができる……！**　**漆喰の発見と発明の瞬間です**。

じっさい、その〝石の灰〟を水で練って壁に塗ると次第に固まって壁は強固に仕上がった。**自ら固まり、石化していく奇跡の建材！**　かれらは、さらに**海草やワラなどの繊維質を加え、漆喰強度を増す工夫を凝らして、技術を後世に伝えていった**。

漆喰は壁材だけでなく、石材と石材の接着材としても使われた。こうして、漆喰は古代の建造物には不可欠の建材となっていったのです。

●世界各地で漆喰は進化を遂げた

漆喰発見のルーツについては、諸説あります。

一般的には最古の漆喰が現存する古代エジプトが、発祥の地とされています。

ただし、世界中の古代遺跡から漆喰は確認されているので、前述のように山火事などで、世界各地で独自に発見され、使用されるようになったとかんがえるのが自然でしょう。

四〇〇〇年以上も昔の古代ヨーロッパでも、漆喰は活用されていました。日本で記録に残る漆喰は約一三〇〇年前です。高松塚古墳の内装が漆喰仕上げであることが判明。大陸から渡来して奈良時代前後から漆喰が使われています。**中国大陸から渡来した〝ジークィ〟の発音に「漆喰」の当て字をして、今日にいたります。**

日本では漆喰は安土桃山時代、盛んに城郭建築が行われたとき「石灰」にフノリなどの海藻を混ぜる技法が考案、確立されました。つまり粘着性能を上げるため〝ノリ〟として海藻を加えたのです。海藻糊の粘りによって「石灰」の粘りは増し、施工性能も向上し、純白で滑らかな見事な漆喰壁が完成しました。

また**漁村では、廃棄された貝殻を釜で焼いて貝灰漆喰を作る技法も、盛んに行われるようになります。石灰ならぬ貝灰**ですが、同じ**炭酸カルシウムを焼く工程に変わりはありません。現在も「貝灰」漆喰は生産され、使われています。**

「こうして日本独自の発展を遂げた漆喰文化は、白亜の城郭にその美を誇っている。世界遺産、姫路城は別名〝白鷺城〟。その名の由来どおりの美しさで青空に映える。その美は数百年に渡って純白の漆喰によって守られてきたのだ」（『漆喰復活』前出）

さらに日本では、藁スサを漆喰に混ぜて、粘り強度を出す独特の技法も考案されています。伝統の「土佐漆喰」です。また、「大津壁」という技法もあります。これは漆喰にその土地の土を練り混ぜたもの。その大津壁で外壁を仕上げると、漆喰の白に仄かにその地域の色が浮き立ちます。淡い朱色や萌葱色、黄土色などなど。土地柄は〝土地カラー〟ともいいます。

その土地土地の色合いを醸し出す外壁の家々の連なる風景は、息を呑むほどに美しいはずです。ほんとうの地域おこしとは、そのようなことをいうのではないでしょうか。

「建材の王」漆喰の奇跡！　一〇ポイントの驚異性能

●①防カビ②調湿③不燃④硬化⑤浄化……⑩温暖化防止

五〇〇〇年も人類文明を支えてきた漆喰には、数えきれないほどの効能があります。

それは、ライバルのコンクリートは足元にもおよばない。たとえば、その上品な美しさ。純白の仕上がりは、気品に満ちており、白いペンキ塗りの壁とは雲泥の差です。コンクリート打ちっ放しの壁とは、比べるだけ野暮というものです。

さらに、その性能は仕上がりの美しさだけにとどまらない。五〇〇〇年はもつ驚異の耐久性自体が、古代にあっては超ハイテク技術だったのです。その他、十指に余る高性能を誇ります。まさに「建材の王様」にふさわしい。

以下、列挙してみましょう。おそらく、建築のプロですら「知らなかった」と絶句するはずです。このような超天然建材が、現代建築界どころか、地球上から抹殺されようとしているのです。

あなたは、ゆるせますか？

①殺菌性：漆喰内部は強アルカリ性。強い殺菌作用あり

「**漆喰の部屋は、インフルエンザウィルスが九九・九％消滅する！**」（一三二ページ参照）。その理由がここにあります。漆喰は、**内部が強いアルカリ性なので、強い殺菌作用があるのです。だから、ウィルス・フリーどころか、さまざまな病原菌も激減します。つまり、一種の「無菌ルー**

ム」となるのです。

それは化学毒性による殺菌力ではなく、電気的（イオン的）殺菌力なので人体にはまったく無害、安心です。ここが化学建材との根本的なちがいです。

建物の最大の敵はカビです。カビ菌が繁殖すると、腐朽菌なども増殖して建物が腐っていきます。さらにダニ、シロアリも盛んに増殖して建物はたちまち食い荒らされ朽ちていくのです。カビ菌は①水分、②温度二四℃以上、③湿度六〇％以上、④ＰＨ９以下のとき爆発的に繁殖して室内に有害胞子を放出します。この胞子が、ぜんそくや呼吸器疾患、アレルギーなどを引き起こすのです。ＶＯＣ（揮発性有機化学物）と同様に、カビもシックハウスの重大犯人です。

しかし、漆喰壁にはカビは生えません。なぜか？　その秘密が強アルカリ性です。漆喰表面は空気中の炭酸ガスを吸着する炭酸化で中性化していますしかし、漆喰内部は強アルカリ性を保っています。だからカビ菌は棲息できない。他の腐敗菌、腐朽菌なども同じです。戦後登場した石油系の化学新建材は、みずからは、このような防腐効果を持ちません。だから有毒の防腐剤、殺菌剤、防カビ剤などを配合して、施工されている。これら〝毒物〟が室内空気に蒸発して漂う。そして深刻なシックハウス被害をひきおこしてきたのです。**この防カビ性能だけをとっても、化学建材に対して、漆喰に軍配が上がります**。酒蔵やワイン醸造所などは、建物を漆喰造りにしている蔵元が多い。漆喰壁の殺菌力によって、蔵に不要な雑菌類を棲み着かせない工夫なのです。

②調湿性：湿気を吸放出し調湿性にすぐれ結露防止

木造の部屋は、コンクリートにくらべて、湿度がきわめて安定していることをみてきました。

これは木材の調湿作用によるものです。室内の空気が湿ると吸湿し、乾くと放湿するのです。漆喰にも、同様のすぐれた調湿作用があります。

漆喰には顕微鏡で見るとミクロの孔が無数に開いています。その微多孔質構造が空気中の湿度を吸収し、さらに放出するのです。こうして高温多湿の日本の四季の変化にも耐えるのです。また、**その調湿作用で結露を防止します。**これもカビが付きにくい理由の一つです。古い家では、押し入れの壁にも漆喰がちゃんと塗られています。この吸湿性能により布団のカビなどを防いだのです。現代の団地・マンションは押し入れの壁はたいてい塩ビクロス仕上げ。ビニール張りの押し入れなので吸湿性能ゼロ！　そこは「結露」やカビの温床となります。こうして、戦後、現代人の住まいは底無しに貧しく、危険になった。日本は四季で湿度の変化が激しい。漆喰は、木材同様、まさにそのような日本の風土にあった建材なのです。

③不燃性：漆喰表面は「石灰岩」なので不燃だ

漆喰は、「一〇〇％耐火建材」です。ぜったいに燃えません。それは「岩」と同じだからです。

漆喰は原料が無機物です。表面は「石灰岩」と同じです。**パーフェクトな不燃建材なのです。漆喰の外壁仕上げの家は、外壁に「岩」を〝張り付けている〟のとおなじ**です。

江戸時代から土蔵造りの内装、外装仕上げは漆喰と決まっていました。それは財産を火事から守るための知恵だったのです。また不燃の漆喰壁は延焼を食い止める。そのため「火事と喧嘩は江戸の花」といわれたように、江戸幕府は防火対策を推進しました。町屋造りも外壁全体を漆喰で覆うことを推奨しました。これが塗籠（ぬりごめ）漆喰です。さらに隣家からの延焼を食い止める衝立（ついたて）を屋根に施しました。これが〝うだつ〟です。落語などの「〝うだつ〟が上がらねぇ」という言い回しは、ここからきたのです。城郭建築から屋敷塀や自社仏閣などでも漆喰が盛んに用いられたのも、当然です。

わたしは**木造ビルが立ち並ぶ木造都市を提案しています**。「木造は燃えやすいのでは？」と不安になるかたもいるでしょう。しかし、**外壁を漆喰仕上げにすれば「一〇〇％耐火建材」で覆ったことになる**のです。つまり**近未来の木造都市は「木」と「漆喰」と、それと「緑」で構成されることになります**。これは戸建住宅もおなじです。

④硬化性：空気中のＣＯ²を吸収して石化し年々堅牢(けんろう)に

漆喰は壁に塗った直後から、空気中のＣＯ²を吸収します。そして、ゆっくり化学反応を起こして「石灰岩」と同じ成分の炭酸カルシウムとなり、少しずつ石化していくのです。つまり、施工後、時間がたつほどに堅牢性は増す。ふつう建材は、時間がたつほどに劣化します。しかし、**漆喰の経年変化はぎゃくです。強化していくのです。古びるほどに強くなるとは、たのもしいかぎりです。そうして、最後は堅牢な岩石（石灰石）となります**。漆喰が何千年も風雨に耐えることができるのは、この特異な性質によります。

⑤浄化性：シックハウス汚染を吸着浄化し空気を安全に

漆喰がぜんそくをふせぐ。**その理由は、有毒化学物質を浄化**するからです。**漆喰はシックハウス汚染の原因物質であるＶＯＣ（揮発性有機化学物）などの化学物質を、静電気のはたらきで吸着**します。シックハウス汚染の最大犯人は、塩ビクロス糊や合板接着剤等に配合されるホルムアルデヒドです。明らかな発ガン物質で、かつ神経毒物です。吸い込めばガンを患い、脳が狂う。恐ろしい〝猛毒物〟が建材に使用許可されていること自体に驚く。建築には最低でも四五九種類もの化学物質が使用されている。すでに、あなたは〝毒の館〟に住んでいるのです。このクニの行政が、国民の安全ではなく、企業の利益に顔を向けていることの証明です。

漆喰で室内壁塗りすると、そのアルカリ性の性質でホルムアルデヒド等を吸着し、再放散させないことが立証されています。

⑥防音性：音を吸収して静かな空間をつくりだす

漆喰の部屋は、しんと静かです。会話や物音も響きません。それは、気のせいではありません。**漆喰の微細な多孔質構造は、吸音性能、遮音性能にすぐれる**のです。土蔵の中が静まり返っているのも、漆喰の防音性能ゆえです。和室や茶室の静謐なたたずまいも、この漆喰壁のなせるわざでしょう。これがコンクリート打ちっ放しだったら、大変。音が反響して頭が痛くなるはず。コンクリート打ちっ放しのあるお宅で「工事をしているのか？」と思ったらお手伝いさんの歩くスリッパの音だった、という話を聞きました。二階でボールペンを落としただけで、階下に響く。一部屋でテレビをつけると、全部の部屋に音が響く。とにかく聞きしにまさる。これは大学の建築学科で「防音」を教えてこなかったツケでもあります。現代ならオーディオ・ルームに漆喰壁はおすすめといえるでしょう。

⑦廃棄性：環境汚染しない。リサイクル再利用も可能

古い土蔵の漆喰壁を取り壊しました。さて解体した壁はどうしたものでしょう。答えは、**「畑**

に捨てなさい！」。**漆喰の炭酸カルシウムは、肥料**となるのです。あるは**「焼きなさい！」**。**すると、また生石灰にもどって、あらたな漆喰原料**となります。見事なリサイクルです。塩化ビーニルに代表される数多くの化学建材は、もともと有毒物質です。廃棄すると水や土壌を汚染します。困った事に焼却するとダイオキシン、青酸ガスなど猛毒物質を発生させる。とにかく化学建材は、建材の鬼っ子というしかありません。よく、こんなもので家を建てているものです。信じられない、現代の〝狂気〟です。

　これに対して漆喰は炭酸ガスを吸着して「石灰岩」に戻っており、廃棄してもなんら問題はない。田圃（たんぼ）や畑に廃棄すれば石灰肥料となる。これを再度、焼成すれば、あらたな「石灰」原料となるので、漆喰はエンドレスで再生利用できるのです。

⑧審美性：「建材の王」の風格。彩色、意匠にも応じる

　これはメリットのトップにあげるべきかもしれない。その仕上げの上質な美しさは、まさに「建材の王」にふさわしい。また、漆喰は白一色だと思ってるひともいるが、そうではない。各地の風土にあった土壌を漆喰に混ぜて、地方独特の色合いを出す「大津壁」などは漆喰がもつバリエーションの楽しさ、美しさを教えてくれます。とにかく、その土地の土を混ぜるというところがミソ。江戸でも「大津壁」が塗られてきました。江戸独自の土ってなんだろう、と思ったら隅田川の川泥。それを乾かして、漆喰に混ぜて壁に塗った。川泥なので、ねずみ色に仕上がる。それを江戸町人は「大津鼠」と呼んだという。粋だねぇ。このように漆喰は顔料配分などで、さまざまな彩色も可能なのです。墨を混ぜた漆黒の「黒漆喰」もまた、外光を鏡のように映じて、

なかなかの趣（おもむき）があります。

また、漆喰彫刻の技法も忘れてはならない。**和風レリーフ（浮き彫り）ともいえるのが鏝絵（こてえ）の世界です**。**昔は左官職人が、建物の仕上げに腕を競った**ものです。レベルの高い作品となると、ギリシア彫刻をしのぐのでは、と思える傑作もあります。まさに日本の伝統漆喰の文化は、芸術（アート）の域にたっしているのです。奇跡ともいえる鏝絵技法でわかるように、**漆喰は、ほとんどのような意匠（デザイン）にも応じることが可能なのです**。

⑨断熱性：多孔質無機材で断熱性能、遮熱性能にすぐれる

漆喰は耐火性があることでわかるように、熱を通しません。つまり、**極めて優れた断熱材である**のです。それは多孔質な無機材なので遮熱性能にすぐれるのです。昔から土蔵造りに漆喰が使われたのも、古人がその耐熱、断熱性能を知っていたからです。

また真っ白い漆喰の白壁は、太陽光を反射して、家屋の温度上昇を抑える機能もはたします。地中海の名勝地、ニコノス島は家屋全体が純白の漆喰で塗り固められています。その眩（まぶ）しい白が、地中海の群青（ぐんじょう）の海、紺碧（こんぺき）の空に映えます。風景としても息を呑む絶景です。その純白の漆喰壁は、**厳しい太陽熱を反射して、屋内の涼しさを保っている**のです。風景の美しさも、まさに「用の美」から生まれることを痛感します。

日本の瀬戸内海の祝島（いわいじま）では、家々がぶ厚い練塀（ねりべい）で囲われています。材料は丸石と漆喰のみ。漆喰を接着材として厚さ五〇センチほどの塀を築いているのです。それも近隣総出の作業で完成したもの。それは、防風や防暑、防寒の役割を果たしてきたのです。

ちなみに昔の台所の〝くど〟も左官が漆喰で手作りしたもの。それもまた断熱性能のなせる技といえます。

⑩温暖化防止：施工直後からCO_2を吸着しつづける

漆喰を建築につかうほど、温暖化は防げます。**漆喰は施工直後から、大気中のCO_2をゆっくり吸着し続けるからです**。そして、**みずからはもとの「石灰岩」へと回帰していく**。つまり、漆喰施工の漆喰建物は、温暖化原因のCO_2を排出せず、ぎゃくに吸着し続ける。これは、樹木の成長に似ています。漆喰はCO_2吸収素材であること、覚えておいてほしい。世界中でCO_2削減が声高に叫ばれています。だからこそ、漆喰は温暖化防止に最適の建材といえるのです。

第8章　天然素材のリフォーム、住宅をすすめます

漆喰リフォームでぜんそく・アトピーも治った！

●「呼吸が楽」「慢性鼻炎が治った」

「漆喰リフォームをしたら、里帰りした娘が玄関のドアを開けた瞬間に言うたんよ。『お母さん、部屋の空気が変わっちょる！　何したんネ？』」

わたしの故郷、北九州の筑豊に、天然漆喰生産量全国一位の㈱田川産業があります。そこの営業部長から直接聞いたエピソード。

「漆喰を塗った部屋に入ると、全員が『呼吸がラクになった』と言います。だから、ぜんそくなども漆喰リフォームで回復する。これまでの経験で、**漆喰リフォームでぜんそくなど呼吸器疾患の方の約七割ほどは回復しているようです**」

田川産業の行平社長（前出）も語る。

「**漆喰の調湿・抗菌・消臭機能ですね**。**ホルムアルデヒドなどシックハウスの原因物質を吸着しますからね**。医学的な測定はしていませんが、経験値としてはそれくらいの効果はあるでしょう。『**慢性鼻炎が治った**』という人もいます。漆喰リフォームの感想で共通するのは『**空気質が変わった！**』という声。そして『**呼吸がラクになった**』とおっしゃる。病気が治ったという感謝の手紙も寄せられています」

●「漆喰部屋でアトピー軽減」（浜松医大）

行平社長によれば、漆喰の健康効果は、これら室内空気浄化の効果に加えてマイナスイオン効果も期待できる、という。

「うちの商品、（圧縮漆喰タイル）ライミックスにゲルマニウムを混ぜて製造し、マイナスイオンを測定したことがあります。これは驚くほどマイナスイオンを出します。とくに三二℃以上になるとものすごく出ますね」

さらに**漆喰によるアトピー軽減効果も浜松医大に委託して実験をおこなった。**

「漆喰の部屋で『アトピーが軽減する』とはっきりデータが出ています」（行平社長）

これは漆喰による調湿・抗菌・消臭など空気浄化に加え、呼吸が楽になるストレス軽減効果でアトピーが治っていったのでしょう（二五八ページ参照）。

とにかく、漆喰リフォームで、ぜんそく、慢性鼻炎などの呼吸器疾患やアトピーが、個人差はあっても、改善することは確実です。漆喰内装にさっそくチャレンジされてはいかがですか？

●化学物質、臭い、ほこりも消えた

マスメディアで、漆喰による汚染化学物質の分解・浄化機能をつたえています。

「漆喰が化学物質分解――におい、ほこりにも効果」（『毎日新聞』08／11／17）。

それは漆喰仕上げの施設を訪ねた印象記から始まります。訪問先は長崎県佐世保市、高齢者グループホーム。「白く明るい室内に、ほのかな木の香りが広がる。こうした施設にありがちな消毒臭や加齢臭が感じられず、じめじめした暗い雰囲気とも無縁だ」。

その秘密が施設の内装仕上げに用いた〝幻の漆喰〟。有明海の赤貝を焼成して、海藻ノリと触媒液を混ぜたもの。いわゆる貝漆喰。「健康住宅」に積極的にとりくむ福岡市の建材メーカー「カイケンコーポレーション」（☎092—874—6110）が開発。

その効果は「ほこり、臭い、化学物質に対して、驚異的な吸着・分解能力を持つ」。

検査数値が、その性能を物語る。

■ホルムアルデヒド：濃度四・〇ppmの濃度が、漆喰による分解除去効果で六分で〇・一ppmと四〇分の一に激減。三〇分で測定限界の〇・〇五ppmまで減少した。

「通常なら何時間もかかるホルムアルデヒド分解が、ものの数分で進むため、検査機関がミスを疑って何度も試験を繰り返したほど」（同社）

どうして、これほど急速に浄化反応が進んだのでしょう。それは、配合された触媒効果という。

■消臭効果：つまり悪臭成分を触媒作用で分解する。「それは光や熱で触媒として機能するため、日の当たらない場所でも、臭いを分解する。焼き肉をしても二、三時間でまったく分からなくなります」（同社）

抜群の消臭効果というほかない。だから、この老人ホームでも「トイレもにおわない」「部屋も臭いがこもらない」と入居者にも大好評。さらに「ホコリもほとんどたまらない」という。

■化学物質：ふつうの新築住宅では、接着剤、塗料、防腐剤などから揮発する化学物質でシックハウス症候群がまんえんしている。この漆喰は、これらを「丸ごと」吸着・分解する。「アレルギー性気管支炎やアトピーがなくなった、という声が引きも切らない。モデルハウスで宿泊体験したら『もう帰りたくない』という子どももいる」と、浦上社長。

■**施工契約書**：同社は施工業者と、まず一六項目の「契約書」を交わすという。それは①喫煙する作業員は除外、②関係者全員に工事期間中、整髪料や制汗剤、香水の使用禁止。③プラスチックなど石油化学製品の持ち込みも制限。④作業服や汗ふきタオルは合成洗剤で洗濯禁止。⑤これら洗濯物は同社が回収して（せっけんで）洗たくする……などなど。あっぱれ、みごと。それだけ、みずからの施工の安全性に誇りをもっている証しです。このような業者が増えれば、日本はほんとうに住みやすく、暮らしやすくなることでしょう（『毎日新聞』前出参照）。

漆喰はインフルエンザウィルスを九九％以上、消滅させる！

●石灰（漆喰）に殺ウィルス効果あり

「漆喰でインフルエンザウィルスが九九％以上、消えたんです！」

笑顔とともに弾んだ声。㈱無添加住宅の秋田憲司社長の実験結果に、思わず引き込まれる。

「実験報告書」には、次のように書かれています。

「㈱無添加住宅が開発・製造・販売している『無添加住宅オリジナルしっくい』に、昨今流行が懸念される病原性鳥インフルエンザの感染力を低減させる作用があることがＮＰＯ法人バイオメディカル研究会・習志野実験室にて確認できました」

■漆喰はインフルエンザ・ウイルスを 99.99%除去する

グラフ8－1

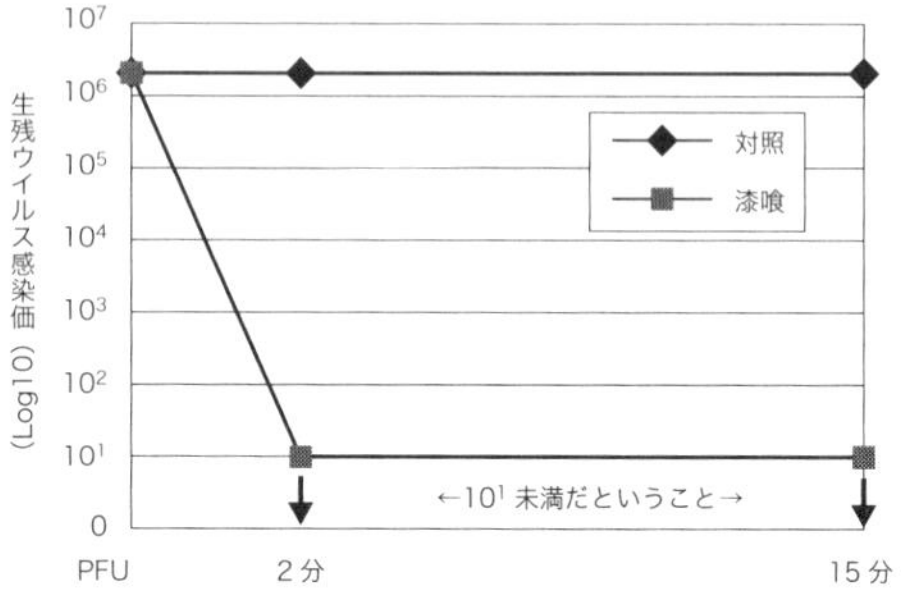

同社が、この実験にとりくんだきっかけは、鳥インフルエンザ発生を伝えるニュース映像から。

「発生した養鶏場に石灰がまかれていたでしょう。漆喰もおなじ石灰成分ですから、同じ殺菌効果があるのではないか、と思ったわけです」（秋田社長）

そのねらいは、みごと的中した。

漆喰にインフルエンザウィルス九九％以上の除去効果を実験証明した。「建材の王」の一〇効能に、さらに強大なプラスアルファ効果が確認されたのです（グラフ8－1）。検査に使用したウィルスはA香港型（H3N2）。それはウィルス学者によれば、直接作用は鳥インフルエンザ（H5N1）と同じ。つまり、**漆喰壁は、あらゆるインフルエンザウィルスに対して除去効果があることが証明された**のです。

●九九・九九％の除去効果を証明した

実験は漆喰サンプルにウィルスを付着させて観察しています。

するとーー「ウィルスは付着後から不活性化し、感染価は急激に減退」「回収できたウィルスが〇・〇三三％未満で九九・九九％低減しました」。

実験方法は——被験漆喰を二〇ミリ角に切り取り五〇ミリシャーレ内に入れる。気密の安全キャビネット内で、インフルエンザウィルスを〇・一ml垂らし〇分、一五分、三〇分間シャーレ内に保つ。つぎに培養用培地「イーグルＭＥＭ」を一〇ml加え、遠心管に移し、ミキサーで一分間ミックス後、軽く遠心し（回転で遠心力を与え）、その上清みで感染価を測定した（ブラックアセ法）。

報告書の結論は次のとおり。

「ほんらい漆喰は消石灰を利用したものであり、もともと殺ウィルス作用があると考えられる」

「今回の試験から直接、証明できたと考えている」

ただし、今回の実験は漆喰試料からウィルスを回収できるかしらべたもの。

「回収できなかったということが、ただちにウィルスが死滅したとは結論できない」「これは漆喰がウィルスを吸着して、ウィルスが回収できなかった可能性も否定できない」「たとえインフルエンザウィルスが漆喰に付着してもただちに、そこからウィルスが回収されず、実生活面からの意義は大きい……」。

●病院など漆喰リフォームを急げ！

はやくいえば、漆喰にはインフルエンザウィルスに限らず、**病原性ウィルスにたいして九九％以上の吸着・不活性化の効果が科学的実験で立証されたのです。**

㈱無添加住宅は、この漆喰を住宅はいうまでもなく、幼稚園、保育所などの教育施設から病院・老人ホームまで、幅広い分野での使用と普及につとめている。

「この実験のほかにも、**揮発性有機化合物（シックハウス症候群の原因物質）の吸着試験や耐火実験なども、すでに行っており、その性能は検査済みです**」（同社リポート）

この実験は、**部屋の壁を漆喰仕上げにすると、ウィルス・フリーつまり、ほとんどウィルスのいない安全な部屋にできる**可能性をしめしているのです。

幼稚園や学校、病院や老人ホームなど**インフルエンザ集団感染のおそれのある施設は、率先して漆喰リフォームを推進すべきです**。

㈱無添加住宅——木と漆喰とご飯ノリで驚異の急成長

●年一七〇〇棟着工、売上一・四倍増

「いま毎年一・四倍のペースで伸びています」

こともなげに語るのは前出の㈱無添加住宅の秋田憲司社長。かれは、ふだんはいつもジーンズ姿。若い頃から植物が大好きだった。生粋（きっすい）の自然派ナチュラリスト。柔和で若々しく、社長というより秋田さんと声をかけたくなる。

「建築戸数ですか？　いまは月に約一四〇棟ペースです」と淡々と語る。たずねるほうが「エーッ！」と声をあげてしまった。年間に約一七〇〇棟もの着工実績……！　底無しの建築不

況のご時世に、年々四〇%増のいきおいで、売上を伸ばしている。超優良の建築会社というほかない。全国にフランチャイズとして一三五社が加盟している。目の前ではにかむ秋田社長は、まるで無口な大学院生のようで、とてもこれらを束ねている総帥には見えない。

「セキスイの後ろ姿が見えてきました」と、ほほ笑む。

まだ、創立一四年ほどにしかならない若い会社なのに、この急成長は、建築業界だけでなく、経済界も注目すべきでしょう。

●完全無添加で「食べられる!」住宅

㈱無添加住宅のキャチフレーズは「丸ごと食べられる住宅」です。

つまり「**食べられない原材料は、いっさい使っていない**」。

「まあ、それはうたい文句ですが、はやくいえば江戸時代の家と同じに造っているだけなんです」と秋田さんは淡々と語る。「その頃は、ヨーロッパ、中国も江戸時代もいっしょの建材をつかっていいます。ぼくは、それを現代的にアレンジしただけ」。

彼は北九州に本社をおく㈱シャボン玉石けんを高く評価する。同社も無添加せっけんに徹底的にこだわっている。

「新しいモノって、そんなにないはず。シャボン玉さんも、ウチも、元のものにちょっと帰っただけです」「他に無添加をやる会社がなくなってウチが目立つようになっただけ」と淡々、あくまで謙虚です。

●米糊寄木（べいのりよせぎ）を仏像造りから学んだ

「食べられる！」は、けっして誇張ではない。

㈱無添加住宅は、化学接着剤はいっさいつかっていない。では、何で木材などを接着しているか？　それは「ご飯ノリ」なのです！　小学生の工作に、ご飯ノリをねって、接着剤がわりにつかった記憶があります。それを、住宅建築でつかっているとは……！

「ウチは〝米糊寄木（べいのりよせぎ）〟をつかっています。これは『集成材』です」（秋田さん）

ご飯ノリでくっつけた木材で、住宅が建つのか？　あなたは不安になったはず。

「**江戸時代前の大昔からありました。仏像を造るのに使われたのが米糊（こめのり）です。中国や日本では古来から仏像造りは寄木造りです。寄木でパーツを造って米ノリでくっつけ、細かい全体仕上げをする**」。そういえば、お寺の金剛力士像など、よく見ると腕や棟などに一杯切れ目がある。そこで寄木しているわけだ。

「昔の人は、米糊寄木（べいのりよせぎ）は水さえかからなければ何百年ももつことをわかっていた。ボクは、米糊をクロゼットの扉などにつかっています。仏像がクロゼット扉に変わっただけです」（秋田さん）

業界の生き残りは無添加の安心住宅しかない

●他がなぜ真似しないのか不思議

彼は、いまの会社を起こすとき「ご飯ノリ、これしかない！」と思いついた。

「なぜか、不思議なんです」と、首をひねる。「こんなもの一〇年以上たっても、だれも真似しない。特許とってるわけでもない。申請しても、『大昔から使われとる！』で却下されますよ」。

そういえば、不可解としかいいようがない。

「他の業者は、なぜ真似しないんでしょう？　ウチがここまで伸びているのに」

成功した競争相手を真似る。ある意味で、これはビジネスの鉄則かもしれない。「柳の下にどじょうは二匹いる」。これは昔からの諺。それどころか、競争相手のノウハウをまるごとかっぱらうヤカラもいる。まさに商売の世界は生き馬の目を抜く。

なのに、なぜ米糊接着を行う建築会社が、他に現れないのか？　不思議です。あまりに原材料が身の回りにあり、原理がかんたんすぎて、ぎゃくに気づかないのかもしれない。まさに「灯台下暗し」。

●工務店生き残りは、これしかない

秋田さんにたずねる。「ご飯ノリは、どうやって造るのですか？」。

答えは「現場でご飯を炊いています」。あたりまえだが、のどかな風景ではあります。約一四年前の第一号の無添加住宅から、それは変わらない。

「最初はモチつき器をつかって練ったのです。いかに効率よく米糊をつくるか工夫して、今の器械を完成させました」。

しかし、部材を「ご飯で部材を貼り付けている」ことに変わりはない。

これぞ、究極の天然系の安全接着剤……！

秋田さんは、「これだけ不況で売上が落ちているのに、ウチは伸びている。儲かったらだれでも真似すると思う。すべて自然の家を造ればいいのに。すると全国みんなそんな家が広まるでしょう。工務店も生き残る方法は、これしかないのに……」と、残念がる。

かれは、**この無添加住宅を他の業者に「真似してほしい」**という。**なのに「大手とおんなじことをして、値段下げてるだけ……」。そうして青息吐息で苦しんでいる。大手の真似をして生き残れるはずがない。大手とちがう道をいく。**

「だから、ウチの代理店は元気まんまんです。総合展示場だけで全国に一一か所あります。どんどん伸びていきます」（秋田さん）

●ピラミッドから欧州、中国、日本まで

もうひとつ――。

秋田さんが会社を始めたとき、ご飯ノリとともに「これしかない」と決めていたのが漆喰。

「それ以外にかんがえられなかった」「**ピラミッドからヨーロッパ、中国、日本、世界中の家に漆喰がつかわれています**。高松塚古墳の内装も漆喰です。中国の古い家も……」。秋田さんが調査すると「お墓の中まで漆喰ですわ！」。これは遺体を保存するためと思った。

欧州で生ハムを製造するときの貯蔵庫の内壁が漆喰仕上げ。漆喰の部屋は一種類の菌しか生き

残れない。豚の腿肉を塩水に漬けて一年間、漆喰の部屋に吊しておく。すると発酵し完熟して完成する。

「共生菌の絡（から）みやと思います。エジプトのピラミッド内部も漆喰塗りです。そのため遺体は腐敗せずミイラになる」

高松塚など古墳の石室も漆喰仕上げになっているのも同じ理由からでしょう。**一種の無菌室となっている**のです。それは、**ひとびとが暮らす室内も清潔で、衛生的に保ってくれた**はずです。

「フランスなどヨーロッパ田舎家の内装や中国の家の写真を見ても、全部漆喰です。これは漢方薬のようなものでしょうね。**なぜ体にいいかわからないけど、だんだん人類は選んで定着してきた**」（秋田さん）

●化学接着剤を添加している漆喰もあった

㈱無添加住宅で材料として使用する漆喰は、すべて自家調達している。

「市販漆喰は一部、化学接着剤を使っているからです。配合割合が一％以下なら原材料表示で書かなくてもいい」とは、意外。法律の抜け穴というべきでしょう。

「法的には『無添加』と表示できる。だけど、ウチの住宅は一軒で二トンくらい漆喰を入れます。二〇kg袋で一〇〇袋です。そのなかの一％は大きいですよ」（秋田さん）

たとえば「ネオしっくい」という商品名で「一〇〇％天然素材」とうたって売られていた漆喰があった。「サンプルを取り寄せて、燃やしたら石油の臭いがした」。明らかに石油系添加物が配合されている。秋田さんはお客の前で、サンプルを燃やす実験を繰り返した。無添加にこだわる彼は、この商品の〝不当表示〟が許せなかった。

「そのうち、この商品から『一〇〇%天然素材』という文字が消えました（苦笑）」

漆喰メーカーとて、売りたいがためにいろいろ〝工夫〟をする。しかし、それがアダになってしまう。

㈱無添加住宅で使用する漆喰は、すべて四国の工場に委託生産で調達している。

「原材料のスサから何からすべて指定して作らせています」

●ボクたちを真似してほしい！

「大手の真似して、性能が悪いもの作っても未来はありません」

かれは、他の業者にアドバイスする。「苦しいだけです……」。

それにしても、一人の自然好きのもの静かな青年が始めた無添加住宅の会社が、いまやセキスイの背後を脅かしている。

「こんなに売れるとは、思いませんでした」（秋田さん）

㈱無添加住宅は、CMはいっさいしていない。だから、宣伝広告費もほとんどない。ただホームページで、会社紹介しているにすぎない。

「毎日、平均一五〇〇人くらいのアクセスがあります。かれらが住宅展示場に足を運んでくれるのです。我が社の従業員は二六名と驚くほど少ない。この小人数で回しているので利益が出るのです」

そしてまさに青年の笑顔でこう言い足した。

「みんながウチのようにやれば、安心の住宅が全国に広まります」

かれの他業者へのよびかけは、さわやかだ。「ボクたちを真似してほしい！」というメッセージを受け止めるべきです。

■問い合わせ：㈱無添加住宅　〒６６３―８００５　兵庫県西宮市下大市西町３―２４
ＴＥＬ：０７９８―５２―２２５５　ＦＡＸ：０７９８―５２―１７００
URL：http://www.mutenkahouse.jp/

第9章　マイナスイオンで心身爽快！　ガンも治る

木と漆喰の家は自然なマイナスイオン発生装置

●滝壺、森林にマイナスイオンが湧く

「木の家」「漆喰の家」はマイナスイオンの宝庫です。

室内空気には、たっぷりとマイナスイオンが含まれています。

イオンとは荷電した粒子のことです。マイナス電荷（－）をもつ〝電子（－）〟がくっつくとマイナスイオンになる。ぎゃくに〝電子（－）〟を失うと、マイナス電荷（－）を無くすので、プラス電荷（＋）の〝プラスイオン〟となる。大気中には酸素、窒素、二酸化炭素、水分子など、数多くの微粒子が浮遊している。これらが〝電子〟と結合してマイナス荷電していればマイナスイオン。〝プラス〟荷電していると〝プラスイオン〟と呼ぶのです。

もっとも**マイナスイオンを豊富に産みだし、放出しているのは森林**でしょう。湿った土や草木が水分を蒸発させるとき、マイナスイオンは多く発生します。滝の側（そば）もマイナスイオン発生源。**瀑布（ばくふ）は大量の水蒸気を立ち上ぼらせます。これらがマイナス荷電して、滝壺の周囲はマイナスイオンに満たされます。**発見者の名前から〝レナード効果〟と呼ばれます。

マイナスイオンを吸い込むと精神が鎮静化します。滝に打たれるとは、古来からの精神修養ですが、そこには生理的な裏付けがあったのです。ちなみに、この〝**レナード効果**〟は家庭内でも体感できます。シャワーです。微粒子の水の粉末がマイナス帯電してマイナスイオンとなり、滝

■**滝のそば、木造住宅はマイナスイオンが多く快適です**

表9－1　晴れた日の相対湿度（40～60％）のイオンカウンターの測定数値

	プラスイオン	マイナスイオン	比率	
①滝から10m	1.700	2.800	1:1.6	○
②交通の激しい道路	2,700	1,800	1.5:1	×
③工場地帯	2,000	500	4:1	×
④マンションの部屋	2,200	1,500	1.5:1	×
⑤木造家屋	1,400	2,100	1:1.5	○

『快適！マイナスイオン生活のすすめ』より

行に似た心身効果をもたらすのです。

一方で、空気中にはプラスに帯電した微粒子〝プラスイオン〟も存在します。両者の比率がイオン・バランスです。

●**マイナスイオンたっぷり木造住宅**

表9－1は**①滝の側、②混雑した道路、③工業地帯、④マンションの部屋、⑤木造家屋**の五か所で、プラス・マイナス両方のイオンを測定し、比率を算出したものです。

①滝の側は〝レナード効果〟でマイナスイオンが優位です。ぎゃくに空気が汚染された②③は、〝プラスイオン〟過多。**排煙など激しい工場地帯は〝プラスイオン〟が四倍！**

さて、同様に**マンションの部屋は〝プラスイオン〟が一・五倍**。マンション住民は〝差額〟の〝プラスイオン〟をいつも吸い込んでおり、体は不健康な酸性体質に偏っています。

これもマンション・団地などコンクリート住宅は、木造より九年も早死にしている元凶の一つでしょう。対照的に**⑤「木の家」のマイナスイオンは一・五倍**多い（『快適！マイナスイオン生活のすすめ』菅原明子著、PHP研究所）。

室内にマイナスイオンが多いほど快適です。マイナスイオンが健康にいいということは、もはや常識です。さらにストレスを抑制し精神安定にも不可欠です。

●木、風、水蒸気からの爽やかさ

では、なぜ「木の家」はマイナスイオンに満たされているのか？

面白いことに**自然素材がこすれあうと、マイナスイオンを発生**させるのです。たとえば木枠の障子や襖（ふすま）などの建具、木と木がこすれあうとマイナスイオンが生まれている。綿やウールなどの自然素材も、やはりこすれあうとマイナスイオンを出す。木造で木組み。さらに内装に木をつかった家で、**風通しがよい家では、空気と木材のふれあいでマイナスイオンが産まれる**。

また内装・外装の天然木材など、**家全体が湿気を吸湿し、乾燥時に放湿するときにマイナスイオンを増やす**。吸湿性のある木材は六月頃の雨季になると湿気をどんどん吸湿していく。そして、晴れ上がると、風によって木材や壁に閉じ込められていた水分が外に蒸発していく。水分が風とともに気化していくとき**マイナスイオン**になる。

発生メカニズムには……**木と風と水蒸気が作用**しています。こうしてみると木造の自然住宅自体が、マイナスイオン発生装置といえます。**「木の家」に木炭を付け足すと、効果はさらに高まります**。木炭には遠赤外線による温熱効果の他、室内水分の調湿作用、消臭作用などの他、すぐれたマイナスイオン発生機能が知られている。炭俵を屋内に置いておくと大変な効果を発します。

●害虫が近寄らない木の自然住宅

「古い日本の木造の家はマイナスイオンが発生しやすい家でしたが、**ダニ、シロアリ、ゴキブリ、ハエ、蚊などは、〝プラスイオン〟が多いところを好む習性**があります。マイナスイオン環境になると、それらはどういうわけだか、別の〝プラスイオン〟環境に逃げて行きます」と前著の著者、菅原明子さん。そういえば、わが自然住宅ではゴキブリは一匹もみない。蚊もいないし、ハエもほとんど入って来ない。

これも、自然な木の素材によるマイナスイオン効果というものだろう。

「だからといって、マイナスイオンが殺菌剤の役割をしているかというと、そうでもない」「マイナスイオンが多く出ているような環境だと、ダニはたぶん卵を産んでも、その卵が孵らない。ぎゃくに、これら生物の体内は〝プラスイオン〟の電位が高く、体の外側がマイナスの電位なので、〝プラスイオン〟環境だと元気ハッラツで繁殖しやすいのでしょう」「**マイナス環境で非常に元気でいられる人間とは、ちょうど逆の電位差をもっているる**と考えられます」（菅原さん）

●柱一本でビール瓶半分の水分吸収

「木の家」で忘れてはいけないのは、木の調湿機能です。

一〇・五cm角のヒノキ柱は、ビール大瓶半分の量の水分を吸ったり、吐いたりしているという。八畳間に八本の柱があれば、その部屋はビール瓶四本分の湿気を柱が調湿している。木材が吸った水分は、晴れた日など湿度が低くなると室内に放出する。このとき**水分は、マイナスイオン水**

■ビニール部屋はジトジト・カラカラで不快、木装は快適！

図９－２　ビニールと木材の湿度調整力の実験

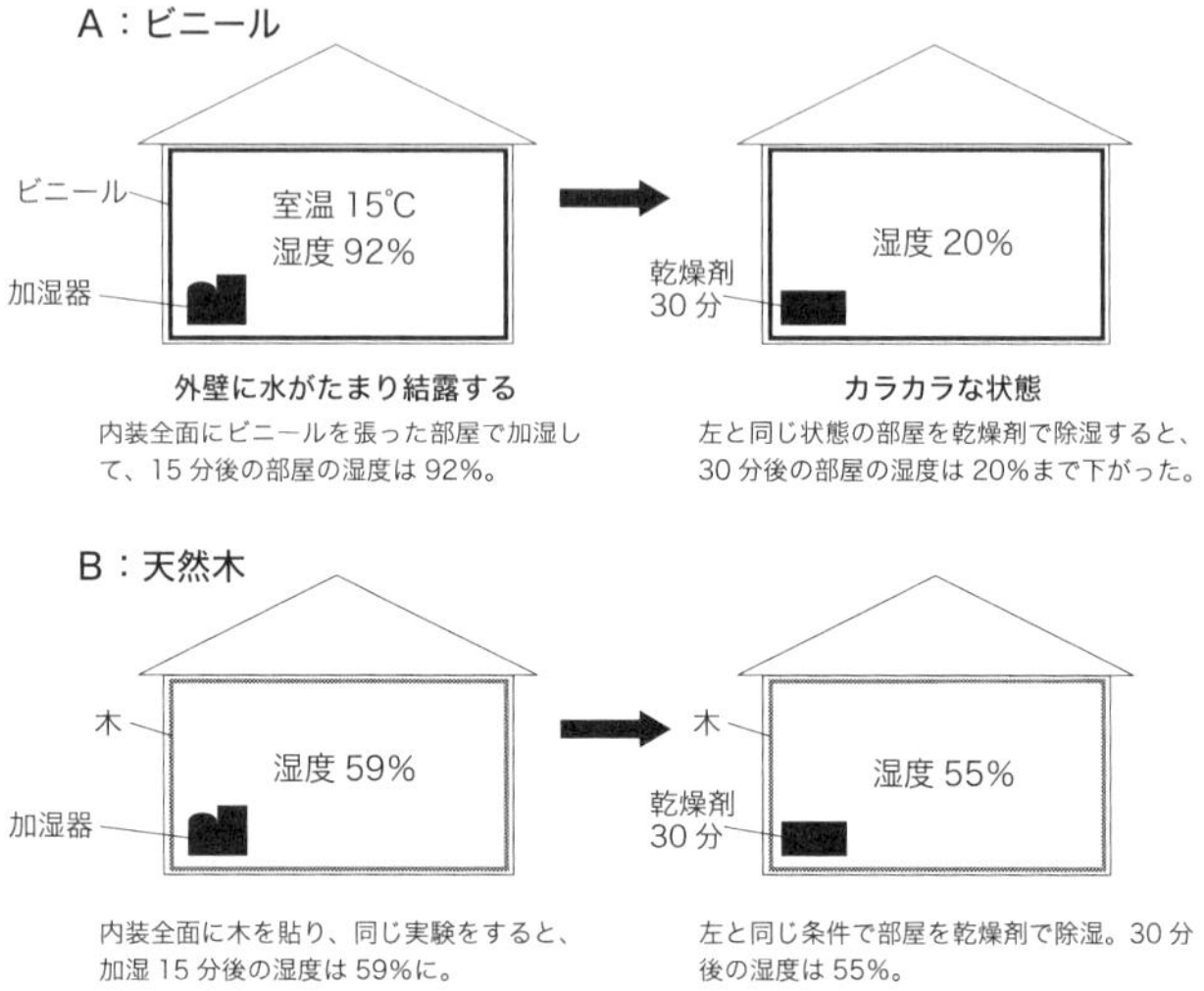
A：ビニール
ビニール
室温 15℃
湿度 92%
加湿器
乾燥剤
30 分
湿度 20%
外壁に水がたまり結露する
内装全面にビニールを張った部屋で加湿して、15 分後の部屋の湿度は 92%。
カラカラな状態
左と同じ状態の部屋を乾燥剤で除湿すると、30 分後の部屋の湿度は 20%まで下がった。
B：天然木
木
湿度 59%
加湿器
木
乾燥剤
30 分
湿度 55%
内装全面に木を貼り、同じ実験をすると、加湿 15 分後の湿度は 59%に。
左と同じ条件で部屋を乾燥剤で除湿。30 分後の湿度は 55%。

ＮＨＫ「ウルトラアイ」

蒸気クラスターになる。よって、**木材の放湿作用イコール、マイナスイオン発生作用**なのです。

内装全面に、Ａ：ビニールクロスを貼った部屋と、Ｂ：天然木を貼った部屋で、内装材の調湿作用を比較した実験がある（図９－２）。日本の住宅は、ほぼ一〇世帯に九世帯は内装に塩化ビニールクロスを貼られている（天然クロス、布とかんちがいしている人も多い）。

■Ａ：ビニール内装室内（一五℃）だと、加湿器で一五分稼働させると室内の湿度はジトジトの九二％にたっした。壁には結露がグッショリ。この状態の室内に乾燥剤を入れて除湿する。すると三〇分後、湿度は二〇％に急減。こんどはカラカラに乾いた状態になってしまった。

■B：天然木内装室内（一五℃）で同じ実験をした。加湿一五分後。室内の湿度は五九％以上に上がらない。Aとの湿度差は、内装の木材が湿度を吸収したから。次にAと同じ条件で、乾燥剤を入れて三〇分間除湿した。室内湿度は五五％に保たれている。むろん壁は結露もなくさらさら。Aは二〇％にカラカラ乾燥したのに、なぜか？　内装材に使われた木材が吸湿した水分を放湿したからです。この放湿作用にともない大量のマイナスイオンが室内に放出されるのです。

●①調湿②マイナスイオン③結露防止

――実験結果をまとめると、つぎのようになります。

■A：ビニール内装室内は、湿度九二％→二〇％へジトジトからカラカラに極端に変化。

■B：天然木内装室内は、湿度五九％→五五％と快適な範囲内でほとんど変化がない。

このとき木材の調湿作用でもっともマイナスイオンは発生しやすい。

「この実験でわかるように、**家の内装に木を貼ると、人がいちばん快適に感じる六〇％前後に湿度が保たれ易くなります**。ビニールの壁紙の部屋は、雨が降る雨期には湿度九〇％を超えますし、反対にカラカラのときには湿度二〇％で部屋は静電気バリバリの状態です」「じめじめして暑い日には、ダニの最適環境になります。木だけの部屋は、いつも五〇～六〇％の湿度に保たれます。このていどの湿度だと、マイナスイオンは人が動くていどの風でも起こり、したがってダニも発生しにくくなります」と菅原さん。

まさに**木装は①湿度安定化、②マイナスイオン発生、③「結露」防止――のトリプルメリット**があるのです。

しかし、日本の建築業界は、こんな単純なことすら知らない。わからない。そして、今日も〝ビニールハウス〟をせっせと造り、販売している。菅原さんは、いささかの嘆きをこめてこう結ぶ。

「マイナスイオンに関する科学の目を建築業界が早くもってほしいものです」(『快適！マイナスイオン生活のすすめ』より)

ここで、ハタと思い当たった。スギ、ヒノキをふんだんに使ったわが**自然住宅は、外がビチョビチョの雨続きであっても室内の湿度は六〇%を超えない**。日本人にとって、すごしやすい湿度が六〇%前後。このとき、もっともマイナスイオンが発生しやすいのです。

木装革命は、コンクリート・ストレスを防ぐだけではなかったのです。

病気、ガン、老化は、身体の〝サビ〟(酸化)で起こる

●プラスでサビ付き、マイナスでサビ抜き

プラスイオンには〝酸化〟作用があり、マイナスイオンにはその〝酸化〟を防ぐ〝還元〟作用がある。それは、別名、〝抗酸化〟作用と呼ばれる。

よく「身体がサビつく」といいます。それは、プラスイオンによる〝酸化〟の害作用です。**プ**

ラスイオンは身体をサビつかせ、マイナスイオンは身体のサビを落とす。こう理解してください。
最近話題の**活性酸素が、じつは人類の疾病原因の九割以上を占める**ことも、いまや常識です。
酸素と結合する――これが〝酸化〟です。人間のばあい炎症、疾病、ガン、老化……死……すべて〝酸化〟によるものです。活性酸素は文字通り、酸化力の強い酸素のこと。呼吸で体内にとりこまれた酸素は、九九％は最終的に水分になるが、残り一％が活性酸素となる。さらに**ストレス、化学物質、紫外線、電磁波などでも活性酸素は増える**。

●活性酸素による〝燃え尽き症候群〟

その多すぎる活性酸素が悪さをする。シミ、ソバカス、シワなどの老化も活性酸素が原因。ガン、アトピー、糖尿病、動脈硬化……ほとんど全ての病気が、活性酸素により引き起こされます。

――人間が〝酸化〟するということは、細胞、ＤＮＡ、細胞膜をつくっているたんぱく質、脂質が〝酸化〟することをいう。いわゆる酸性体質となる。すると大量の乳酸が体内に発生し、細胞膜は固くなり、細胞は外から栄養、酸素を取り入れられなくなる。さらに静脈に乳酸が溢れ、血流が悪くなる。すると、冷え性、肩凝りから、ガン、リュウマチなど難病へと移行していく。

〝燃え尽き症候群〟とは、よく言ったもの。人類は〝酸化〟によって老化し、〝酸化〟によって死にいたるのです――

●地球も人も〝酸化〟で疲弊している

「……地球規模の環境問題そして農業問題、シックハウス、子どものアトピー、キレやすさ、院内感染など、すべての問題が［環境と人間］の〝酸化〟と結び付いている」

菅原さん（前出）の説はわかりやすい。

わたしは、二〇世紀を〝火の文明〟——と呼んでいる。言い換えると化石燃料を燃やすことで栄えた文明。石炭・石油など大量に燃やし酸化させることで、地球には今、温暖化の危機が迫っています。人類がもたらした〝酸化〟は地球全体を疲弊させています。

同じように人類も、食生活、住生活さらに精神生活などの誤りから、人体そのものが〝酸化に蝕まれている。

石油によって栄えた〝火の文明〟で、地球も酸化し、人間も酸化して、疲弊している。皮肉な結果と言わざるをえません。

●〝酸化〟は物質が〝電子（－）〟を失う

〝電子（－）〟を余分に持った水粒子がマイナスイオン。**〝電子（－）〟を失ったためプラス帯電した水粒子はプラスイオン**です。ちなみにシックハウス症候群を起こすホルムアルデヒドなど**揮発性有機化合物（VOC）は、すべてプラスイオンに帯電している**。その他、空中を漂うバクテリアやウィルス、悪臭物質、プラスチックなどの人工物は、なぜかプラスイオンに帯電している、というのも面白い。

「……〝酸化〟という現象は、化学的には、ある物質から〝電子（－）〟が奪いとられた、ということを意味します」（菅原さん）

大手メーカーハウスはプラスイオン発生装置だ

●プラスイオンは活性酸素を増やす

マイナスとプラスのイオンで注目すべきは、活性酸素への作用。活性酸素は〝フリーラジカル〟と呼ばれ、強烈な〝酸化〟作用がある。体内に入ると細胞、組織などを〝酸化〟して傷つけてしまう。はやくいえば火炎放射器をイメージすればよろしい。

よく病名で〝××炎〟という名前をみる。たとえば、盲腸炎、肺炎、関節炎……などなど。これは体内に侵入したウィルスなど病原菌を、白血球の免疫部隊が活性酸素の火炎放射器を撃ちまくって攻撃していることを意味する。敵を焼き殺すかわりに、自らの組織も炎で痛め付けているわけで、〝炎症〟とはまさに読んで字のごとし。

ほんらい体内の活性酸素は、このように侵入して来た外敵を攻撃する〝武器〟として使われるのですが、**多すぎると病気やガン、さらに老化の引きがね**となります。室内の空気中にプラスイオンが多いと、その〝酸化〟作用で、空気中のふつうの酸素まで活性酸素化してしまう。つまり、**室内のプラスイオンは人体に有害な活性酸素を増やす。**

いっぽう、室内空気に**マイナスイオンが多いと、〝還元〟作用で有害活性酸素は無害化**していく。つまり、空気を安全にし、心身に好ましい状態にしてくれる。

●化学建材が〝プラスイオン〟を大発生

室内や体内に有害な活性酸素を増やすプラスイオン。

快適、健康な暮らしとは、マイナスイオン発生源を増やし、プラスイオン発生源を減らす。身の回りのプラスイオン発生源をチェックしましょう。

①紫外線、②自動車排ガス（大気汚染）、③電磁波、④クーラー室外機、⑤ビニールクロス、⑥化学建材（化学物質全て）、⑦密閉ハウス……。

ここでA級戦犯⑤塩化ビニールクロス。木材など天然素材はマイナスイオンを発生し、〝ビニール〟や化学物質建材などはプラスイオンを発生させる。

これらを見ると〝ビニールクロス〟など**化学建材だらけのセキスイ、ミサワなど大手ハウスメーカーは、最悪のプラスイオン発生装置**であることがわかる。

一時、官民あげてもてはやされた**「高気密」「高断熱」住宅**。アルミサッシ使用が義務づけられたが、「**気密性が高すぎて風通しが悪いため、雨期には湿度九〇％、冬には二〇〜三〇％と極端に湿度が変化し、プラスイオンの多い家になっています**」（菅原さん）。

まさにピッタリ気密性の高いマンション、団地など、典型的なプラスイオン環境になってしまっている。建築行政に「プラスイオンは体に有害」という知識が皆無だから、対策も皆無となっている。なんという無知蒙昧（むちもうまい）の悲喜劇……。

●プラスイオン五〇〇倍のマンション！

二〇世紀初めの地球は、マイナスイオン対プラスイオンでは一・二対一・〇でした。ところが人類の産業活動が盛んになって、この比率は一・二対一・〇と逆転。地球の大気ですらプラスイオン優勢になっているのです。

とくに人工的環境ではプラスイオン激増がはなはだしい。ある**鉄筋コンクリート・マンション室内空気は、マイナスイオン一に対してプラスイオン一〇〇〇と桁外れの数値を検出**。突出したプラスイオンは室内空気の酸素を活性酸素に変え、呼吸する住民の心身を蝕みます。

こんな室内にいたら、気分や体調が悪くなり精神状態がきわめて不安定になります。体内に入ったプラスイオンは、血液などの**体液を酸性にかたむけます**。**すると体調は酸血症（アシドーシス）傾向となり心身が不快**になります。ムカつく、キレる。昨今の目を覆うばかりの日本人の心の荒廃には、過剰なプラスイオンの弊害を無視できません。イオンバランスを測定し、対策をこうじるべきです。

●マイナスイオン不足で不健康に

「木の家」と化学住宅・コンクリート住宅とのちがいは、まだあります。

それがマイナスイオンの差です。「きれいな空気が、心と体を浄化する！」と菅原さんは説く。

わたしたちは山に登ったときなど「空気が美味しい！」と感じます。滝壺から舞い上がる涼しい風にも感嘆の声をあげます。同じように木の香ただよう自然住宅の玄関に立つと歓声をあげてしまう。「スギやヒノキのいい匂い！」。

「気持ちのいい」「爽やかな」空気――そこに共通するのがマイナスイオンです。

菅原さんは、マイナスイオンの豊かな空気こそ、快適の決め手という。**マイナスイオンが不足した空気を吸っていると、シックハウス症候群、アレルギー、うつ病、電磁波被害、ストレス、いらいら、不眠……などをひきおこす**。

マイナスイオンで寿命一・七倍超、ＮＫ細胞も活性化

●〝還元〟は〝電子（－）〟を与えること

マイナスイオンは自然治癒力を高めます。

それは**プラスイオンで起こった人体の〝酸化〟状態を、〝還元〟でもとに戻す**からです。つまり、失われた〝電子（－）〟を補う。その役割を果たすのがマイナスイオン（水粒子に〝電子（－）〟が結合）。これを人体に与えることで、**体の〝酸化〟を防ぎ、弱アルカリ性の健康体となれる**わけです。

「呼吸や食事などによって、マイナスイオンを取り入れると、吸入したマイナスイオンは血液に溶け込み、細胞膜による新陳代謝が活発になり、生体は生き生きとした活動が可能になります」

「地球全体が〝酸化〟し、それにともなって人間の体内や動物や植物などあらゆる生命が活性酸

素の害を受けつつある時代、それを防衛するのが〝還元力〟です」（菅原さん）

●体にマイナスイオンを「貯金」しよう

よって……還元力でつぎのように病気を治したり、若返ることができます。

▼マイナスイオンが多い↓〝電子（－）〟が豊富↓〝酸化〟部分（サビ）に結合↓電子（－）を与える↓〝還元〟作用↓〝サビ〟が消える（若返り、治癒）。

「伝統的な日本食のような〝還元力〟の高い『食べ物』をとるだけでなく、『呼吸』やさらに皮ふからもマイナスイオン（電子）をとり、体内に〝還元力〟のもとである〝電子〟を『貯金』することが、最も合理的で重要なこと」という。

「……（ラン栽培の）ハウスに三か月間マイナスイオン発生器を五〇台とりつけた比較実験をおこないました。マイナスイオンを吹き付けたところでは、Ｌサイズ（五〇cm以上）の花芽が、マイナスイオンを吹き付けなかったランの一〇倍も育ったことには、さすがのわたくしも驚きました」（同書）

●①爽快感②安心感③作業効率アップ

森林浴効果をマイナスイオンの面から測定した実験があります。

比較対照として三地点を選んだ（カッコ内は、平均マイナスイオン：個／㎥）。

Ａ：蓼科（たてしな）高原ロッジ（二〇四個）、Ｂ：都内幹線道路脇（一三九個）、Ｃ：都内オフィス（三二

個）。

都内オフィスは森林の一六％しかない。それだけプラスイオン優位であり、活性酸素の大量吸引で従業員は健康を蝕まれているはず。

二番目の実験――。

⑴マイナスイオン二〇〇前後と、⑵一〇〇〇前後、二つの室内グループをつくり、①主観評価、②生理反応――を測定。その結果、マイナスイオンが蓼科高原並みの⑴グループでは「官能試験」で「爽快感」「安堵感」が強く認められた。また「脳波測定」ではα波比率か高まった。「作業能率」検査でもマイナスイオンが多いほど能率が向上している。

この実験は――**マイナスイオンが二倍になると①爽快感が増す、②心に安心感があり、③作業効率もアップ**する、という効果が科学的に立証されたのです（島上博士らの実験）。

ネズミの実験でも、**マイナスイオンを吸入したラットの学習能力アップ**が立証されている。

「木の家」は、〝ビニールハウス〟や〝コンクリート住宅〟より、はるかにマイナスイオンが多い。つまり、「木の家」に住む子どもの方が、学習能力が高いというわけです。

●一日一時間吸入で寿命は一・七四倍！

マイナスイオン効果は、ガンをも癒します。

立証したのはドイツ、フランクフルト大学研究グループ。まず人工的にガンを起こした五〇匹のマウスを準備。うち**A：二五匹には、マイナスイオンをたくさん含んだ空気を一日一時間吸わ**

せ続けた。残りBグループには、何もしなかった。すると、ナントこれら**Aマウス群は、寿命が二倍近くに伸びた！**　Bグループの寿命は三四日だったのに、マイナスイオン吸入したAグループは平均五九日も生きた……！

ただ**マイナスイオンの空気を一日一時間吸わせただけで、寿命は一・七四倍も伸びた**のです。これは、吸入したマイナスイオンが、マウスのガンと戦う免疫力を向上させたからです。ナチュラルキラー細胞（NK細胞）こそガンを攻撃する免疫細胞の主力部隊。つまり**NK細胞を増殖、活性化**させた。そのためガン細胞は攻撃され、退縮、消滅……して、マウスを二倍近くも生き延びさせたのです。

●ガン攻撃するNK細胞活性が増加

ヒトの実験でも、マイナスイオンによるNK細胞の活性化が証明されています。

「マイナスイオンを人間に一か月間当てたら、NK細胞の活性が上昇した」（堀口昇医師の実験）

たとえば、七二歳の女性。**マイナスイオン療法を実施すると、三種類のNK細胞活性がプラス二・四%、九・九%、四・〇%……と、軒並みアップしている。**

他の実験でも同じ結果が出ている。マイナスイオンがNK細胞を増強することはまちがいない。

NK細胞は、自分より四倍くらい大きなガン細胞を発見すると、すぐにアタック。ガン細胞の細胞膜に食いついて破り、中に三種類の毒性たんぱく質を注入する。ガン細胞は、あえなく瞬殺……。死んだガン細胞は、体内の酵素によって分解され、尿から体外に排泄される。これこそが、

■マイナスイオンは学習効果を高めプラスイオンは劣らせる

グラフ９−３　ラットの学習実験

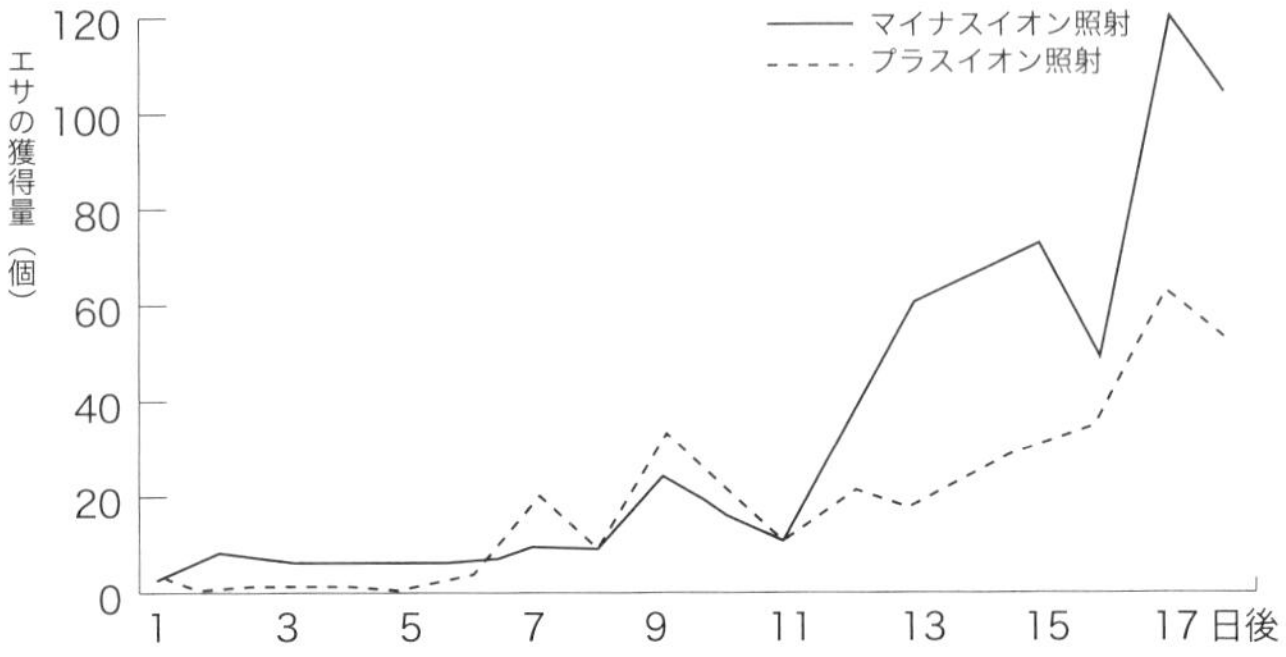

ラットが１時間あたりにペレットを捕獲して食べ終わった個数と、実験日数の関係を図に示す。光が20秒点滅するなかで、ラットは光が点灯している間にレバーを押すごとに１個のペレットを獲得することができる。
１日に30分間マイナスイオン環境にさらしたラットと、１日に30分間プラスイオン環境にさらしたラットとで、１時間あたりに獲得したエサの量を比べると、実験日数が増すにつれて、マイナスイオン環境にさらしたラットはエサを獲得する量が多くなった。

玉川大学工学部寺沢研究室と菅原研究所の共同実験結果

■マイナスイオンはネズミの寿命を1.74倍も延ばした！

グラフ９−４　ガン細胞を接種したネズミ２試験群（各25匹）の死亡率

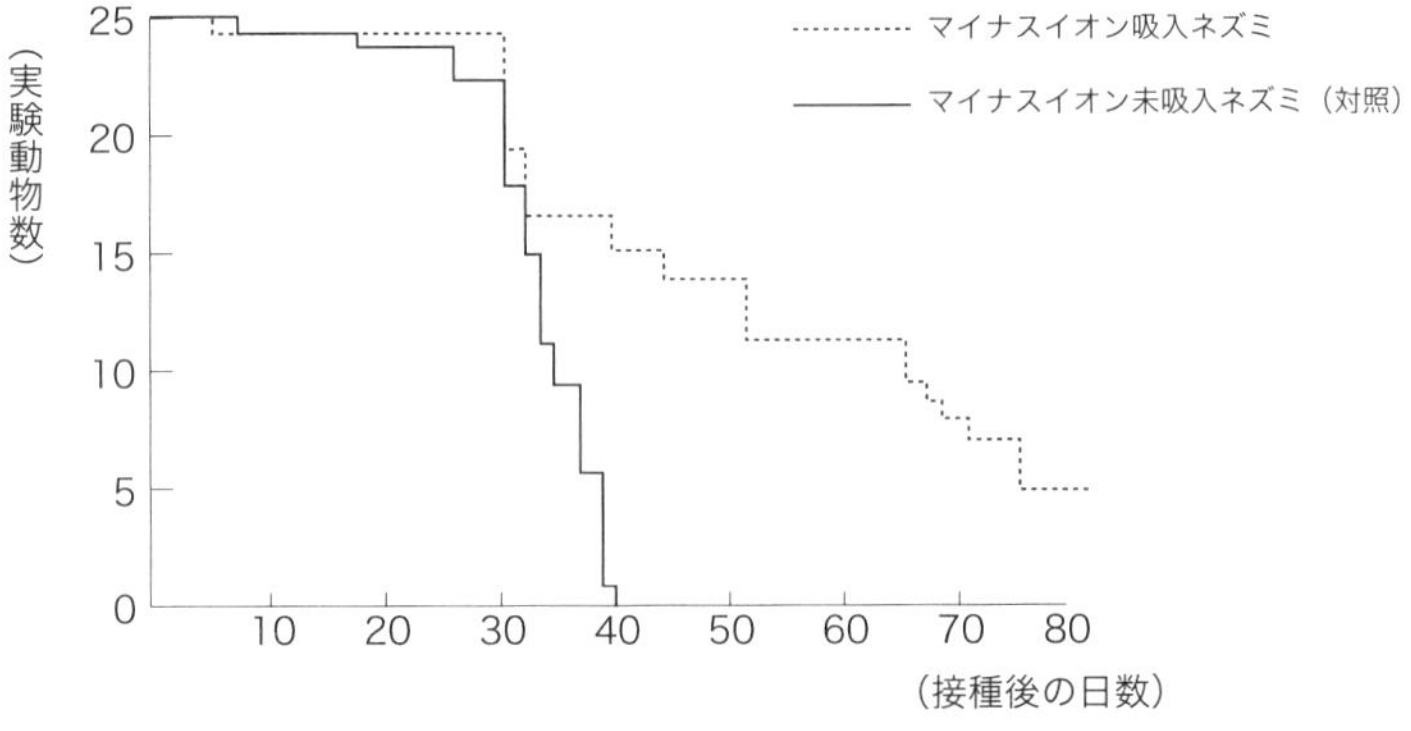

谷越大祐「イオン治療の基礎と臨床」（『東洋医学』1984年 Vol.12 No.5）

ガン自然退縮のメカニズム。**「ガン細胞は、無限に増殖する」「ガンになったら助からない」などの〝常識〟は、医者が患者をだますための嘘八百だったのだ。**そのNK細胞活性が、マイナスイオン吸入ではっきり増加している。つまりガン細胞への抵抗力を増すことで立証された。

〝マイナスイオン吸入〟療法は、万病に効く！

さらに、〝マイナスイオン吸入〟療法を受けた患者さんには、めざましい生理効果が現れている。

●九割以上の病気を防ぎ、治す

――①血行がよくなった、②乳酸値の解消、③リラックス効果（ストレス軽減）、④夜間ぐっすり眠れる、⑤pH値の改善、⑥抗酸化酵素SOD活性化、⑦抗酸化ビタミンの節約。

ガンをはじめ病気の九割以上は活性酸素による〝酸化〟が原因である。なら、この〝酸化〟を防げば、病気の九割以上は防げることになる。マイナスイオンは、この〝酸化〟を防ぐ決定的なはたらきをする。よって、マイナスイオンがあらゆる病気を予防し、治癒させることも自明である。つまり、万病に効くと断言できます。

「……ガン細胞は、活性酸素によってDNAが切断され、発ガン遺伝子か発動したものですが、ふつうの細胞と大きく違う点は、血行の悪いところ、酸欠のところにできやすい」「ガン細胞自身が、完全燃焼によってではなく、乳酸発酵でエネルギーをつくり出すのが得意で、酸欠などものともしない細胞であることは、ガン研究の常識」「ガン細胞自身も乳酸を大量に吐き出して血液を酸性化させ、白血球など免疫軍隊の細胞を酸化して動けないくらいに弱めているのです」（菅原さん、前著）

ガンと戦うＮＫ細胞の兵隊たちにも、戦いやすい条件がある。それは**⑴血液が弱アルカリ、⑵血液が還元状態、⑶血流がよい**――こういうときに、**ＮＫ細胞は最大の攻撃力を発揮**する。

「つまり、乳酸が多い血液では、血行も悪く、活性酸素を電子で消すこともできないため、十分なガン細胞退治もできないのです」（菅原さん）

ところが、マイナスイオンは②乳酸値を解消する。

また、ラットの実験で、一日三〇分間マイナスイオンを浴びただけで学習能力が飛躍的に伸びることが立証されている。マイナスイオンは頭も良くするのです。

マイナスイオンに満たされた「木の家」にゆったり暮らすだけでガン、アトピーが消えていく。難病も治っていく。そのメカニズムをおわかりいただけたと思います。

マイナスイオンを吸入する――というマイナスイオン療法。あまりにシンプル単純です。が、副作用もなく、これだけ劇的な効果があるのです。

建築関係者も医療関係者も、アタマの切り替えが必要なときです。

その点、菅原さんの著書『快適！マイナスイオン生活のすすめ』（前出）は、じつにわかりやすく、パーフェクト。建築関係者だけでなく、健康問題にたずさわるひとにとって必携、必読の一冊です。強くおすすめします。

第10章　二一世紀の建築　木造・漆喰文明の夜明け

日本は「住宅貧国」、クニも国民も心が貧しすぎた

●ニセモノをほんものと勘違い

「本当に豊かな国とは、福祉の充実と自然・人工環境の整備にあるのではないか？　とくに住宅環境が貧しければ豊かな国にはなり得ないのではないか」

そのとおり……と思える投書が『日本住宅新聞』（09／10／15）に載っていたので紹介します。タイトルは「わが国の住宅政策の貧困と今後」。

「……住宅建築については、日本共通の建築基準法があるものの、環境の視点から見ると**『ウサギ小屋』『鳥小屋』と言われても仕方ないほどの住環境**といってもいい」

投稿者の名前は「旅人」。彼は、日本の住宅は「途上国」にくらべて、ハード面では確かに向上したが、「住民の幸福」の視点からみるとまだまだ貧しい、という。

これまでわたしが述べてきた〝貧しさ〟をみれば、「そのとおり」とうなづかれるでしょう。

「……その原因はどこにあるのか。日本人の住宅観の貧しさと、住宅政策の貧しさにあると思う」

これもまた然り。つまり、**個人もクニも、心が貧しい**のである。それは**ニセモノをほんものとかんちがいした貧しさ。かつての豊かさを忘れた貧しさ**なのです。

●一億総〝洗脳〟で〝獣宅〟に住む

「……画一的に大量生産された建材・設備機器を合理的につかって、建築主の自己責任で、てんでんバラバラに建てられ、高齢者や子どもの心に優しく美しい住環境を考えずに（考える余地がなく）建てられ、その結果、**住宅の寿命が約三〇年弱。空き家が七五〇万戸**もある現状や国の定める**最低居住水準に満たない規模の住宅が四〇〇万世帯**もあること、**トイレや台所共用住宅で暮らす世帯が五〇〇万世帯**もあること。そして高齢者の家庭内事故死の増加や、自殺者の増加率は、住宅政策の貧困と住まい手の住宅観の貧しさにあるのではないかと、思えてならない」

「旅人」氏の嘆きは、わたしの嘆きでもある。

日本の「住まい」いや「建築」の惨状をみると、もはや涙も出てこない。世界第二位の経済大国ともてはやされたのは、ついこのあいだのこと……。しかし、**いまだ大半の日本人は、住宅というより〝獣宅〟に住まわされている**。

それにトンと気づかないのは、一億総〝洗脳〟されているからである。

コンクリート打ちっ放しの戦後最悪の〝殺人〟住宅の建築家が、マスコミでもてはやされれば〝最高！〟だと信じ込み、壁床天井すべて〝ビニール〟張りの家も、テレビCMで有名タレントがニッコリ勧めれば〝素敵！〟とかんちがい。奇想キテレツな外観デザインでも〝斬新！〟とよろこぶ。

「貧しさ」の背景に石油・金融・軍事メジャー支配が潜む

●米国のカイライ自民党、属国ニッポン

「……老人にふさわしい住宅と環境がないために、病院から家に帰れないとか、帰りたくないとかいう話は老人自身の問題ではない。また、狭い部屋でモノにつまづいて転んでケガや骨折をしたり、急階段から踏み外してケガや骨折をするのは、いつも老人と幼児であり、かれら自身の責任だけではない。（室内の温度差による）ヒートショック死や伝染病、アトピー性皮膚炎、シックハウス症候群が増えているのも決して自己責任だけではなく、日本の住宅問題であり、住宅政策問題でもある」（「旅人」）

〝獣宅〟政策は、政府の政策……それは、戦後ニッポンを五〇年余も独裁支配してきた自民党政府の責任に帰する。その党首であった故・岸信介は、アメリカの秘密情報機関ＣＩＡから極秘工作資金約一〇億円（現在に換算）を一五年にわたって受け取っていた！　それは、米国機密文書公表により露見した。自民党の総理大臣が、米国スパイ組織から工作資金を計一五〇億円も受け取っていたのである。ならば岸首相は、まぎれもなくアメリカの秘密工作員である。その弟の故・佐藤栄作も工作員ではあるまいか。『読売新聞』の創設者で戦後メディア王と呼ばれた故・正力松太郎は、まぎれもなくＣＩＡのスパイで、〝ボダム〟という暗号名まで持っていた。同じような政財界の〝実力者〟はゴロゴロいるはず。つまり自民党政権はアメリカのカイライ政権で

あり、日本のマスメディアも、アメリカに牛耳られているメディアである、ということです。

つまり、戦後日本は、独立国ではなく、れっきとしたアメリカの属国であった。その**アメリカは巨大な石油・金融・軍事メジャーに完全支配**されています。「自由」と「正義」と「民主主義」の国など、まったくの幻想です。〝かれら〟にとって**日本人は、一種の〝家畜〟なのですから〝獣宅〟に住まわせる**のがちょうどいいのです。

●石油漬け・コンクリ漬けの元凶は？

本国のアメリカすら支配する石油化学資本が、属国の日本を支配するのはとうぜんです。だから、敗戦国の日本人は、木造で建てることが許されなかった。〝かれら〟は「教育」（狂育）と「メディア」を完全支配して、日本の住宅を〝石油化学〟漬けにしたのです。

また一方で、都市やビルや校舎を〝コンクリート〟漬けにした。それで日本人の「心」や「からだ」が狂ってきたのです。それも、〝かれら〟はちゃんとお見通し。日本人の心身を狂わせ、弱らせるために、これらの住宅や建築を普及させたのですから……。

アメリカには次のような諺（ことわざ）があるそうです。「**ブタは太らせてから食え！**」。アメリカは日本にせっせとエサをやって丸々と太らせました。そうして、いまや〝食い頃〟なのです。日本人の心がこわれていく（第1章参照）、これも〝かれら〟は計算ずく。これから食うブタが、かしこいと困ります。最後の晩餐の夜までニコニコしていてもらわないと困る。このような**洗脳は、建築分野だけではありません。医療しかり。食品しかり。農業しかり。教育しかり。文化しかり……**。

住宅政策の貧困は、これらすべての分野の貧困につながります。その淵源は、〝かれら〟による支配なのです。〝かれら〟の正体を一言でいえば、大仰に聞こえるかもしれませんが、帝国主義という名がふさわしい。それも巧みな情報洗脳で支配する〈情報帝国主義〉です。

こうして日本の**住宅貧乏物語が、〈情報帝国主義〉の存在と陰謀に帰着**してしまいました。

これは医療貧乏物語、食品……と、すべてに当てはまる「貧乏物語」です。われわれは、〝かれら〟にカネも情報もイノチも握られ吸い上げられているのです。

●日本を支配する「闇の権力」の存在

冒頭の投稿者「旅人」氏も、こう嘆きます。

「……安心して住む場所がないことは貧しい。住んでいる住宅が、心を満たさないことも、ゴミゴミした町の中で騒音や車におびやかされていることも、公園や散歩道もないことも住宅政策の問題である」

その住宅政策を行うべき自民党が、巨大な〝闇の力〟に支配され続けてきたのです。多くの無知なる大衆は、その自民党にセッセと投票してきました。「長いものに巻かれろ」「寄らば大樹の陰」「大船に乗る」「出る杭は打たれる」……日本人の心性は、支配するがわにとって、これほど都合のいいものはありません。

しかし「流れぬ水は腐る」という諺もご存じでしょう。政治学では「あらゆる権力は腐敗する」という定理があります。戦後六〇年近くも一党独裁を続けてきた政権与党が〝腐る〟のは当然です。**〈情報帝国主義〉はこれら政治屋と特権官僚をつかって、日本を支配してきたのです。**

●既得権死守するマスコミ、政治屋、官僚

二〇〇九年九月、民主党へ初めて政権交代が実現しました。

しかし、それ以降、マスメディアの鳩山、小沢バッシングは異様の一言です。まさに〝魔女狩り〟〝政治テロ〟……。既得権益を守ろうとする保守政治屋、マスコミ、官僚の死に物狂いの反撃に、国民はトンと気づかない。民主党・小沢氏の政治資金報告書への記載は法的に一切問題ない。いっぽう、自民党・岸首相の一五〇億円ものCIA秘密工作資金の着服。どちらが悪質ですか？　どちらが国を売ったのですか？　しかし、〝かれら〟に洗脳されたオロカな国民大衆は、未来永劫気づかない。こうして、小沢一郎は政治的に〝殺され〟、民主党の支持率は急落、低迷しています。〝かれら〟はほくそえんでいることでしょう。これら〝白昼政治テロ〟の背景に、闇から日本を支配してきた見えない〝権力〟の存在があることは、いうまでもありません。

〝かれら〟が肥え太るということは、日本国民が痩せ細るということなのです。

「医・食・住」あなたまかせでは、日本はよくならない

●良識ある少数派は気づき始めた

しかし……世の中には、無知なる大衆もいれば、察知する少数もいます。

これまで述べてきた「闇の権力」による支配に気づき始めたひとびとも、次第に増えています。あの**9・11世界同時多発テロと称するアメリカ軍部のでっちあげ事件（拙書『知ってはいけない!?』徳間書店参照）。これこそ〝闇の権力〟の大陰謀そのもの**。これほど露骨なねつ造証拠がゴロゴロ転がっている〝陰謀〟もめずらしい。もっと上手くやれなかったのか！　と呆れます。

しかし、これほど露骨なマッチポンプの陰謀ですらも、世界のメディアはどこも報道できない。だからぎゃくに、良識ある少数派は気づいたのです。地球人類は、完璧に操作された〈情報〉で洗脳支配されている……！　マインド・コントロール（洗脳）が解けてきた。

9・11テロがでっちあげだった。その他のねつ造報道やねつ造〝狂育〟もゴロゴロあるはず。たとえば、抗ガン剤は超猛毒で、ガン患者の死亡者の八割を〝毒殺〟していた……などは、まさにその〈情報帝国主義〉による洗脳支配でしょう。たんなるビニールを〝クロス（布）〟と偽って、立派なビニールハウスを大量に売り付けるのも、そのひとつですね。

●世界の安藤に「ダメ出し」〝神話〟崩壊

しかし、〝闇の支配〟に気づき始めたひとびとが、勇気を出して声を上げ始めました。少数ですが、マス・メディアですら動き始めました。それがささやかながら、少しずつ希望の変化へとつながり始めています。

たとえば――。

「世界の安藤に『ダメ出し』――設計の保育園改修」。これは『東京新聞』（07／9／11）

の大見出し。さらに「東京・調布、コンクリ壁、けが心配――『デザインより安全』」とつづく。これは、コンクリート打ちっ放しの元祖、安藤神話の崩壊の始まりです。

「世界的に有名な建築家、安藤忠雄氏の設計による東京都調布市の私立仙川保育園（園児約一〇〇人）が、完成からわずか半年で改修工事をすることになった。安藤氏の造形に特徴的な打ちっ放しのコンクリート壁などに対し、保護者から園児のけがを危惧（きぐ）する声があいついだためだ」（同紙）

この一帯は、地元の人たちに〝安藤ストリート〟と呼ばれている。保育園や音楽ホールなどが入っている複合施設。総合予算一二億円以上を投じたビッグ・プロジェクト。建物は安藤氏らしく無機的デザインが長く連なっている。

●コンクリート打ちっ放し角が剥き出し

「『デザインより子どもの安全が第一』という保護者の声に市が動かされた形だ」（同紙）

〇七年三月、保育園の保護者たちは内覧会に参加して慄然とする。目の前に鉄筋コンクリート打ちっ放し。三階建の吹き抜け。なぜか廊下中央に斜めの柱が走る。保護者たちは直角の角のあるコンクリート柱に驚く。「子どもがけがをしそう！」「吹き抜けから子どもが転落する……」。孫を入園させる六〇歳の女性は「まだ工事中だと思ったら、これで完成なんですか！」とビックリ。調布市はこれら不安の声を受けて、急きょ、コンクリ柱の周囲に気泡入りのクッション材を巻いたり、吹き抜けに落下防止のネットを張るなどの追加工事をおこなった。この応急措置でなんとか、五月のオープンにこぎつけたのです。

●七五〇万円の追加安全補修の醜態

その後、安全確保のための改修工事で、市は七五〇万円もの出費を強いられた。

どうして、こんな悲喜劇が生じたのか？

「職員からは『「世界のアンドウ」に口をはさむのは気がひけた』との声も流れる。安藤忠雄建築研究所（大阪）は『安全性を確保したつもり。改修は本意ではないが、保護者の不安を解消したいという市の判断に従った』と話している」（同紙）

保育園をコンクリート打ちっ放し角（エッジ）そのまま、とは建築センス以前の問題。まさに〝殺人〟建築。安藤氏が子どもたちの安全への配慮という愛情のカケラもない冷酷な建築家であることが露見した。さらに悲喜劇は続く。

こんどは同じ建物の老人施設で問題が発覚した。そこの廊下はなぜか、不思議なことに壁が一〇七度に傾いている。そのためお年寄りが廊下を歩いていると空間感覚が歪んでまっすぐに歩けないという苦情が噴出した。「まるで、びっくりハウス。ふらついて危険だ」。そこで、市側は急きょ廊下中央に黒と黄の線を引いて目印とした。**ポストモダン建築家の虚仮おどしデザインが、いかに馬鹿馬鹿しいかが明るみに出た珍事件**でした。

しかし、これら一連の記事を書いたのは『東京新聞』のみ。朝日、毎日、読売やテレビ局、NHKなど大手マスコミは「闇の権力」にとっくの昔に魂を売り渡しているのです。その事実に冷静にむきあうべきでしょう。

一棟まるごと地元材料で造る！　これぞ真の地域おこしだ

●健康住宅から地域再生活動へ

民主党は二〇一〇年一〇月一日、じつに画期的な法律を成立させています。それが「木造建築推進法」（略称）です（二八二ページ参照）。その究極目的は、疲弊しつつある地域の再生です。地元の林業や伝統技術を復活させて、地域に需要と雇用を呼び起こす。

ところが、すでにたった一人で立ち上がり、地域に呼びかけて、地域再生プロジェクトをスタートさせた人がいます。石永節生さん。福岡県久留米市でイシナガ建築工房を主宰する。天然素材による活性エネルギーの家造りで知られている。

その彼が、健康住宅造りの現場から、大きく地域に活動の場を広めて、地域活性プロジェクトを呼びかけている。名づけて、NPO法人「矢部川流域プロジェクト」。

お会いすると柔和でもの静か。いつも口許にほほえみをたたえている。もう一〇年以上になる古いおつきあいです。その誠実で研究熱心な人柄には、つねに感服していました。

石永さんが建てた天然素材の住宅に一歩入っただけで、空気が優しく暖かいのに驚きます。それが、全身をポカポカ包んでくれる心地好さを感じます。まるで、石永さんの笑顔そのもの。その理由は天然木材や漆喰など、徹底して安全素材にこだわって建てていることもありますが、さらに、秘密が隠されています。

それは基礎工事のときに人が一〇人は入れるほどの丸い穴を掘り、そこに**大量の木炭や天然セラミックを埋設**しているのです。さらにそれだけでなく、**尖った芯柱を真ん中に立てる**。すると、**先端から大地の気エネルギーが放出され、家全体を満たす**、という。

●ガンも治した暖かい奇跡の家

はじめて聞くひとは、まゆつばでしょう。しかし、土壌は電気を通し、常に電磁気の場であり、電磁エネルギーを放出していることは科学的に知られています。

そして、優れた伝導体である木炭を埋設することにより、その電磁気環境が改善されることも証明されているのです。その改善され電磁場環境が家を包むことで、心地好い空間が生まれるのでしょう。木の家に入るとだれでも快適です。ところがイシナガ・ハウスは、なんともいえぬ快感で、ついうとうとと眠くなるほどです。

その暖かい快感は、家の中心に立てられた丸い芯柱から伝わってきます。石永さんによれば、ここから大地のエネルギーが循環して室内に放出されている、という。からだの芯から暖まる感じがするのは、遠赤外線が放出されているようです。

「これは、あまりおおっぴらに言えないのですが……」と断って、石永さんは重症のガンの患者さんが、この家で過ごすことで完治した事実を教えてくれた。「おそらく、この家で心身がほんとうにリラックスすることで免疫力が飛躍的に上がったのではないでしょうか」。

このように「様々な病気が治った！」という感謝の声が数多く寄せられている。

●屋上緑化で原発五〇基が不要に！

石永さんは実に研究熱心で、自ら実験棟を建設して屋上緑化の断熱実験も行っています。野地屋根に独自の屋上緑化施設を設けて、比較対照として隣に断熱材入り住宅を建設。真夏の一日、両者を比較してみた。**屋外気温はなんと三七℃**。「断熱材の家は、やはり中におれんくらい暑くなりました。ところが**屋上緑化の家は二階が二七℃。一階が二五℃まで下がった**のです」とにっこり。断熱材無しの家が、断熱材入りの家より涼しかった！

「中に入った人が例外なく『クーラーはどこですか？』と見回したほどです」と石永さん。たんなる野地屋根を緑化しただけで、これほどクールダウンしたのは……「**緑化層の断熱効果と蒸散効果**でしょうね」と笑う。いわゆる気化熱による〝打ち水効果〟です。

この実験は、単純な屋上緑化でも、炎天の夏に室内気温を一〇℃も下げられることを証明した。日本全国の住宅やビルなど建築物の屋内気温を一℃下げるだけで、一〇〇万ｋＷ原発五基が不要になるという試算があります。すると**一〇℃クールダウンで原発五〇基が不要になる計算です**。

いったん炉心が暴走して爆発すれば広島型原発の数千倍の死の灰をまき散らし、一〇〇〇万人以上が急性・慢性の放射線障害で悶死する。そんな危険きわまりない原発より、緑と花の咲き誇る美しい植物で住宅を、建築を覆うほうが、はるかにかしこい。石永さんの実験結果でその確信を深めました（拙著『屋上緑化』築地書館参照）。

地方をテレビCMで洗脳し、中央がカネを吸い上げる

このように、健康住宅造りや屋上緑化でも画期的な成果をあげてきた石永さんが、ついに故郷の地域おこしに立ち上がった。そのスローガンも明快！

「家はまるごと地元の材料で建てよう！」

これは、地域おこしで決定的な意味を持ちます。住宅一件に消費される建材は、大変な量と金額になります。スーパーでのお買い物とはケタがちがいます。よく地方や田舎にいくと「地元の商店でお買い物を！」というポスターが駅などに貼っています。**地域で物を買えば、地域の商店がうるおいます。すると地域でお金が回る。これが地域経済の活性化なのです。**

●東京がカネを吸い上げる一極集中

ところが現代日本は、地方と首都圏に二極分解しています。

そして、**地方のカネが東京に集中しています**。この**東京一極集中が日本という国家の致命的な脆弱さの元凶なのです**。地方はただカネをまるでバキュームカーみたいに東京に吸い上げられています。つまり地方は東京に隷属させられている。その**支配の最大の道具がマスコミCM**です。

地方のひとびとは、その巧みな情報操作に〝洗脳〟され東京発の有名ブランドの商品をあたりまえのように〝買わされている〟。

たとえばキムタクがテレビCMする日清カップヌードルは、北海道から沖縄まで日本人ならほ

とんが買っている（買わされている）。地元に様々な伝統的な麺食品があるだろうに、いつのまにかカップヌードルをすすっている。すると、地方のお金はバキュームされて、東京の日清食品本社に山積みになる。

●大分県は住宅建設費一二〇億円が県外へ

つまり、**地方に住むあなたがテレビCMの食品を買ったり、食べたりすることは、中央を肥やし、地方を疲弊させること**なのです。カップめんくらいだったら、まだ可愛げがあります。ところが住宅だとそうはいかない。

わたしは日本有数の林産県、大分を訪ね、取材して絶句しました。同県は日田杉など銘木を誇り、スギ、ヒノキ生産量では全国一、二位を争うほどです。ところが県の林業試験所の統計データを目の当たりにして、声を無くした。

それは、大分県民が年間に着工した住宅の内訳の順位表でした。ナント、積水ハウスがトップ。以下、ダイワやミサワ、さらに住友林業、旭化成などの大手ハウスメーカーが上位を独占しています。上位一〇位以内は、すべて大手ハウスメーカーが独占していました。こうして**大分県民が住宅建設に投入した資金のうち、年間約一二〇億円が「県外に流出している」**という。わたしの頭には**〝東京植民地〟という屈辱的言葉が浮んだ。**

林業試験所の担当者も一覧表を前に悔しそう。

「なぜか、中央の大手ハウスメーカーに注文するとですよね。地元の材を使こうて欲しかとですけどネ……」

この一二〇億円が地元に落ちれば、雇用も生まれ、子どもたちは故郷を捨てて見知らぬ東京に行くこともないのに……。テレビCMの〝洗脳〟害毒……おそるべし。

わたしが講演で「テレビCMしているものは食うな、飲むな、贈るな……」と言っているのも、テレビCMこそが、このような中央による地方支配の構図を生み出しているからです。

家は地元材で建てて、東京〝植民地〟から独立しよう！

●全国の地域再生のモデルとせよ！

石永さんか立ち上げた「矢部川流域プロジェクト」は、地方による脱・東京植民地のさきがけといえます。これまで自民党政府は「地域活性化……」と御題目のように唱えてきましたが、その正体は、中央による地方の一極支配だったのです。

石永さんは、故郷の矢部川流域を歩き回り、地元に素晴らしい素材、建材が生き残っていることに感動します。「これで、中央にたよることなく、最高級の天然素材住宅ができる！」。これら地元業者は、先祖代々の伝統地場産業をまもってきたかたがたばかり。かれらは石永さんの地域活性構想にもろ手をあげて賛同し、プロジェクトへの参加を同意してくれた。

この「矢部川流域プロジェクト」の全体像は、地域鳥瞰図で具体的に理解できます。

■上陽町の杉、■水車小屋のお線香、■水車小屋の竹炭粉、■長野石工の基礎パッキン、■畳

■地方の自立は、地元建材による「家造り」から始まる

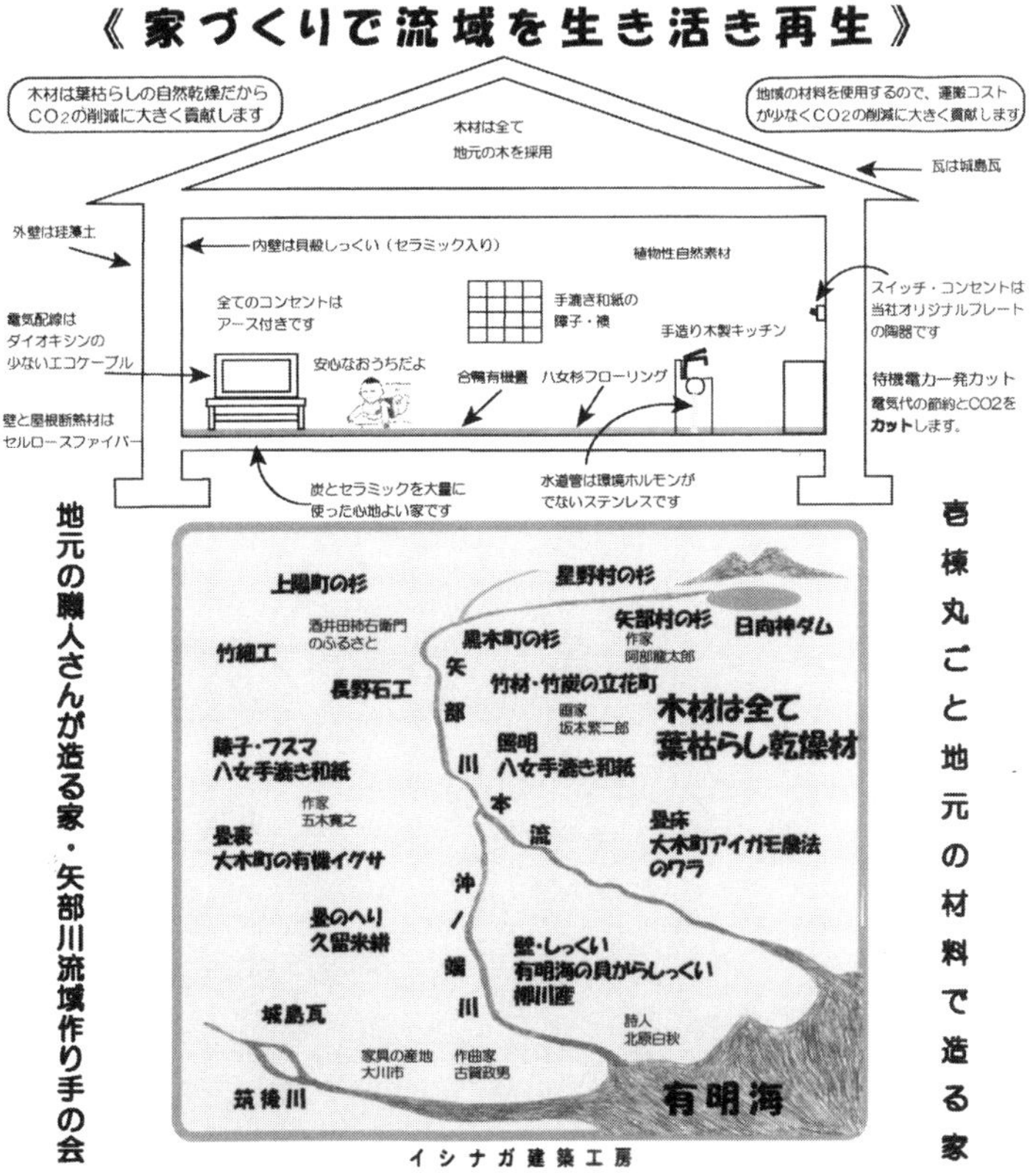

NPO法人「矢部川流域プロジェクト」資料

床：大木町のアイガモ農法のワラ、■畳表：大木町の有機イグサ、■畳のヘリ：久留米絣（くるめがすり）、■照明：久留米絣、■大川家具、■星野村の杉、■黒木町の杉、■矢部村の杉、■立花町の竹炭、■照明：八女手漉き和紙、■防虫材：天然樟脳、■障子・襖：八女手漉き和紙、■照明：灯芯草、和蝋燭（わろうそく）、■壁・漆喰：有明湾の貝殻漆喰、■伝統製法瓦：いぶし銀瓦・城島瓦……。

　これら地元素材・建材がまるごと一軒家に生かされて、「矢部川流域の家」が完成するのです。これぞ**「地域資源型」の産直住宅**です。それぞれ、故郷の素材がどこに生かされるかは、イラストをごらんください。見ているだけで胸がときめいてきます。

まさに**「地産地消」「建土不二」――。このような地域おこしなら地元業者も燃える**。左官、大工も気合いが入る。工務店も胸を張れる。そこには、**東京〝植民地〟から独立する郷土愛の誇りがある**。まさに地域おこしのパーフェクト・モデルがここにある。

全国各地でおなじ〝独立運動〟が高まれば、日本は伝統の地域文化が再生した懐かしく、心にしみいる風景がよみがえった美しい国になれることでしょう。

■問い合わせ：「矢部川流域プロジェクト」TEL０９４２―２７―３９３３

「木造推進法」成立！　ついに木造革命の夜明けが始まった

●〝禁止〟から〝促進〟へ民主党の快挙

日本の近未来、木造革命に向けて、大きな希望の灯が点りました！

それが**「木造推進法」の成立です。正式には「公共建築物等木材利用促進法」。二〇一〇年一〇月一日より施行。**この日から、森林大国日本の、本当の木造文化がスタートを切ったのです。思えば一九五一年、悪辣な〝木造禁止令〟（二二三ページ参照）が施行されてから六〇年ぶりの快挙です。

木造公共建築の**〝禁止〟から〝促進〟へ――。国策は一八〇度、ぎゃくの舵を切ったのです**。これこそ政権交代の果実、民主党の手柄です！

コンクリートや鉄鋼業界と癒着した政府自民党が推進した〝木造禁止令〟は、世界に冠たる森林大国日本の林業と木造建築業界の手足を縛るために施行されたものです。

木造建築をがんじがらめに縛り上げれば、鉄筋コンクリート建築は全国の建築利権を悠々と独占できます。なんという悪辣な陰謀であったことでしょう！

「木造推進法」成立の快挙は二〇〇九年、民主党による政権交代があったからこそ、実現したのです。民主党は五五の政策からなるマニフェスト（公約）を掲げていました。そのなかに林業の活性化、木造建築の推進も特記されていた。大手建築利権とズブズブに癒着していた自民党なら百年河清を待っても実現しなかったでしょう。

●公共建築は原則すべて木造にせよ

この「木造推進法」の成立と施行に慌てたのが、当の建築業界です。

同法は、すでに二〇一〇年五月参院を通過、一〇月施行となったのですが、ほとんどのマスコミはこの重大法案の成立を無視、報道しなかった。マスメディアは明けても暮れても悪質な「小沢の政治とカネ」ねつ造キャンペーンを繰り広げ、民主党推進の諸政策についての報道は皆無でした。だから、日本の建築業界を根底から変えるこの重大法案を知る建築業者もまた皆無……。これはまさに、メディアの怠慢、というより犯罪です。

そうして一〇月一日、突然の「木造推進法」施行！ さすがにメディアもおどろき、初めて報道した。建築業界にとってはまさに寝耳に水。蜂の巣をつついたような大騒ぎとなった。

「まったく知りませんでした！」。わたしが会った建築関係者は、口をそろえて言う。

その**「公共建築物等木材利用促進法」の凄いところは、全国の公共建築は原則すべて木造建築にせよ**――というポイント。「勧告」ではなく「義務」、つまり「命令」なのです。

「……これまで〝非木質化〟が進められてきた公共建築物に対する考え方を根本的に、見直し、可能な限り〝木造化〟〝内装の木質化〟を図る」（同法）

〝非木質化〟とは、〝木造禁止令〟以来の鉄筋コンクリート化のこと。まさに民主党が掲げた「コンクリートから人へ！」。キャッチフレーズが文字通り政策として活かされた。

「木造建築を得意とする地域工務店の活躍の場が広がるといえるだろう」と『日本住宅新聞』（２０１０／９／２５）も前向きに受け止めている。

「住宅だけでなく、地域の工務店が建てる地域の施設を、地域住民が利用するという流れにつながることが期待される」（同紙）

●庁舎、学校、老人ホーム、病院、保育園……

木造義務化が対象となる公共建築物は、予想以上に多い。

同法「基本方針」では、以下のように定めている。

「**国、自治体が整備する、学校、福祉施設（老人ホーム、保育園など）、病院・診療所、運動施設、社会教育施設（図書館、公民館など）、公営住宅、庁舎、公務員宿舎……**」。

どうです！　これらが、すべて瀟洒（しょうしゃ）な木造建築となる光景を想像してください。

さらに「基本方針」は、「**民間で整備する〝公共性が高い〟と認められる同様の施設……**」としています。それは、具体的には「**公共交通機関の旅客施設や高速道路の休憩所**なども含まれる」という。

これは、鉄道の**駅やバス・ターミナル**、**空港施設**、**サービス・エリア**などを指します。全国のこれら建築物は、ほとんど例外なく鉄筋コンクリートか鉄骨製。まったく無機的で冷たい印象しか与えません。

想像してみてください。この「木造推進法」により、全国の駅舎が例外なく木造化されるのです。暖かい木造駅舎は、その土地の木材や漆喰をつかうことで、地域の伝統や文化をおおいに反映したものになるでしょう！　それは利用者の健康にやさしい建築であることは、いうまでもありません。さらに目にも優しい。落ち着いた木造建築が連なる美しい景観が出現するはずです。

●「耐火性」の規制（妨害）も見直す

ただし、現在の建築基準法は四階以上の木造建築を認めていません。実質、禁止状態。ただ、近年、規制が緩和され「耐火」「強度」で厳しい規制をクリアすれば、高層木造ビル実現の道は開かれています。

「基本方針」も、現行の建築基準法を配慮して「四階以上の木造建築は耐火建築物とする」と定めています。さらに「**耐火構造が求められていない（三階建までの）低層・公共建築物を原則木造とする**」と規定しています。

これは、言い換えれば「三階建までの公共建築物、さらに〝公共性の高い〟建物は、すべて木造にする」ことを意味します。

さらに、二〇一〇年六月一八日、「規制・制度改革に係る対処方針」で、以下のとおり閣議決定されています。

「**三階建木造の学校や延べ面積三〇〇〇平米を超える建築物**に関する建築基準法の規制について、**木材の耐火性などに関する研究の成果などを踏まえて、必要な見直しを行う**」。

よって「基本方針」は「（耐火など）当該規制に係る公共建築物についても積極的に木造化を推進する」とは、たのもしい！

これも、はやくいえば「耐火規制」で金縛りにしてきた広大面積の公共建築物も、強く木造化を進める――という意味です。

●商業建築も推進……木造都市の夜明け

「木造推進法」の威力は、それだけにとどまりません。

同「基本方針」に寄せられた「パブリック・コメント」(公的意見)には**「大型ショッピングモールや劇場、スポーツクラブといった公共性の高い商業施設や、国庫補助事業で整備する民間の施設なども木造推進対象に含む」ことを求める意見が多かった**のです。

こうなると都市建造物は、すべて**木造建築になりかねない勢いです**。それは、わたしが夢想してきた**木造都市そのものの姿**です。

むろん、木造都市を構成する木造建築や木造ビルの屋上や壁面は緑化され花々が咲き誇っていることでしょう。あるいは壁面は漆喰で塗られシックな外観を誇っているはずです。

「木造推進法」は、建物のみの木造化を義務付けるものではない。公共建築物内部の木造も推進していることを、忘れてはならない。

「……高層・低層に関わらず**内装などの木質化も促進。エントランス・ホール、情報公開や広報・消費者対応の窓口、記者会見場、大臣などの執務室**という国民の目に触れることが多い場所の内装などの木質化を積極的に図る」(「基本方針」)

この「木造推進法」成立を受けて、国交省は「官庁営繕基準」に関する木造建築物の「技術基準」の検討をスタート。二〇一一年二月、基準整備を完了し、地方自治体などへの周知徹底を図っています。

■「木造推進法」の最終目的は木造文明の建設である

10－1　公共建築物等における木材利用の促進スキーム

＜農林水産大臣・国土交通大臣による基本方針の策定＞

○具体的なターゲットと国自らの目標の設定（率先垂範）

↓

低層の公共建築物については
原則として全て木造化を図る

↓

木材利用促進のための支援措置の整備

（1）法律による措置	（2）木造技術基準の整備	（3）予算による支援
○公共建築物に適した木材を供給するための施設整備などの計画を農林水産大臣が認定 ○認定を受けた計画に従って行う取り組みに対して、林業・木材産業改善資金の特例等を措置	○本法律の認定を受けて、官庁営繕基準について木材建築物に係る技術基準を整備 ○整備後は地方公共団体へ積極的に周知	○品質・性能の確かな木材製品を供給するための木材加工施設等への整備への支援 ○展示効果やシンボル性の高い木造公共建築物の整備等を支援 等

↓

具体的・効果的に木材利用の拡大を推進

●公共建築物における木材利用拡大（直接的効果）
●一般建築物における木材利用拡大（波及効果）

↓

併せて、公共建築物以外における木材利用も推進

●住宅・公共施設に係る工作物における木材利用
●木質バイオマスの製品・エネルギー利用

↓

林業・木材産業の活性化と森林の適正な整備・保全の推進、木材自給率の向上

●林業、建築業が復活する！　地域経済がよみがえる！

図10－1は「公共建築物等における木造利用の促進スキーム」です。

「低層の公共建築物は、すべて木造」と明記。続いて「木材利用促進」のため三分野の「支援措置」を定めています。それは——

⑴「法律」による措置

○公共建築物に適した木材を供給するための施設整備等の「計画」を農水大臣が認定。

○認定を受けた「計画」にしたがって行う取り組みに対して、「林業・木材産業改善資金」の「特例」などを措置する。

⑵「木造技術基準」の整備

○本法律の制定を受けて、「官庁営繕基準」について「木造建築物」に係る「技術基準」を整備する。

○整備後は地方公共団体へ積極的に周知する。

⑶「予算」による支援

○「品質」「性能」の確かな「木材製品」供給のための「木材加工施設」等の整備への予算支援。

○「展示効果」や「シンボル性」の高い木造公共建築物の整備等を支援する。

これら⑴⑵⑶の「支援」措置は、以下の目的を達成するためなのです。

■具体的・効果的に木材利用の拡大を促進

○公共建築物における木材利用を拡大する（直接的効果）。

○一般建築物における木材利用を促進する（波及的効果）。

■公共建築物以外における木材利用も促進

○住宅、公共建築物に係る工作物（門、塀、外溝など）における木材利用。

○木質バイオマスの製品・エネルギー利用を促進する。

■林業・木材産業の活性化と森林の適正な整備・保全の推進

■現行の木材自給率の向上を図る（二〇％をまず五〇％に！）

以上――。このチャートからも、民主党政権の夢と意気込みが伝わってきます。

●緑したたる森林文明への国づくり

この「木造推進法」に関する詳細な報道は、残念ながら『日本住宅新聞』（前出）一面に掲載されたのみ。一般紙では、まったく解説されていない、それどころかほとんど黙殺状態。あいかわらず「小沢とカネ」と狂気の民主党バッシングを執拗に続けています。政策を報道しないメディアは、すでに機能を喪失しています。

わたしたち国民も悪質な意図を秘めたプロパガンダに扇動される前に、政治が進める政策を、冷静に見抜く目が必要です。

この「**木造推進法**」は、**日本がこれからどこに向かうべきか、道筋を示してくれています。**それは、**豊かな森林という国産資源を生かした森林文明、木造文明で栄える緑したたる国づくり**への道筋なのです。

なんと素晴らしい夢の道でしょう！

緑なす山々と豊かに流れる河川……そして、全国に栄える森林都市。そこには緑と花に覆われた木造建築群が調和のとれた美しい景観を奏でていることでしょう。

沿岸部の木造都市もソーラーパネルや風車などでエネルギーを自給し、屋上菜園や果樹園などで都市の農業が営まれていることでしょう。

わたしは、そのような緑の風の渡る風景の中で、子どもや孫たちが笑顔を交わす未来を心の底より夢見ているのです……。

あとがき

わたしは、これまで一〇冊余りの建築関連の本を書いてきました。

この本は、その集大成としてまとめたものです。

人間は「医・食・住」が誤っていると、誤った人生を送ってしまいます。

しかし、現代社会は誤った「医」がおびただしいひとびとを虐殺しています。

超猛毒薬を悪辣な陰謀で〝クスリ〟に化けさせてガン患者を毒殺する抗ガン剤犯罪など、その典型です。政府は年に三四万人が「ガンで死んでいる」と発表しています。これは真っ赤な嘘で、真実は、その**八割二七万人はガン治療で殺されているのです！　猛毒抗ガン剤で毒殺され、有害放射線で焼殺され、無益手術で斬殺されている**。そもそも「ガン細胞は生まれたら患者を殺すまで増殖する」という無限増殖論を説いたドイツ医学者ウイルヒョウ理論自体がペテンだったのです。なのに、彼は「近代医学の父」として、いまだ崇(あが)められています（拙著『抗ガン剤で殺される』花伝社、他参照）。

「食」もデタラメです。「肉は優良たんぱく質なので、大いに食べるように」と推奨した「近代栄養学の父」フォイトの栄養学もペテンでした。じつは「動物たんぱくこそが史上最悪の発ガン物質」なのです（拙著『アメリカ食は早死にする』花伝社、参照）。

ほんらいは肉・牛乳・卵はできるだけとらない方がよい。**生菜食（ローフード）を中心に腹六**

分目にすれば、寿命を二倍にのばすことも夢ではありません。現代人は飽食で、ほんらいの寿命を半分に縮めているのです（拙著『「長生き」したければ、食べてはいけない!?』徳間書店、参照）。

●

現代人の「医」「食」がいかに狂っているかが、おわかりいただけたでしょう。

それに、負けず劣らず「住」も狂気の沙汰であることが、本書を読まれておわかりいただけたと思います。そうして、あなたは「医・食・住」の狂気をもたらした、巨大な悪意の存在にも気付かれたでしょう。

それは**「合理主義」「科学主義」「民主主義」の衣をまとった「近代主義」（モダニズム）**でした。

「近代主義」（モダニズム）とは、一言でいえば**「伝統否定」の思想**です。

「伝統」を「非合理」「非科学」と見下し、軽蔑して、過去の闇に葬り去ろうとする。そして「伝統」にこだわるひとびとに「封建的」「迷信的」「頑迷固陋（がんめいころう）」と侮蔑のラベルを貼り付け、葬り去ろうとしたのです。

こうして「中世の闇から、近代の光へ――」というモダニズムの呼び掛けに世界中のひとびとが酔いしれました。しかし、その**「近代主義」は羊の皮をかぶった仮面にすぎませんでした。その仮面の下には、恐ろしい狼の貌（かお）が隠れていたのです。**

狼の正体は「帝国主義」でした。「帝国主義」とは大国が強大な軍事力、資本力を背景に、弱小な国や民族を支配することです。**「支配」とは「領土」を侵略し、「資源」を略奪し、「文化」を破壊し、「市場」を簒奪することです。**

はやくいってしまえば**国家による「強盗」**です。とうぜん、そこには「謀略」「詐欺」「恫喝」「虐殺」なんでもありです。

●

「帝国主義」は「モダニズム」の羊の仮面をかぶって、なぜ「伝統否定」を唱えたのでしょう？

それは**「帝国主義」を推進する宗主国にとって、いちばん邪魔な存在が侵略する相手の「伝統」だった**からです。「伝統文化」とは、その国や民族に特有の価値様式です。

「医・食・住」すべての面において、世界中の国々や民族は、それぞれ風土に根ざした独自の文化様式を長い年月をかけて育んできました。しかし、**侵略する帝国主義側の目的は、相手国や民族を〝かれら〟の新たな「市場」に仕立てることです。**

そこで、もっとも邪魔になるのが個々の伝統的な「医・食・住」なのです。だから帝国主義側は「近代主義」の仮面をかぶって、これらを「非合理」「迷信」「旧弊」と否定し、教導し、洗脳したのです。そこでは教育や報道が巧妙に行われたので、ほとんどのひとびとは、その〝狼の悪意〟に気付きませんでした。

こうして**日本の「医・食・住」も〝狼〟の犠牲になった**のです。

鍼灸や漢方、断食、食養など、真の伝統医療や食文化は、いまだ弾圧差別されたままです。

「住」でも伝統建築は、徹底的に差別、排斥、弾圧されて今日にいたります。

一九五一年の「木造禁止令」などは、その典型でしょう。また建築教育の現場から木造建築、漆喰工法などが追放されたのも、背後にコンクリート・鉄鋼利権を抱える「帝国主義」が存在することを知れば、うなづけます。

しかし、「近代主義」の衣に隠れたこれら悪辣な「帝国主義」支配もほころびが見えてきました。

その一つが「環境問題」です。もはや、帝国主義の膨張主義は、地球の枠を超えてしまっています。地球という惑星は、有限なのに帝国主義がめざす「市場」は無限なのです。それは、もはや物理的に不可能です。この小さな惑星の容量（キャパシティ）を超えた帝国主義の膨張活動は地球温暖化という壊滅的な破局をもたらしています。

もう一つが「健康問題」です。先進諸国は過剰消費による汚染と、過剰飽食による疾病で苦しんでいます。その元凶は帝国主義がグローバリズムの名にもとに推し進めた〝洗脳〟政策です。それは総本山である米国によるアメリカナイゼーション（アメリカ化）ですが、その本国での破綻はだれの目にも明らかです。

それに対して世界中の国々、民族の伝統文化は、各々風土に適して育まれたものであり、もっともエコロジカルです。そして、もっともヘルシーです。

そして、もっとも合理的だったのです！

日本の「住」でいえば「まえがき」で述べている西岡常一翁が勧める伝統工法の住まいです。

近代主義の化学住宅は二五年しかもたない。
伝統主義の自然住宅は二〇〇年はもつ――。
どちらが、ほんとうに合理的か、科学的か、民主的かは、自明です。
もはや、だれも狼がかぶった羊の仮面には、ごまかされない。

●

「木」と「漆喰」で自然な家を建てる――それは、家族の健康以外にも、これほどの深い意味と恵みがあることを、理解してください。

さらに**「木」も「漆喰」も日本の国土に天然資源として豊かに溢れています**。現在のような八割もの木材を海外から〝盗んでくる〟ような真似はやめるべきです。日本は世界有数の森林大国でありながら、世界最大の木材輸入国なのです。南米や東南アジアなど熱帯雨林破壊の最大犯人は日本なのです。フィリピンでは豪雨による土石流で数千人が生き埋めになり亡くなりました。

――二〇〇六年二月一七日、惨劇は一瞬で起きた。フィリピン中部レイテ島。激しい豪雨が降りしきるそのとき、轟音と地鳴りとともに巨大土石流が発生。泥流は眼下の街を住民三五〇〇人の命とともに一瞬で呑み込んだ。授業中の小学校も泥流が襲った。校内に二〇〇人以上の子どもたちがいたのに……。

この悲劇は日本商社などが上流の原生林を乱伐したための人災です。さらに輸入木材は、カビ・害虫を防ぐために毒液に浸してから出荷されます。

このように**海外からの輸入材は嘆きと毒に塗(まみ)れている**のです。

国内に真の木材産業、漆喰産業を復興させるときです。

都市を木造ビル、緑化ビルなどで再生するときです。

木造都市、森林都市、緑化都市……そのような緑と花の咲き誇る未来都市を創造するときです。

地域は各々独自に自然と共生した農業や工業、エネルギーや資源自給システムを築いた時に、新しい希望に満ちた日本の未来が開けるのではないでしょうか？

わたしは、そのような胸躍る未来が到来することを深く確信しています。

――最後に、わたしにこの建築論の集大成をまとめるきっかけをつくって下さった花伝社の平田勝社長に、心より感謝を捧げます。

二〇一一年二月二一日　名栗渓谷に春の訪れの気配を感じながら……。

船瀬俊介

主な参考文献

『木造革命』（船瀬俊介著、リヨン社）
『あなたもできる自然住宅』（船瀬俊介著、築地書館）
『こうして直すシックハウス』（船瀬俊介著、農文協）
『「新築」のコワサ教えます』（船瀬俊介著、築地書館）
『屋上緑化』（船瀬俊介著、築地書館）
『「屋上緑化」完全ガイド』（船瀬俊介著、築地書館）
『コンクリート住宅は9年早死にする』（船瀬俊介著、リヨン社）
『崩壊マンションは買わない！』（船瀬俊介著、リヨン社）
『日本の風景を殺したのはだれだ？』（船瀬俊介著、彩流社）
『風景再生論』（船瀬俊介著、彩流社）
『漆喰復活』（船瀬俊介著、彩流社）
『THE GREEN TECHNOLOGY』（船瀬俊介著、彩流社）
『奇跡の杉』（船瀬俊介著、三五館）
『環境ドラッグ』（船瀬俊介著、築地書館）
『よみがえれ！イグサ』（船瀬俊介著、築地書館）
『テロより怖い温暖化』（船瀬俊介著、リヨン社）

『悪魔の新・農薬「ネオニコチノイド」』（船瀬俊介著　三五館）
『真実は損するオール電化住宅』（船瀬俊介著、三五館）
『やっぱりあぶないIH調理器』（船瀬俊介著、三五館）
『もしもIH調理器をつかっていたなら』（船瀬俊介著、三五館）
『クロスカレント――電磁波　複合被爆の恐怖』（ロバート・ベッカー著、船瀬俊介訳、新森書房）
『あぶない電磁波』（正・続）（船瀬俊介著、三一書房）
『電磁波被曝』（船瀬俊介著、双葉社）
『ホットカーペットでガンになる』（船瀬俊介著、五月書房）
『地球にやさしく生きる方法』（船瀬俊介著、三一新書）
『木材は環境と健康を守る』（有馬孝禮編著、産業出版）
『森の香り』（宮崎良文著、フレグランスジャーナル社）
『無添加住宅！』（秋田憲司著、サンマーク出版）
『快適！マイナスイオン生活のすすめ』（菅原明子著、PHP研究所）
『木に学べ』（西岡常一著、小学館）
『日本美の再発見』（ブルーノ・タウト著、岩波新書）
『ブルーノ・タウト』（高橋英夫著、新潮社）
『ナチュラル・ハウスブック』（デヴィッド・ピアソン著、前川泰次郎訳、産調出版）
『ナチュラル・アーキテクチャ』（デヴィッド・ピアソン著、二階勲他訳、産調出版）

『住宅と健康』（スウェーデン建築研究評議会他編著、早川潤一訳、サンワコーポレーション）
『有機的建築』（フランク・ロイド・ライト著、三輪直美訳、筑摩書房）
『緑の棲み家』（石井修著、学芸出版社）
『入江の結晶』（石井修著、日本ビソー）
『建築に使われる化学物質事典』（東賢一他著、風土社）
『建築医学入門』（松永修岳著、一光社）
『住宅の結露・断熱・防音を克服する本』（山本順三著、ハウジングエージェンシー）
『コンクリート神話の崩壊』（植木慎二著、第三書館）
『コンクリートが危ない』（小林一輔著、岩波新書）
『ここまで変わった木材・木造建築』（林知行著、丸善ライブラリー）
『未来の家作りは江戸時代に学ぶ』（秋田憲司著、文芸社）
『宮大工千年の知恵』（松浦昭次著、祥伝社）
『宮大工千年の手と技』（松浦昭次著、祥伝社）
『環境のことを考えた私たちの家造り』（松岡照正・中野博著、竹内書店新社）
『「木組みの家」に住みたい！』（松井郁夫著、彰国社）
『子供をゆがませる間取り』（横山彰人著、情報センター出版局）
『ウサギ小屋の真実』（松田榮夫・戸谷英世著、第三書館）
『「高気密」を爆破する』（山本順三著、ゼットテクニカ出版部）

『エコロジー建築』（『エコテスト・マガジン』編、高橋元訳）
『法隆寺を支えた木』（西岡常一・小原二郎著、ＮＨＫブックス）
『西岡常一と語る木の家は三百年』（原田紀子著、農文協）
『室内空気汚染のメカニズム』（池田耕一著、鹿島出版会）
『史上最大のミステーク』（赤池学他著、ＴＢＳブリタニカ）
『渋谷の屋上菜園都市化計画』（小嶋和好著、築地書館）
『屋上緑化のすべてがわかる本』（山田宏之著、環境緑化新聞社）
『天然住宅から社会を変える30の方法』（田中優・相根昭典著、合同出版）
『建築士のひとりごと』（池畑彰著、岐阜新聞社）
『健康な住まいづくりハンドブック』（ひと・環境計画　編著　建築資料研究社）
『怒れ！１２００万マンション住民』（市河政彦著、新世紀出版）
『世界森林報告』（山田勇著、岩波新書）
『風水開運家づくり21』（今井雅晴著、広報社）
『天然素材でつくる健康住宅』（中野博著、日本実業出版社）
『色彩環境へのまなざし』（葛西紀巳子著、蜜書房）
『古くて豊かなイギリスの家、便利で貧しい日本の家』（井形慶子著、大和書房）
『ここがいけない塩ビ製品』（化学物質問題市民研究会・編著、ＮＣコミュニケーションズ）
『フタル酸エステルの昨今』（片瀬隆雄著、合同出版）

『数寄屋の美学』（出江寛著、鹿島出版会）
『プラスチック』（三島桂子著、日本消費者連盟・監修、現代書館）
『怖い「住原病」対策マニュアル』（石川哲他著、ネスコ）
『この本を読んでから建てよう』（山本順三著、成甲書房）
『住まいの汚染度完全チェック』（能登春男・あきこ著、情報センター出版局）
『環境建築ガイドブック』（日本建築家協会他編著、建築ジャーナル）
『木炭パワーで住原病を防ぐ』（大櫛彰著、健友館）
『もったいない』（山口昭著、ダイヤモンド社）
『「健康住宅」の建て方・住み方・選び方』（天野彰著、かんき出版）
『100年住宅KES』（鶴蒔靖夫著、IN通信社）
『負けてたまるか建築確認』（矢田洋著、鳳山社）
『その家づくり、ちょっと待った！』（中野博著、PHP研究所）
『シックハウスよ、さようなら』（中野博著、TBSブリタニカ）
『シックハウス症候群』（鳥居新平著、徳間書店）
『地震と木造住宅』（杉山英男著、丸善）
『無垢材無暖房の家』（山本順三著、カナリア書房）
『化学汚染と人間の歴史』（美浦義明著、築地書館）
『観光革命』（額賀信著、日刊工業新聞社）

『石油を支配する者』（瀬木耿太郎著、岩波新書）
『環境ホルモン汚染』（中原英臣他著、かんき出版）
『住まいのエコ建材・設備ガイド』（チルチンびと編著、風土社）
『近くの山の木で家を作る運動宣言』（緑の列島ネットワーク編著、農文協）
『住宅貧乏物語』（早川和男著、岩波新書）
『早川式「居住額」の方法』（早川和男著、三五館）
『現代の民家再考』（降幡廣信著、鹿島出版会）
『木とつきあう智恵』（エルヴィン・トーマ著、宮下智恵子訳、地湧社）
『土と左官の本3』（建築資料研究社）
『アレルギーの人の家造り』（足立和郎著、緑風出版）
『健康な住まいを手に入れる本』（小若順一・高橋元・相根昭典編著、コモンズ）
『木造建築を見直す』（坂本功著、岩波新書）

船瀬俊介（ふなせ しゅんすけ）
1950年、福岡県に生まれる。九州大学理学部入学、同大学を中退し、早稲田大学第一文学部社会学科を卒業。地球環境問題、医療・健康・建築批評などを展開。
著書に、『抗ガン剤で殺される』、『笑いの免疫学』、『メタボの暴走』、『病院に行かずに「治す」ガン療法』、『ガンになったら読む10冊の本』、『アメリカ食は早死にする』（以上、花伝社）、『買ってはいけない』（週刊金曜日）、『あぶない電磁波』（三一書房）、『やっぱりあぶないIH調理器』（三五館）、『知ってはいけない!?』、『「長生き」したければ、食べてはいけない!?』（以上、徳間書店）など多数。

健康住宅革命――「木」と「漆喰」を見直す

2011年3月15日　初版第1刷発行
2025年4月 5日　初版第2刷発行

著者 ――船瀬俊介
発行者 ―平田　勝
発行 ――花伝社
発売 ――共栄書房
〒101-0065　東京都千代田区西神田2-5-11出版輸送ビル2F
電話　03-3263-3813
FAX　03-3239-8272
E-mail　info@kadensha.net
URL　https://www.kadensha.net
振替 ――00140-6-59661
装幀 ――渡辺美知子
イラスト―高橋文雄
印刷・製本―シナノ印刷株式会社

ISBN978-4-7634-0595-1 C0036